ユーラシア漂泊

小野寺誠

Onodera Makoto

青灯社

ユーラシア漂泊

装幀　三村　淳

目次

カバー写真撮影：著者
表：キルギス・アラベル峠／裏：キルギス・イシク湖

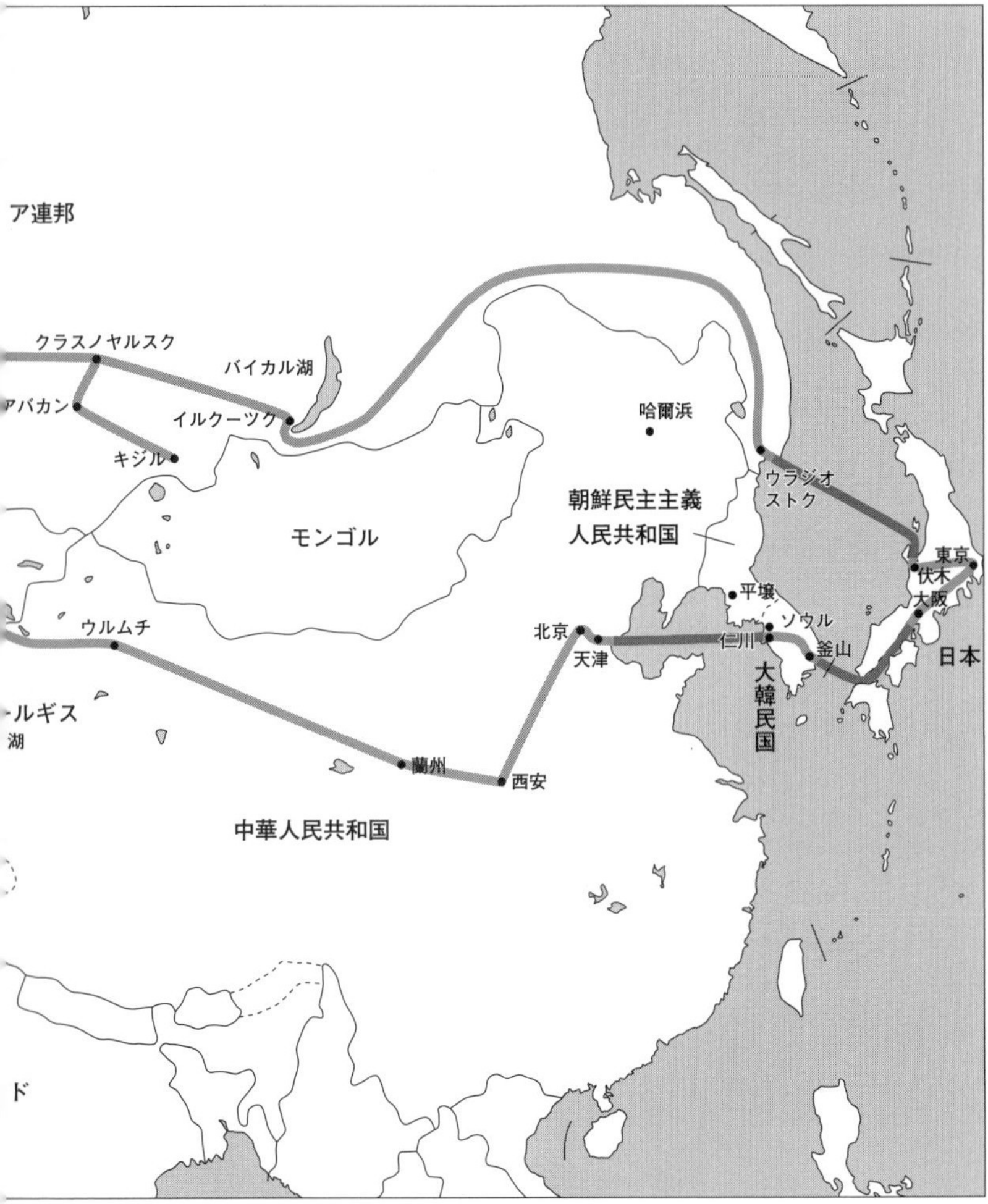
ア連邦
クラスノヤルスク
バイカル湖
アバカン
イルクーツク
キジル
哈爾浜
ウラジオ
ストク
朝鮮民主主義
人民共和国
モンゴル
東京
伏木
平壌
大阪
ソウル
ウルムチ
北京
仁川
釜山
天津
日本
大韓民国
ルギス
湖
蘭州
西安
中華人民共和国
ド

ラップランド
ノルウェー
スウェーデン
イーサルミ
フィンランド
ヘルシンキ
バルト
海
タリン
エストニア
リガ
ラトビア
ビリニュス
リトアニア
ドイツ
ポーランド
モスクワ
ワルシャワ
ミンスク
チェコ
ベラルーシ
スロバキア
ウィーン
ブラチスラバ
スロベニア
オーストリア
クロアチア
ザグレブ
ウクライナ
ルーマニア
サラエボ
セルビア
モンテネグロ
ソフィア
アルバニア
カザフスタン
ブルガリア
黒海
カ
ス
ピ
海
ウズベキスタン
グルジア
イスタンブール
トビリシ
ビシュ
ホパ
タシュケント
ボスニア・ヘルツェゴビナ
アルメニア
バクー
トルコ
サマルカンド
フジ
トルクメニスタン
ブハラ
タジ
アシガバード
シリア
ドゥシャンベ
アゼル
バイジャン
マシュハド
テヘラン
イラク
イラン
アフガニスタン
エジプト
パキスタ
サウジアラビア

出発の前に

世にバックパッカーという不思議な生き物がいる。背中にくたびれたリュックサックひとつ、ちょっと山奥から買い物に出てきたという軽装で、無精ひげに脂っぽい長髪。あちこちすり切れた作業ズボンかGパンをはき、たいていはドミトリーという多人数部屋で夜を過ごし、屋台のうどんか市場で買ってきたパンをかじって空腹をみたしている。

これがひと昔前ならば、ヒッピー、放浪者、流浪の詩人ということにもなろうが、さすがに現代では、ホームレスか失業者あるいは仕事帰りの肉体労務者としかみられない。

しかしながらかれらを正確なジャンルに分けていうならば、りっぱなツーリストである。およそ道のあるところならば、どこまでも入りこんでいく。鉄道がなければバスに乗り、バスがなければトラックをヒッチしてまで道路の果てに入りこむ。ときに道のないところも歩くが、山男のような深入りはしない。あくまで、そこに人間が住んでいるか、住んだ痕跡のある地帯を歩きまわるシティボーイたちである。かれらは秘境、辺境はいうに及ばず、政治的に通行困難な国境も嬉々として乗り越えていく。そこでしばしばトラブルとなり、追い返されたり、留置場に宿泊したりするが、調べたってなにもあやしい者であるはずもなく、ただのツーリストには違いなく、間違ってさ迷いこんできたくらいしか、なにも出てこない。罰金を少しばかりかければ、口の中でもごもごつぶやいて、金がないからマケてくれとかいい始める。ささやかな好奇心以外、さして動機も目的意識もなく、罪といえるほどのこともないのだから、官憲もどうしようもない。

わたしは、旅の途中で会ったバックパッカーに何度も質問した。なんで、そんな辛い旅をあえてするのですか。いったいどこへ行って何をしようとしているのですか。満足に答えられる、論理的なバックパッカーはひとりもいなかった。それが、バックパッカーというものである。なぜ、豊かな日本を飛び出さなければならなかったのですか。理由はあるはずである。もちろん、かれらにとって日本は豊かでもなく、居心地のよいところであるはずがなかった。それを、口先うまく説明できるようなやつは、バックパッカーにはとうていなれなかったにちがいない。

かくいうわたしも、バックパッカーである。一九六七年以来のバックパッカーであるから、ちょうど四〇年間、これをやっている。年齢は六八歳、しかしながら今回の旅でも、わたしより年上のバックパッカーには会わなかった。

四〇年の間には、いろいろなことがあった。旅先で知り合った最初の結婚相手はフィンランド人女性だったし、二度目はロシア人女性である。三度目は、日本人女性M子。といっても、戸籍上の妻は現在でもロシア人女性である。しかし、彼女とは連絡がなく、十五年間会っていない。当時生まれた娘は、モスクワで十五歳を迎えようとしているはずである。

離婚したフィンランド人女性との間には、ふたりの子供がいる。ひとりは娘で、彼女なりの人生をたどった末、現在オーストラリアのシドニーで働いている。もうひとりの息子の方は、しばらくロンドンで学生生活を送ったのち、ヘルシンキに戻っている。その息子に昨年赤ん坊が生まれた。結婚したという話は聞いていなかったが、急きょ赤ん坊の母親といっしょに所帯をもったという。あちらの国では、それを結婚と認めていると聞いた。

昨年の秋、わたしは初孫を日本国籍にするためにヘルシンキへ行った。二十年ぶりであった。離婚してフィンランドを去ったとき、二度と再び来るものかと頑なに思っていたのである。しかし初孫の誕生で決心がゆらいだ。息子からの招きもあったが、わたしも年とって少し柔らかくなっていたのであろう。

孫の国籍登録するためには、生後三ヶ月以内に届け出をする必要があった。そのことがフィンランドを再訪するじぶんへの言い訳になった。しかしながら、ヘルシンキの大使館を訪ねたところ、窓口の事務官にあっさり拒否されてしまった。父親が日本人であっても、戸籍に入っていない女との間に生まれた子供は、「出産前に認知」していなければ、日本国籍を与えられないということだった。

あちらの国では、出産後の父親の認知を承諾している。その証明書もありますし、今どきDNA検査でも証明できることですから、と抗弁するわたしに、「それは、日本国の法律ですから」と大使館員はニベもない。

可哀相に、わたしの初孫、黒い髪と瞳の、光という意味のアラビア語でヌールと名づけられた男の子は、外国籍になってしまった。

「光くん」、ものいわぬちいさな日本人に話しかけた。

「日本には国籍というものがない、戸籍しかないいんだよ。戸籍に入れないいからって、きみが日本人じゃなくなるわけではないんだ」

この光くんに会いに行くのが、今回の旅の目的の一つになった。目指すはフィンランドの首都ヘルシンキ、そこがこの旅のターニング・ポイント、折り返し点だ。人生も旅と同じ、どの人にもターニング・ポイントというものがある。じぶんの場合、それがいつだったのか、正確に指摘することさえできる。それはたぶん、離婚してフィンランドから引き揚げたときだ。それからは、ただひたすら退行していくばかりだ。

一度、旅を続けようと思ったことがある。二度目の妻と知り合ってロシアという未知の大地が開かれたような気がしたときだ。だがそれも、幻に終わった。人生をやり直すことはできなかった。

再びフィンランドへ行ってみようとわたしが思うとき、そこには個人的に複雑な意味がある。理由はともあれ、もう一度生きよう、もう一度人生の旅を振り返ってみようと、おこがましくも考えるからだ。

わたしは現在、死という誕生以前にいた世界へ引き返している途中の、ヨボヨボの老人なのである。今回の旅を、冥土への旅ではないのかと冗談をいってくれた友人は、けっこう正しいのである。

出来れば、光くんの最初の誕生日七月一〇日前に到着したい。ただし、陸路で、出来れば鉄道、あるいはバスで、間違っても飛行機には乗るまい。一人当たりの運送のために消費する化石燃料の量を比較すれば、地球資源や環境破壊、地球温暖化防止の視点から当然のこと、などと聞いたふうなことを旅の最初は考えていた。それに、肉は食わないぞとも。牛豚やニワトリの、アウシュビッツ収容所ふうの残酷な飼育法を知っているものなら、そう考えるだろう。その時点で、わたしはまだ豊かな先進国の、余裕ある良心的な人間であったにちがいない。もっとも、そう考えたのは息子の嫁の環境主義者ピーアと彼女たちの教祖ピーター・シンガーからの影響だったのだが。

ともあれ、今回の旅は陸路にこだわりたいと考えた。それにもうひとつこだわることがあった。ひとりで、歩きたい。ひとり乗りヨットの太平洋横断航海と同じで、シングルハンドのバックパッカーとしてユーラシア大陸を横断したい。冒険心である。探検心である。ふつう無知と無謀との、背中合わせの勇気である。まして、この歳の老人には、である。

一人旅と二人旅とでは、旅の様相や困難さがぜんぜん違うものだ。いちばん楽なのは、女との二人旅である。わたしの場合、M子との相合傘である。ここは一番、より辛い旅をやろう。辛い旅は、勇敢な男の人生のみそぎのようなものである。時間はたっぷりある。金がないだけ。ついでに告白しておくが、ほんとは六八歳の下流老人といっしょに辛い旅をしようなんていう女はおろか、男の友だちだっていやしない。

ともあれ、シングルハンドのバックパッカーは、その格好のみすぼらしさとひき換えに、とても誇り高いものだ。じぶんたちを旅びとのなかの貴族かなにかのように思いこんでいる。ひとりでOK、辛くて充分、寂しくて満足。

しかしながら、なぜバックパッカーなのか、そして陸路なのか、ひとり旅なのかと正面切って訊かれると、わたしにも答えられない。答えられないから、バックパッカーなのさとも言い訳する。本当は、じぶんを痛めつけ、ぎりぎりの極限でじぶんを検証するのが気持ちよくてとでもいいたいところなのだが。そして、ろくな人生をやってこなかったじぶんの罪ほろぼしなのさとも。

なんだったのか、はっきりさせたいし。
何を?
じぶんの人生をさ。

Ⅰ　日本、韓国、中国

桜の花の別れ――東京・善福寺池公園

春浅い三月末。場所は、都下西はずれの善福寺池公園。白いブラウスに白いロングスカート、淡い水色のシルクショールをなびかせたM子と黒い作業用カーゴパンツのわたし、登場。

この数日寒い日が続いたせいで、名物の桜の花は九分咲きのまま、池の面に歌舞伎の舞台さながら静止していた。

華やかでおしゃれなM子と、どう見ても日雇い労務者ふうのわたしとの組み合わせは、散歩中の通行人に奇異な印象を与えるらしく、視線があつまってくる。二人の間柄をさぐるそんな視線にも、もう慣れてしまった。M子はそのあでやかさで、わたしの方は白髪をポニーテールにしたあやしげな年寄りという風体で、どの道ひとりでいても注目されてしまうのだ。

たとえば、古いコインがある。古いけれど、これは使うことができる。その間になんども新しいコインが発行された。だが手もとにない新しいコインは、持たないのと同じだ。

古いコインが、ポケットにいつまでもひとつだけ残った。M子は古い知り合いだった。若い頃、彼女は〈仕事〉という名刺を持って現れ、それから〈友だち〉という車でいっしょに旅をした。M子が本気で新しい〈恋びと〉の名刺を渡してくれたのは、彼女自身がじぶんの古い名刺を失ったあとだった。

その時、タイミングがぴったり合った。ちょうどわたしも〈妻〉とか〈家族〉と記された名刺をなくしたばかりで、見当外れな新宿の路面に這いつくばって、失ったものを探しているときだった。

男女の出会いは宇宙物理学的な偶然というもので、彼女が素敵な女性でありわたしがつまらない男だったとしても、神さまのお引き合わせには逆らえない。古いコインは、人生の収集箱の最後を飾ることになった。わたしは〈妻〉と区分けされたコインの上に、〈パートナー〉と記してM子のコインを置いた。

しかしながら、わたしの旅は続けられた。懐にコインがあろうとなかろうと、わたしは独りでいることに慣れすぎていた。旅という麻薬にはまっていたのだ。その旅は十代の前半から始まっていた。家庭や学校からの逃亡というかたちで、旅は始められた。成人してからは職場や社会からの逃亡となった。

旅、わたしの場合それは閉塞からの解放、自由へのもがきというものかもしれない。解放されたいという気持ちが、いつまでも心の奥底でくすぶり続けた。

その理由を語るには、第二次大戦末の、当時六歳で孤独の収容所に連れ去られた学童疎開にまでさかのぼらねばならないだろう。ちいさな家庭からいきなり引きずりだされたわたしは、集団社会の規律とモラルに無理矢理押しこまれ、非常事態宣言下の物言えないクローンにさせられた。当時最年少の学童だったわたしにはとても無理なことで、疎開先の東北・北上川の流れを眺めながら独りひそかに辛さに泣き、寂しさに泣き、飢えに泣き、その泣く姿も他人には見せられずにいた。逃げたかったけれども集団からの脱走は許されず、幼かったため方法も分からなかった。ひとりで苦しみ、ひとりで解決しなければならなかった。孤独にひたるほか、孤独から逃れることもできなくなってしまった。それは永遠に解決しえない問題だったのだが、とても複雑な生理がじぶんの体内の組織に組み込まれた。M子はそんなわたしを不安げに、そして心配しながら見守ってくれた。

恒例の花見に、どうしても行きたいといいだしたのは彼女のほうだった。お互いに忙しくしていたので、それが出発当日になってしまった。

日本の美しさを覚えておきなさいよ、そういわれたが、わたしには彼女が日本人の女のじぶんを忘れるなと、釘を刺したように思われた。

かつて『M子』という題名の映画があった。実際のM子が主人公で、彼女の日々の生活をカメラが追い、M子の視線ということで、じぶんで映したフィルムも挿入されたドキュメンタリータッチの前衛映画であった。しかし、手法として当時すでに珍しいものでもなかったせいか、あまり話題にならず、興行成績も伸びなかったようだ。そのなかの一シーンで、朝日の斜光線を浴びつつ、半裸のM子が若い乳房をさらして海からあがってくる場面が印象的だった。

「ヨーロッパに入ったらメールしてね、ヘルシンキに迎えに行くから」

「……」

わたしには、答えることができなかった。あまりに先のことだし、この旅が成功するとはかぎらない。旅を甘くみてはならない。年齢を考えれば、生きているとはかぎらない。明日のことなど、だれに分かろう。それに、約束ほどあてにならないものはない。そして、そのくらい旅に誠実な、旅をしたい。

幼稚園の高速バス——新宿から大阪港へ

新宿駅西口の高速バスターミナル付近は、なぜか暗い。近くの大型電機店や食堂街のネオンはけたたましく点滅し、赤や青の妖しげな光彩を投げかけているのだが、群れている人々に影を作らない。通行人の顔は土気色で、幽霊のようだ。高層ビル群の影の部分、喫煙禁止区域の路上の片隅で、そんな幽霊たちがいら立った神経をなだめようと、あわただしくたばこを吸っては去っていく。

大阪行きの夜行バス、割引料金のカジュアルツィンクル号は定刻二一時一〇分に満席で発車した。わたし以外の乗客のほとんどは二〇代の若者だ。なにか場ちがいの車に乗ってしまったなと思う。このルートを教えてくれたのは、旅先で知り合った韓国人のバックパッカーであった。大阪港から船で釜山へ、それが東京在住者の利用するいちばん手軽で、安い帰国方法であると。

バスは中央高速道路に乗った。わたしは最前列の席で、車窓の風景を楽しんでいた。日本最後の夜景だ。行き交う車が光のリズムを奏で、遠くに町の灯が望める。しかし、旅の気分に浸っていられたのも束の間、目の前にビニールのカーテンがおりてきて、前方の眺めをとざした。気がつけば、左右背後、あらゆる窓にカーテンがおり、おまけに車内灯が消された。さあ、おやすみなさいというわけだ。眠る時間がきめられていて、寝なければいけないらしい。

これでは、幼稚園か保育園である。過剰保護、こんな国は他にないなあと思う。眠りたければ、じぶんで寝るさ。外光がまぶしければ、目隠しくらいじぶんで用意するさ。よけいなお世話だと、だれも思わないのだろうか。文句をいうひともいなかった。このへんの従順さも、日本独特なものだ。ひょっとして、このバスは特別割引料金なので、車窓の眺めは見せないという逆サービスなのかもしれないと思った。それならば、仕方あるまい。

韓国船パンスタードリーム号は午後四時に大阪港国際ターミナルから出航した。離れていく日本をデッキからチラと眺めて、すぐ船室に戻る。離別の哀愁のようなものをイメージしていたが、そんなものはこれぽっちも胸に浮かばなかった。幼稚園卒業、しばらく日本にいるとそんな気分になる。

早めに予約することで割引きになった早割料金の四人部屋、せまいかいこ棚ベッドから抜けだして、他の客が来ないうちにと、サウナへはしる。このすばしっこさは、長年の経験である。

古い木材を組んだサウナは、なかなか良かった。ただし、すでに先客が何人か洗い場にいて、こちらに向けた大きな背中にはクリカラモンモン。あわててサウナ室に飛び込むと、室内にいくつもシャツを広げて乾かしており、片隅でちいさくなっているほかなかった。そのうちクリカラの一人がサウナに入ってきて、わたしに何かお愛想をいったようだったが、韓国語だったのでさっぱり理解できない。

入国管理官の仕打ち——韓国・釜山から仁川へ

韓国についてわたしの考えはあまかったようだ。文化や習慣は大陸を西へ行くにしたがい少しずつ違ってくるだろうから、となりの国、日本からいちばん近い国、顔かたちだって日本列島人と区別のつかないくらい似ている韓国について、あらかじめ学習するほどのこともないだろうと思っていた。しかし、言葉が通じない。わたしのレベルの旅の環境では、英語も通じない。その上、文字が読めない。お手上げであった。このような戸惑いを感じたのは、今回の長い旅でもイランくらいのものである。

釜山の入国管理官は、まだ若い女性だった。わたしの顔を睨みつけていたかと思うと、スタンプをポンと押して、パスポートを放ってよこした。その日付に気がついたのは、釜山駅行きのバスに乗ってしまってからであった。

滞在期間が五日間しかない。わたしは二週間の申請書を提出していた。首都ソウルを観光しながら、旅行代理店で中国行きの船便を調べ、予約しようと考えていた。しかし、もうそんなひまはない。翌日の朝、港町仁川に高速バスで直行することにした。

それにしても出入国管理官の仕打ちが胸にこたえた。彼女は、近代史の知識から日本と日本人に対して、敵意を持っていたかもしれない。あるいは、わたしをキーセン旅行にやってきた嫌なおやじとでも思ったかもしれない。わたしの印象、愛想のない態度、顔立ちや服装が不快なのはじぶん自身わかっている。もっともわたし自身は、エイジズム（高齢者差別）をつよく意識した。若い頃のように、もう少し感じの良い容貌だったら、こんな目にあわなかったろうに。いい歳して、バックパッカーなんて。痛みはじぶんにはね返ってくる。外国初日で、もうこの有様だ。前途が暗くなる。

ビザ切れで、このまま日本へ帰ったら、どうだろう。それもいいかもしれない。だれのための旅でもない。残念がってくれる友だちがいるわけじゃなし、それ見たことかとあざ笑うひともいない。じぶんは、社会のおひとり様だ。ファミリーレストランに入ったとき、「はーい、おひとり様、どーぞ」といわれる、あれだ。名義上の妻や子供がいるとはいえ、実際には、いわゆる人生の負け組である。どの道、老人であるということは、負け組のおひとり様になるということだろう。

希望がない。残りわずかな人生だというのに、今いる場所に希望がない。フリーターのようなことをやって、日々を辛うじてやり過ごしてはいるが、将来も日銭が入ってくるとはかぎらない。年金もない。病気になったら、国民健康保険の三割の支払いも難しくなるだろう。それが、日本という先進国の福祉制度なのだ。いつでも死ぬ覚悟をしているが、死ぬわけにはいかない。葬式代もないからだ。それらの費用を、旅にあてているからだ。

幸いなことに、親からもらったボロ家が東京にあって、わたしの若い友人たちのように五時間九八〇円のシャワー付きマンガ喫茶や、ほかほか椅子のネットカフェやサウナ、眠ると叱られる二四時間営業のマクドナルドなどで冬の夜を過ごさなくともよい。でも、かれらとそんなに違う身分ではない。はっきり言って、かれらと同族だと思って〈差別〉してくれてもいい。築後七〇年のわたしの家は、ある夜天井の穴から星空が見えた。ビニールで雨が降りこまないようにしたが、屋根の修理代は旅の費用になってしまった。それに、修理して何になろう。先のない老人が新しい家を建ててどうしたものか。

外国旅行が出来て、他人はうらやましいといいますが、お分かりでしょう、帰ったってしかたがない。もとより希望なんかない。年を取って、ますます希望から見放された。そして、生きているかぎり旅を続けるほかなくなった。前方への、不退転の意志。だれかに背中を押されるようにして、でもだれかがその先でわたしを待っているわけでもないから、ゆっくり、ゆっくりと、前方に目を見すえて進むしかない。

たとえM子が帰りを待っていてくれたとしても、先のない単独な老人の行動を理解してくれるのは、同じように孤独な老人しかいないだろう。そこへはどんな同伴者も愛情もついてはこれない。独りで、だれもいない空虚な死の家のドアを靴の先でこづき続けるばかりだ。それが、老人の旅というものだ。「この道や行く人なしに秋の暮」（芭蕉）だ。

ともあれ、とりあえずわたしは勇敢な旅びと、国際バックパッカーである。

その夜は、釜山駅裏の安宿に泊まった。この辺にはロシア街がある。中華街というのはよくあるが、ロシア街は珍しい。キリル文字のレストランや毛皮商店が並び、明らかにロシア人と思われる白人の男女が歩いている。ソビエト崩壊の動乱期、多くのロシア人が外国に生活の糧を求めて国をでた。その最先端の人たちが朝鮮半島の南端まで来て、住みついたのであろう。ここへ来た人たちは、勇敢な開拓者であろう。だが反面、押しだされて、旅に出なければならなかった弱い人たちでもあるだろう。

当然かれらは、より豊かな国日本へ渡ろうとしたにちがいない。しかし、海を隔てて、とどまった。日本の官憲が渡航を許さなかったからだろう。日本とロシアは、まだ、第二次大戦後の平和条約もむすんでいない。それればかりではない、より貧しい国の人々から見て、日本は先進国のなかでも、もっとも鎖国状態の国家であるという評判だ。江戸時代の日本から、未だにふっきれていないというのは、わたしの目にもあきらかだ。旅行者の目からは、エキゾティックな日本という皮肉ないい方もある。

ロシア街のはずれに、ユースホステルと間違えそうなユースステルという名の安宿が何軒かある。これはモーテルよりも安い。一泊個室で約二千円。それでもわたしの予算よりは高い。もう途上国とはいえない韓国の物価が高いのは、覚悟している。日本の高度経済成長期に一万円が四〇万ウォンにもなったが、今は八万ウォンにしかならないと船で相部屋になった韓国人もいっていた。

旅の予算は、一日二〇ドルと考えていた。その費用には宿代、食費、交通費のすべてがふくまれる。ヨーロッパに抜けると、その予算ではやっていけないはずなので、物価の安い国で徹底的に倹約することが前提になっている。ということは、旅の全期間、貧乏旅行に徹するということになる。まさしくバックパッカー様の正統な巡幸である。例外はあるにしても、ホテルという名の宿に泊まるつもりはないし、レストランという名の場所で食事するつもりもない。名所旧跡、博物館、美術館、およそ入場料を請求されるところは、じぶんと縁がないものと考える。それでは、なんのための旅行か。じぶんでも分からない。何かのためにやっているわけではない。じぶんのためですらない。それでも、旅は成立するのである。特別に見たいものもなく、見るつもりもない。それでも何かを見てしまうのである。見つめるものは、じぶん。見えてくるものは絶対的な個。なぜなら、それが旅だからである。

黄河本流の思い出——中国・天津から北京へ

中国船天仁号の出航に間に合ったのは幸運であった。これを逃したら、韓国のビザが切れるところだった。船賃は老人割引きで、二割安い。そこで多人数のドミトリーに入る必要がなくなった。これから先、割引きになるところはなんでも利用した。掲示は出ていないのがふつうだから、恥ずかしくともいちおう口にしてみる。言葉の通じなかった仁川のモーテルも、手真似でディスカウントといってみると、三割引きになった。英語も日本語も話さない韓国の庶民は、とても愛想がよく、バックパッカーのわたしに親切だった。それで、出入国管理官の意地悪で傷ついた心も癒えるのだった。

弁当屋で三百円のアジフライ弁当を、市場の屋台で二百円の韓国風のり巻きを買い、乗船した。船内のレストランを使うつもりはなかった。

四人部屋の船室に入ると、背広を着た中国人紳士がわたしのベッドを占領していた。切符の番号を示すと、かれは照れくさそうに笑い、となりのベッドに移った。いったん外に出て、出るときに船室の鍵をかけたのだが、戻ってみると鍵は内側から開けられていて、中国人紳士の姿は消えていた。他に客はなく、部屋を独占できた。

たぶん紳士は旅慣れているのだろう。この時期、客が少ないのを知っていて、船室の予約なしで入ってきたのだろう。だがかれは、鍵を持っていない。そこで、わけの分からない日本人と相部屋になるのをさけて、べつの空き部屋にもぐりこんだにちがいない。もちろんかれが泥棒であるわけはない、ふつうの、むしろ立派なインテリにちがいない。それにしても、わたしはいよいよ中国にやって来たなと強く意識した。気を引き締めてかからないと、この大人口国の中国を渡っていけないぞ。ちょっとした油断も隙もゆるされない。それどころか、じぶんから積極的に行動しないと、ひとに割り込まれ、置いてけぼりにされ、酷いことになるぞ。

翌日の午後、天仁号は二時間遅れで天津港に着岸した。中国のビザは、あらかじめ日本で取っておいたので、入国は簡単にすんだ。しかし税関審査で手間取った。男性係官の横に三人の若い女性係官が並んでいた。女性たちは見習いちゅうらしく、男性の指示に緊張気味にうなずいていた。

他に適当な外国人が乗っていなかったせいか、わたしはどうやら教育実習の実験材料にされたらしい。英語の言葉づかいも丁寧で、にこやかに応対され、感じはすこぶるよかった。外国人観光客に対する、そういう態度もマニュアルにあるのだろう。中国の国際化は急速にすすんでいる。観光財源は重要だ。大勢の外国人がやってくるから、係官を養成し、準備万端にしておかなければならない。

わたしの貧しげなリュックサックとショルダーバッグを、徹底的に調べてくれた。

「この金属の筒は、なんですか？」

「懐中電灯というものです」

「このちいさなメタルは、なんですか?」
「ハーモニカという楽器です」

旅の楽しみに、小型のブルースハーモニカをバッグの底にいれてある。見れば分かるようなことも、教官は見習いにいって聞かせる。並んだ女性群は、小鳥のようにさえずって、いっせいにうなずく。わたしも思わず笑ってしまった。不愉快なことはなかったが、時間がかかった。

やっと放免されたときに、男性係官にたずねた。「お金の両替所はどこですか?」
「港の、この建物にはありません」
「それでは、どこで両替できますか?」

新しい国に入ってきた外国人なら、最初に発する質問である。
「表の通りを少し歩いていくと、銀行があります。あ、でも、もう四時を過ぎましたね。本日は閉店ですので、明朝いらしてください」

これが税関員の、何げない返事であった。せっかく外国人への応対の訓練を重ねていても、肝心なところが抜けている。ツーリストはいったいどうしたらよいのか。天津市の中心までいって、クレジットカードの使える高級ホテルに泊まるほかない。それにしても、そこへ行くまでのバス代やタクシー代はどうすればいいのか。

このちぐはぐさは、現代の中国そのものである。わたしにとってこんな経験は初めてではない。このようなこともあろうかと思って、二千円ほどの中国元を用意していた。以前の旅で残していた金であった。

ターミナルビルの前に一台のワゴンが客を待っていた。北京市内行きの不定期便である。六〇元（約九百円）で直行してくれるという。客がいっぱいになると、車はすぐに走りだした。三時間後には、北京駅前のユースホステルに着いた。遅い時間だったが、幸いベッドは空いていた。会員証を示すと、一〇元引きの五〇元（約七五〇円）になった。これ以下の料金で泊まれるところは、北京ではめったにない。

残ったわずかな金をポケットに、食事にでた。何年か前には、駅前広場の周辺に、六元でたっぷり食べさせてくれる食堂が何軒かあった。朝食には四元のシュウマイかお粥が食べられた。しかし、それらの店は取り壊され、ガラス張りの四角いビルに変わっていた。中国の経済構造は二重になっている。新しい中国と古い中国、新興成金層と市場や食堂で生活する庶民層、鉄筋の新しいビルと背の低い木造家屋、光の当たる部分と陰の部分、そしてわたしのようなバックパッカーはいつだって陰の部分を伝い歩いて旅をしてきた。ところが最近、古くて安い陰の部分が大都市から消え失せてきた。低所得の一般の人びとが暮らしにくいように、バックパッカーも旅をしにくくなってきた。

北京駅前広場には、大勢の人たちが座りこんだり、おおきな荷物を抱えて歩きまわっていた。群衆は深夜になっても、変わらない。満席の待合室を嫌って、外で列車を待っているのかもしれないが、そうとも思えない人たちがたくさんいた。何かを待ちながら、途方に暮れているという感じである。じっさい、初めて北京という大都市に仕事と夢を求めてやってきたのはいいが、行くあてもなく呆然としている人たちもたくさんいるにちがいないと思われた。

あちこちで煙草を吸っている人たちがいる。食事をしている人もいる。不思議なことに、この広場には吸いがら入れやゴミ箱がひとつもない。それにしては、広場のアスファルトがきれいである。ちりひとつない。ゴミを投げ捨ててはいけないというような掲示もないのだが、先進国並みに、公衆道徳がいき渡ったのかもしれないと一瞬思った。

だが、それは考え違いだった。だれかが吸いがらを捨てると、間髪おかずにちり取りを持った人がやってきて、それを拾っていくのである。注意して見ていると、ものすごい数のゴミ処理人がいる。人海戦術である。当局は、人民のマナーを変えることを諦めて、ゴミ箱をおかずに人間を配置したのである。それとも、頭のいい人が失業対策の一環としてあみ出した政策なのであろうか。ともかく北京駅前広場はクリーンである。

翌日銀行で両替をすますと、すぐに駅の切符売り場へ行った。旅行代理店や、少しの代行料で切符を買ってあげましょうという便利屋は使わない。じぶんで窓口へ行く。朝のうちなので、客の数は少なくて一五人くらいが列をなしていた。

窓口に向かって金属パイプの柵が作られている。ひと一人がやっと通れる幅である。割りこみをふせぐのが目的だろう。その上、列を見張っているひとが売り場近くに立っている。柵の出口から逆に入ってこようとするやつをつまみだす役なのだ。

数年前までこんな柵はなかった。人々は我がちに窓口に殺到し、横から割りこみ、他人の頭の上を乗り越え、股ぐらをくぐり抜けて切符を買おうとした。列に並んでいたりすればいつまで待ってもじぶんの順番がまわってこないのだった。中国という国は、遠慮していたり、ぼんやりしていたら、切符一枚買えないところというのが印象だ。ずいぶん進歩したものである。

政府は国際化を図っているのだが、しかしながら人民はそう簡単にはついてこないようにみえる。わたしを外国人ツーリストと見てとったらしく、男がひとり、パイプの下をかいくぐってわたしの前におしこんできた。手には札束を握っている。団体客の切符を請け負ってきているのだろう。わたしは、そいつの肩を叩いて後ろに並べという。見張り員が気づき、男に何かいう。そいつはわたしににやっと笑ってみせ、おとなしく柵から出ていった。開放経済も国際化も、広場の清掃も、痰吐き罰金制度も、悪名高い中国式便所の改革も、何事も政府主導の下に行われているらしい。人民の方は、はるかに遅れて、ついていっているようだ。というよりも、政府の希望通りのことをやっていたらこの国じゃ生きていけないのよと、四千年の歴史の深い井戸のようなところから人民の低い声が聞こえてくる。とにかく、北京も上海も広州も、すごい人間の群れだ。東京の新宿や渋谷が混んでいるからといっても、中国とは比べようもない。なにしろ十三億、だ。

いよいよ　旅の始まり
始まりは終わり　終わりの始まり
ついに見えたぞ　中国が
いや　日本がだ

目的地を書いた紙を窓口で差しだす。烏魯木斉《ウルムチ》、硬臥、今天と書く。硬臥とは、ハードベッドのこと、二等寝台だ。今天は今日、今日の列車に空きがなければ、明天と書きなおす。つまり明日だ。中国語がしゃべれなくとも、日本人なら文字の意味が想像つくし、書くこともできる。

幸いなことに、今夜の列車に乗ることができた。ただし、六人部屋のコンパートメントの、最上段のベッド。料金はいちばん安いが、座ると頭が天井につかえる。こんなところにウルムチまでの三七六八キロ、四四時間乗っていることになる。

中国を旅行するのは、わたしにとって初めてではない。十数回、延べにして一年以上もこの国に滞在している。通り一遍の旅行だが、ほぼ全国をまわっている。それらの旅の出入り口になった北京のような、無個性で物価ばかり高い大都会に長くいる理由はまったくない。出来るだけ早く通り抜けたい。

最後に中国を旅行したのは、二年ほど前。チベットへ行ったときだった。青海省の省都西寧という町からラサへ寝台バスで向かった。一九四〇キロの青蔵公路を三六時間かけて走った。寝台は二段式で満席、幅四〇センチ、長さ一五〇センチという狭さなので、全行程身体を縮めているほかなかった。揺れが酷く、背骨や腰が痛んだ。

途中にいくつもの峠があり、四〇〇〇メートルを越えると頭痛がした。一番高いところはタンラ峠といい、五二三一メートルだった。四月末、雪が降っていた。

真夜中だったが、わたしは尿意をもよおした。とても我慢しきれなくなった。狭い通路に積み重なっている荷物を乗り越えてゆき、運転手の肩をたたいた。バスは三、四時間置きに停車してくれるのだが、わたしの場合それではもたない。老人性の前立腺肥大からくる頻尿である。出きらないせいで、ときに三〇分もすると、また行きたくなる。我慢していると、今度はだすべきときにでなくなるというやっかいさだ。

このときもわたしはいちばんでバスから飛びだし、車体の背後に回って、両脚をふんばった。しかし、でてくれない。下腹のなかで凍りついたか、ちょろともでてくれない。そのうち乗客たちが眠そうにあくびしながら降りてきて、そこらでじゃーっとやっている。隠れる樹木なぞ一本もない高山だから、ご婦人がたははるか遠方の岩陰にしゃがみこんで、それも済ませてバスに戻ってくる。その頃になって、ようやくちょろと細い銀線がうすくおおった雪の上に〈?〉を描きはじめた。深夜の青蔵公路上には、わたしひとりのシルエットが残り、こまかく降りそそぐ冷たい雪のなかに仁王立ちとなっていた。やがて、ぶうっとバスが警笛を鳴らした。出発の合図だ。ようやくわたしの作業も終わりにちかづいた。

日本に帰ってから病院へ行き、ハルナールD錠という薬をもらってきた。これさえあれば、まるで若者のようにじゃーっとできるというのだが。旅の必携品になった。

老人にとって　冒険は
そして　旅は
みずからの　内側にある

前立腺肥大の心配ばかりではない。狭心症、心筋梗塞、脳卒中、大腸ガン手術後の再発、下痢と便秘、コレステロールと糖尿、免疫系の衰退とアテローム動脈硬化症、メタボリック・シンドローム、年取った肉体はボロボロである。旅の途中の、どこで何が起きるか心配の種にはことかかない。命がけである。だが、日本にいたからといって、命がけが収まるわけではない。老人にとって、日常の毎日が冒険だ。生きること自体が、新しいチャレンジである。

わたしが交通手段としてバスよりも鉄道を選ぶのは、道路建設による自然破壊や車の有害物質排出量が軌道のそれよりはるかに大きいというばかりではない。なにしろ、列車にはベッドばかりでなく、トイレがついているからだ。

最新版の全国鉄路旅客列車時刻表というのを見ると、チベットのラサまで鉄道が開通していた。もう、深夜バスに乗らなくてもいい。長年バックパッカーを苦しませ、チベットへ山越えしていくということが、どんなに冒険的な語り草であったか、それらは伝説になってしまったようだ。

夜中に暑さで目が覚めた。シャツが汗で濡れている。三段ベッドの最上段、すぐ目の前の天井からエアコンの熱風が吹きつけてくる。車内灯は消され、窓のカーテンも閉ざされ、暗闇だ。向かいの上段にいた男は、ノートパソコンで遅くまでＤＶＤを見ていたが、列車が西安に着いたときに下車したらしい。

午前四時、梯子をおりて、トイレにいく。通路も窓のカーテンが閉められ、灯りもない。暗いなかで女車掌が折り畳み椅子に一人、眠気で祈るような姿勢のまま、なかば頭をたれながら見張りについている。

通路の椅子で、北京西駅の待合室の売店で六元だして買っておいた折り詰め弁当を食べた。飯はばさばさで硬くなっており、おかずも少し酸っぱくなっていたが、野菜ばかりなので大丈夫だろうと思い、食べてしまう。無駄にはできない。こんな夜中に食べるのも、空腹というよりも、室温から考えて朝まで弁当が保たないと思えたからだ。食べ終わりかけたころ、女車掌が気づいて、じぶんのいた席に来て食べなさいといってくれた。そこはいくらか明るいのだ。疲労で艶のない肌をしていたが、まだ若い女だった。空調が暑すぎるというと、彼女はうなずいて調節してくれた。しかし、今度は寒すぎた。

チンゲン菜　何を食ってもチンゲン菜
朝から晩までチンゲン菜

朝になると、すぐ傍の天井のスピーカーから声高なアナウンスがあり、やがてラジオのお笑い番組やら歌謡曲やらががんがん流され、アイ・ポッドから流れるバッハは聞こえなくなってしまった。しかし、わたしの収納曲のひとつ、サラ・チャンの懐しい歌声がラジオから聞こえてきたときは、ほっとした。彼女はすばらしい。旅先で出会うその国の音楽をあつめるのはわたしの趣味であった。日本では知られていないすばらしい音楽が、世界にはたくさんあるものである。

サラ・チャンの歌声を初めて聴いたのは、八十年代後半の東北の町哈爾浜（ハルビン）だった。彼女は英語を交えて歌った。アイドル歌手の第一号だった。鄧小平の改革開放経済政策が頂点を迎えた時代である。人民が欧米の豊かさに気づき、憧れはじめていたときだ。

彼女の声には、哀しみと希望と素朴さが織りこまれていた。

人びとはまだ貧しかった。冬の初めの寒い朝、男や女の着ているものは軍隊用の緑の綿入れ外套しかなかった。それでも娘たちは、首に二重に巻いて膝まで垂らした色とりどりの手編みマフラーでおしゃれをしていた。道路に舗装はなく、夜中は凍りついてささくれ立ち、日中はぐちゃぐちゃのぬかるみだった。屋台の安いうどん屋が賑わっていた。他人の見ている前で屈みこみ糞をしている男がいた。荒れた風景の何もない時代だったが、人びとの心には未来への希望があった。それらの庶民の心を表現してみせたのが、当時張薔（チャン・チュン）の本名で歌っていた彼女だった。テレビが普及していない頃で、露天商の売るカセットテープ『張薔絶版帯』がラジカセからストリートの雑踏に流れた。大変な人気だった。わずか、二十年ほど前のことである。

車掌室の前に湯沸かし器があり、いつでも熱湯がもらえる。持参のインスタントコーヒーを味わい、携帯プレーヤーでフルニエ演奏のバッハ無伴奏チェロ奏鳴曲の続きを聴く。上段ベッドの向かいには、新しく娘が入ってきて、こちらに背中を向けて眠っている。眠るまえにわたしをうさんくさそうにじろっと睨み、目顔の挨拶もなかったが、背中を覆うちぢれた長い黒髪はなまめかしく、精気にあふれている。

ともあれ、汽車の旅は快適であった。自由と感じられるような雰囲気がある。とりあえず先のこと、後のことは考えなくていい。心配や不安は、一時停止である。そしていちばん大切なことだが、確実に前進しているという実感があった。まちがいなく明日へ、未来へ、それもかなりの速さで向かっているという満足感がある。

宝鶏から蘭州にかけて、車窓の風景から森や林は消え、粘土質の荒れた光景がつづいた。黄土高原の一部であろう。大地は乾ききって、峡谷のような亀裂が走っており、住民はその土の壁に横穴を掘って住居や倉を造っている。

平らなところはいちおう農地にしてあるが、水はどうやって引くのか、たまに見えてくる小川はまっ茶色である。それでも民家の庭や畑のまわりには、枝を張った背の低い木が植えられ、桜か桃のピンクの花が咲き、菜の花の黄色と共に春先の賑わいをみせていた。

前にこのあたりを旅したとき、米の飯というものが食べられないのに驚いたことがある。朝も晩も、うどんであった。うどんの国である。黄土高原は、うどんしかできない。さらに西の方へ行くと、パンしか食べられないパンの国に達する。食文化というものは、おそらくあらゆる文化の基礎になると思うのだが、その食文化が依存しているのが大地である。ここでは、荒れ果てた灰色の黄土ということになる。

一介のツーリストにとって、黄河（全長五四六四キロ）の本流を見るという機会はあまりない。唯一、蘭州の町で見ることはできるのだが、大都会の中のことだし、コンクリートの堤防に挟まれた黄河では、あまり面白くない。本物の大河を見てやろうと、あるとき思い立った。

陝西省の省都西安から夜行列車で十二時間ほど、寧夏回族自治区のゾンウェイ駅で下車した。ここまでは硬座というもっとも安い一般席でやってきた。乗車率は一三〇パーセント、三人がけのベンチに四人座り、それに赤ん坊と雑種のペキニーズ犬、足下には乗客の荷物、段ボールの箱が積み重ねられ、身動きとれない。それでもわたしと相席になった二人の若い女性たちは弱音を吐かない。学生なのか教養のありそうな娘さんたちだったが、その我慢強さには驚かされるものがあった。足も動かせない状態なのに、じいっと耐えている。それどころか、年配のわたしを気づかって、もっと楽な体勢にするようにいってくれた。わたしが英語で礼をいうと、初めて外国人だと気がついたようだった。硬座の夜行列車に乗ってくる外国人など、考えもしなかったのだろう。

駅前広場で二時間待って、二〇キロ先のシャポトウ行きの早朝バスに乗った。タクシーは三〇元を二〇元でいいといってくれたが、バス代なら三・五元だ。

がたがた道を走ることおよそ一時間、黄河の本流に沿って人家の集落があった。シャポトウである。西部劇映画の舞台になりそうなちいさな町だが、商店のバラック小屋を両側に並べた短いメインストリートを通り抜けた先に特別遊園区と銘打った一角がある。まさに中国人自身が大黄河を眺め、楽しむための施設であろう。樹木がおい茂り、いくつかの遊び道具、駱駝や馬、サンド用のカート、ロープウェイ、船着き場に高速艇や豚皮をふくらませた筏《いかだ》などが用意されていた。ゲストハウスもそこにあった。

北側は七、八〇メートルの高さの砂の斜面になっており、そこはテンゲル砂漠の末端である。シャポトウは黄河の堤に沿って、細長く張りついた苔のような町であった。そして、黄河はこのあたりでおおきく曲がっており、満々とたたえた茶色い水でテンゲル砂漠を切り裂き、どうどうと流れているのであった。でも大河はそれ自身で充足しているように見受けられ、遠くからやってきた旅びとの思い入れや憧れを無視して、素知らぬ顔で、むしろ冷ややかに流れ、さわさわと過ぎていくのみであった。たぶんこの河にまつわる人間どもの営みも、何千年かの歴史とかいうものに対しても、河自身はいっさい無関心だったにちがいあるまいと思った。

毎日午後になると風が立ち、黄河の遠景はぼやけて、蜃気楼のように見えてくる。川面からの立ちのぼる水蒸気と砂漠から吹き寄せる砂がいっしょになって夢幻の風景をつくった。

すべては　ひとの夢
ひとの　錯覚

ここではない　ここではないと思いつつ
どこでもいいから　ここではないどこかへ
みずからの影を映す流れのなかに　浮き沈み　薄れ
泥水の深みへと追いやられ
ここでもない　ここでもないと
泡うずまく　暗闇の底へ
ごみ屑のように巻きこまれ
異様な形相の魚たちにおびえつつ
幻覚の風景に
沈んでいく　意識

八時半にハミ駅到着、気温十一度。トゥルパン駅午後一時、気温三二度。このあたりの車窓の風景は地平線までまっ平らな砂漠だ。鉄路の両側にえんえんと広がる砂漠は、固い、がれきや石まじりの粘土質の、死んだ砂漠である。太陽の熱射も、意地悪い光だ。さらさらの砂丘などは、どこにもない。こんな荒れ地が南西はるかのタクラマカン砂漠へと連なっていく。

遠くの景色はもやっている。しかし、水分が蒸発したもやりではない。風に吹き飛ぶ砂のもやりである。遠くに白く光る湖を見たと思った。列車が近づくと、それは長い砂ぼこりの尾を引く車であった。

東西千キロ、南北四百キロのタクラマカン砂漠。そこに北アフリカの青い衣のトゥアレグ族のような住民はいない。この砂漠と共に生きられる人はいない。ここにやって来た人びとの王国は、すべて滅びた。タクラマカンは、死んだ砂漠である。死者すらも存在しえない、残酷で、地獄そのものの土地だ。ここに感動や情緒を催すものは、何もないように思われる。ウイグル族の人びとは、砂漠の縁のオアシス、天山山脈や崑崙山脈の麓の緑地に辛うじて住みついているばかりだ。

一〇年ほど前、わたしはタクラマカン砂漠を縦断したことがあった。オアシス都市ホータンからバスに乗り、廃墟跡のニヤ経由、完成して間もない砂漠公路を約五〇〇キロ、二四時間走り、北のコルラへ抜けた。

車道の両側には一〇メートル幅の碁盤状に草や木を植えた跡があり、その外側にネットを張り、さらにわら束の柵などをおいて、道路が砂で埋没するのをふせいでいた。砂漠は、荒い波の海を凍らせたように硬くささくれだっていたり、根株のように一面盛り上がった小山を砂地に浮かべていたり、ただ粘土としか思えないべっとりとした平地だったり、様々だった。

およそ愛想のない砂漠の中に、一カ所だけ人間の住んでいるところがあった。政府経営のガソリン補給地である。レストランも売店もない、なんにもないのが特徴なのだが、奇妙なことに放し飼いのアヒルがたくさんいた。冷蔵庫などあるわけないところでの、生鮮食品というわけだ。アヒルは道路や砂漠を飛びまわっているのだが、けっして逃げようとはしない。砂漠が自然の柵となっているからだろう。もしアヒルが人間の囚人だったとしても、この土地では牢屋のようなものは必要なかったろうと思われた。

　乗客のほとんどはウイグル族で、新疆最大の都市ウルムチへ向かっていた。若い人はそれなりのおしゃれをしていて、まるで下着のようなレースのミニスカートを穿いた娘だったり、サッカーのワールドカップのかんかん帽のおやじだったり、どうせ偽物だろうがピエール・カルダンのＴシャツの青年だったりした。目の前のベッドに寝ていたおばさんは、ストッキングを財布代わりにしていて、スカートがめくれるたびに、百元札の束が太ももから盛り上がって見えた。

疲れる都市――ウルムチ

　ウルムチは人口一七〇万ほどの都会である。以前南部の町カシュガルとかホータンで聞かされていたこの町は、ミニスカートにハイヒールの美女が列をなして通りを歩いていて、しゃれた店や高層ビルがいっぱいの、モダンで美しい都市というイメージだった。ところがどっこい、こんなほこりっぽくてうす汚い町は、現在の中国ではめずらしい。道路はだだっ広くて、穴だらけだ。どこで横断してよいのかわからない。歩道は、とつぜん一メートルも段差があったり、マンホールの蓋がなかったり、うっかり景色など見ていると、とんでもないことになりそうだ。

　この町でカザフスタンのビザを取ってから、鉄道で国境を越えるつもりでいた。宿は、駅から近いところがいい。ガイドブックに従って、近くのホテルを訪ねた。看板に大酒店と書いてある。二つ星の、一応まともなホテルである。おかしいなと思ったが、ここにはドミトリールームがあるはずであった。

フロント嬢に聞いてみると、一泊二八六元だといい、壁の料金表を指し示す。それはずいぶん高い。ドミトリーはやっていないという。どうやら、経営が代わったらしい。フロント嬢は英語を解さないので、くわしいことは分からない。

では、さよならとザックを背負って立ち上がると、彼女は一五〇ではどうかとディスカウントしてきた。首を振って、片手を出す。五〇だ。ドミトリーなら、そんなものだろう。二、三回そんなやりとりがあって、結局七〇元でおちついた。正規料金の四分の一である。温水シャワー付きの個室が一泊約千五〇円、しかも朝食付き、TV付き。まあ、いいだろう。うひゃ、二つ星だぞ。

その日は疲れて眠ってしまった。早朝に目が覚めると、まずは久しぶりのシャワーを浴び、ついでに下着や靴下の洗濯、カメラや携帯プレーヤー、電子手帳の充電。それからホテルのセルフサービス朝食を腹いっぱい食べる。蒸しパン二個、米かゆ二杯、漬け物や炒め物のおかずをたくさん、ゆで玉子二個。一〇センチほど痩せた下腹がぐぐっと鳴ってふくらみ、幸せだなあというう。

様子を見に鉄道駅へ行く。国際線のオフィスは閉まっており、月曜日に窓口が開くようだ。掲示があり、カザフスタンのアルマトィ行きの列車は週一便、土曜日に出発する。その列車の予約は月曜または火曜にすることと読み取れる。料金は約五〇〇元、アルマトィ着は次の月曜日。ビザの取得日によっては、二週間もウルムチに滞在しなければならないことになる。料金が高くとも出来れば鉄道を利用したいと思っていたが、これではバスにしたほうがよさそうだ。時間と滞在費の節約になる。

国際バスターミナルへ偵察にいく。こちらは毎日ウルムチ時間の午後五時に一一四二キロ先のアルマトィまで夜行寝台バスが出ている。そして、翌日に着く。料金は三六〇元または四五米ドルだ。

翌朝カザフスタンの代表部を訪ねた。九時半から十二時半までがビザの受付時間なので、九時頃には着いた。だが、遅かったようだ。建物の前には百人を超す中国人が鉄柵のゲート前に群れている。しかも、その数はどんどん増えていく。

ゲートの横に仮設の小屋がある。そちらにも三〇人ほどの行列が出来ていて、どうやら査証の申込み用紙はそこでもらうらしい。その列の最後に並ぶ。しかし、この列がなかなか進んでくれない。旅行代理店の者たちなのか、一人ひとりが何冊もの旅券の束を持っている。おまけに、絶え間なく割りこみがつづく。割りこまれないように誰しもが前のひとの腰に抱きつくようにして並んでいるのだが、それでも顔見知り同士とか、それがここでの互いの作法でもあるのか、強引に割りこんでくる。煙草の吸い殻を投げ捨て、痰をがおっという喉の叫びと共に吐きとばす。べちゃべちゃと高声でしゃべり合い、機嫌よさそうな笑い顔である。ここには、ちょっと前までの中国が生きているなと思えた。

三時間並んで、ようやく小屋の窓口に達した。わたしの前のひとは、ちいさな窓口に上半身を押しこんで、横からの割りこみを防いでいた。なるほど、ああやるのかと身構えていると、自分の番になったとたん、横から中年の女が小窓に頭を突っ込んできた。彼女の手には、旅券の束が握られている。腹が立った。もう閉門までに時間がない。せめて、申請用紙くらい手に入れないと、明日も同じ目にあうにちがいない。わたしは手に持った日本の赤いパスポートを女の脇からこじいれて、小屋のなかへ放りこんだ。文字どおり投げこんだのだ。もう、どうなろうと知ったことかという気持だった。なにしろトイレも行けずに三時間も並んで、我慢していたのだ。

そんなわたしにゲート番の係官が目をとめた。小屋に入ると、わたしのパスポートを拾い上げ、しげしげと見ている。それから、こちらへ来いと、手招きした。

ゲートの鉄柵前に集まっている人びとがわずかに道を空け、係官とわたしを通してくれた。そんなことにも群衆は慣れているらしい。ここでは、わたしは外国人だった。外国人は特別扱いされるらしい。それを知らないのは、どうやらわたし一人らしかった。係官がわたしを見つけ損ねていたのは、わたしが中国人と見分けがつかなかったからららしい。事実、わたしの服装は上から下まで、つまり帽子から靴までメイド・イン・チャイナであった。日本で買える安物は、だいたいそんなものだ。

待たされている大勢の中国人を尻目に、ゲートのなかに入っていくのは、いささか気のとがめることだった。連中は、これからどうするのだろう。明日も来て、熾烈な先陣争いを繰り返すのか。それを何日続ければ、目的を達せられるのだろうか。ふつうの日本人だったら誰でも感じるだろう遠慮や気の弱さが、自分にはこの場合腹立たしかった。他の人に同情なんかしていたら、この国では永久に自分の番がまわってこないのだぞ。

事務所のある本館に入れてもらえたのはいいが、窓口がいくつもあって、どこに並んだらいいのか分からない。英語の表示などはない。見当をつけて、並んでいるひとの後ろについてみたが、自分の番になると、窓口が違うといわれ、また並び直す。最後にやっとわたしの番になったら、年配の係官が壁の時計を振り返って、今日は終わり、明日だとのたまう。十二時半ぴったり、時間切れだ。それは分かるが、残ったたった一人の外国人をなんとかできないものか、赤いパスポートを振りまわして頼んでみたがけんもほろろ、蛙のつら。ここはソビエト時代か。

ウルムチ滞在が、また一日延びた。早く中国を出たいと願う。なぜか、疲れる国だ。寿命が倍の速度で縮まるような気がした。ほこりっぽい乾いた空気、せかせか歩く大勢の人びと、樹木のない都市、猛スピードで走るたくさんの車、排気ガスのためにいつも曇天の空、汚れた運河やため池、吹きさらしの道路、穴だらけの歩道。

疲れ切って、ホテルの部屋に戻る。ドアノブに清掃の緑のカードを下げておいたのだが、シーツやタオルを替えてないし、掃除した気配もない。安い料金だから仕方ないか。フロアで出会った服務員は目を合わさず、そっぽを向いていた。でも、気にするほどのことでもない。

夜になると、部屋はとても暗い。天井にちいさな電球がひとつあるだけなので、老眼鏡を使っても文字がよく読めない。電力を使いすぎる上海の華やかさと比べ、ウルムチの、この暗さはどうだろう。二つ星のホテルといえども、下水管が細すぎてトイレに使用済みの紙を絶対に流せない。フラッシュの装置は壊れているので、使うときだけ元栓を開けること。温水シャワーは小型のタンク式なので、二分以内に済ますこと。ちょっと考えて、慣れれば、なんでもない。

しかしながら、それにしても中央と地方、都市と田舎、インフラの遅れ、人びとの貧富の差、それらのアンバランスは旅行者の目にも明らかだ。この国にじぶんをいづらくしているものは、人口ばかりではない。

夕食には、駅前通りの食堂で四元のナンヤラ麺と一元の米飯を注文する。安くてすごく量があり、うまい。この店は働き者の小太りのおばさんと息子、それに何もしない黒服の痩せてさえない旦那の三人でやっている。何人かの客たちはいずれも肉体労働者ふうで、生ニンニクをかじり、鶏骨をペッペッと床に吐き飛ばし、コップの白酒をがばっと飲み、TVの音声も聞こえなくなるほどの大声で話していた。こういう男たちは、一九八〇年代までどこにでもいたのだが、その生き残りのようだ。懐かしくすら思え、友情を感じた。

一日二食、一食を百円以下におさえ、宿代を含めた一日の経費が千二百円以下になった。貧富の差の「貧」の方へ、都市と田舎の「田舎」の方へ身を置いて旅している自分の矛盾が、おかしく思えて、おもわず笑ってしまう。

旅立とう　なんにもない国へ
するときみは豊かにみえるだろう

開館の一〇分前にはカザフスタン代表部のゲート前に集まった群衆の中にいた。日本の赤いパスポートを頭の上で振ると、昨日の係官が目ざとく見つけてくれて、柵の内部へ招じ入れてくれた。

窓口は三つあり、一番目で英文の申請用紙を二枚もらい、待合室で写真を貼り、記入した。すでに亡くなっている父の姓名と、妻の名および国籍を書く欄がある。一瞬、どうしたらよいのか迷って、途方に暮れた。十五年前の妻の顔を思い浮かべ、ソビエト崩壊時の混乱が目に浮かぶ。

あんな時代でなかったら、会うこともなかっただろうに。

父親の姓がなぜ必要なのかも理解できないことだった。もしわたしが、父親を知らない子だったら、どういう扱いを受けるというのだろうか。観光ビザをもらえない、そんな馬鹿なことがありえようか。だったら、なぜ父や妻の名前が必要なのだろうか。

二番目の窓口が審査で、不快そうな面接官がツケツケとつまらないことを聞いてくる。「ウルムチで何をしているのか？」「中国で何をしていたか？」「仕事か？」「商売か？」「カザフスタンで何をするつもりか？　仕事か？　商売か？」

「ふむ、ロシア人が女房か。それは、本当か」勝手にうなずいて、それでも何かを勘違いして、納得したようだった。カザフスタンとロシアは良好な関係にある。行こうと思えばモスクワまで、まっすぐだ。だが、この時点で帰国の途中モスクワに寄るつもりはなかった。行けば、何か面倒が待っていそうだ。たとえば離婚だとか。その問題をどう処理していいのか、やり方も分からなければ決心もつきかねる。帰国のコースはどうするか、とりあえずフィンランドまで行く、それから先のことは考えたくもない。

三番目の窓口でビザ料八七元を払い、領収書兼パスポート受領書を受けとる。なんの説明もない。紙片をよく見れば、中国文字で二日後が受取日とわかる。時間までは書いてない。ゲート番の係官に確かめると、「正午過ぎに来なさい」という。

ホテルに帰る途中、旧市街の市場通りに寄る。道路の片側に串焼き肉屋やパン屋、焼きそば屋、果物と野菜を並べた屋台が並んでいる。男たちはつばなしの丸い帽子をかぶり、女たちはカラフルな長い衣装を着ている。ウイグル族の人たちである。新疆の首都ウルムチだが、南方のカシュガルやヤルカンドと違って、住民のほとんどは漢族である。中国の人口の多さは、少数民族には関係なく、漢族の多さである。

直径一メートルほどのフライパンで、色とりどりの具の入った焼き飯を炒めている屋台があり、そのあまりに美味そうな匂いに引き寄せられ、夕食用に包んでもらった。三元、約四五円だった。

出発の日、ちょっとしたトラブルがあった。フロントで部屋代の精算をしていると、ルームサービス係からの連絡で、八〇元余計に支払えというのだ。言葉が通じないのでなんのことか分からず部屋まで戻ってみると、三人ほどの女服務員が険悪な顔つきでたむろしていた。その一人がわたしにシーツを指し示して、洗濯代を払えと身振りで息巻いてみせた。よく見ると、ダニがつぶれたようなちいさなシミがひとつある。ろくに掃除もしていない床を歩いたときに拾った汚れであろう。

「シーツは、そういうときのためにあるのじゃないのか」と英語でいってみたが、もちろん通じない。「五泊したのに一度もシーツを取り替えてないじゃないか」、これも通じない。

女たちは血相変えて、口々に喚きはじめた。なんでこのおれが、そんなに憎まれるのか。腹も立ったがだんだん情けなくなってくる。たしかにチップは置かなかった。それ以外に怨まれる理由がわからない。たぶん、それが理由なのだろうと思った。なにしろ二つ星のホテルである。他に客がいなくて、稼ぎようもないことがわざわいしたか。ちなみにここは漢族の経営だ。服務員の女の子にいたるまで、漢人である。それなりの格があって、わたしはそれにそぐわないのかもしれない。魅力のない日本人の、糞じじい。金以外に取り柄なんかあるはずもない。中央の方から波及してくる金権体質、現代の中国式とでも呼ぼうか。

「金なんかぜったい払わないぞ」とフロント嬢にいう。英語は通じないが、彼女はインテリである。分かったとうなずき、今書いたばかりの洗濯代八〇元の請求書を破り捨てた。それから階上の方を指さして、二〇元だけ払ってほしいと申し訳なさそうにいう。それで服務員たちを納得させるというのである。一人五元という計算だろう。

バスの出発時間に遅れるという心配もあったが、この場合フロント嬢の機転に協力したいと思った。彼女は美しく、やさしい微笑みをいつも浮かべている。あのくらいじぶんも感じよければなと思う。わたしもかたくなな人間ではない、およそアバウトなほうである。しかしながら、またしてもやられたなと思う。フロント嬢もまた、中国式なのである。

Ⅱ 中央アジア

草原、国境の賑わい――カザフスタン

国際バスがカザフスタン国境に着いたのは、午前八時だった。早朝の冷ややかな霧が凍えた地面を這っている。バスの客は、なぜか全員ロシア系の白人で、ビザ取りに集まっていた大勢の中国人はひとりも乗っていない。しかし、国境の柵を前にして、ふたたび大群衆に出会うこととなった。中国人たちは、料金の高いバスを嫌い、市営のバスや乗合いトラックなどを乗り継いで、あるいは徒歩で、国境までたどりついたようであった。

国境は木一本ない平原である。そこに横一線どこまでも延びる金網柵と、その向こうに見えるコンクリートの四角い建物の、検問所と税関からなっていた。群衆は金網に張りつくようにして密集していた。ひときわ大きいかたまりあたりが、どうやらゲートらしい。そこから物売りや両替人、屋台、一元の簡易トイレ屋などが扇状にひろがっていた。けっこうな賑わいである。ちょっとしたお祭りのようで、ここでは毎日が祭りなのかもしれない。国境の傍で生活している頭の

いい連中も多いのだ。

一時間待たされ、九時に開門した。

国際バスの乗客はじぶんの荷物を持ち、一列に並んでゲートに向かった。不思議なことに中国人の群衆が道を空けてくれる。かれらとわれわれと、どこがどう違うのか分からない。かれらは待ち、われわれは先に進んでいく。幸いなことに、バスの乗客たちは先を争って列を乱したりしない。たぶん、中国人とは異なる作法のせいだろう。見失わないようについていけばよい。しかしながら、建物の中もいっぱいのひとであった。コンクリートの床に座り込んでいるのは、おおかた中国系、ロシア系は立ちっぱなしである。バスの乗客は全員立ちっぱなしである。そして、どこに立っていようと、じぶんの順番を間違えることはないし、だれしもが割り込んで先に行こうとはしない。生き抜くことの厳しい大人口の中国系との生き方の違いであろうか。それも、文化・慣習の違いといってもいいのかもしれない。

ビザは取得してあるので、入国になにも問題はなかった。にもかかわらず、カザフスタン側で待っているバスに乗り込んだのは、中国側で下車してから六時間後だった。こんな非能率、非効率な国境も他にしらない。中国側の出国管理官は女性だったが、日本の新しいパスポートに慣れておらず、書いてある英文の注意書きも読めないので、挟まれている電子チップを取り出そうとして格闘し、わたしと言い合いになってついに上司を呼びにいったりした。しかし、ことが動いているときはまだましで、ほとんどの時間はただひたすらわけも分からずに待たされた。

ともあれ、中国とさよならだ。さよならできてハッピー、だ。と考えたのは、まだ甘かった。国際バスの運転手は中国人だったが、上段ベッドのマットレスをわたしに指し示して、えらい剣幕である。そこには黒ずんだ汚点がある。そのとき他の乗客は車外にいて、まだ乗り込んでいなかった。運転手は、中国語でまくしたてた。おまえ、マットレスを汚したろう、クリーニング代を払えといっているようなのだ。すぐに、ウルムチのホテルが思いだされた。おなじ手に、ひっかかるほど馬鹿じゃない。それに、もうひとつ、わたしの方に絶対的なアリバイがあった。

「わたしのベッドは下段ですよ」、そういうと、運転手は急に相好を崩して引きさがった。このような寝台バスの場合、男は上り下りしなければならない上段ベッド、女や年寄りは下段ベッドという暗黙の了解がある。予約の際、わたしは年寄り組にいれられていたらしい。運転手はそれに気がつかなかった。

わたしは、運転手がつぎにどう出るか楽しみにしていた。上段ベッドには、美人のロシア系カザフ女性がいた。いわば地元民である。マットレスの汚れは、彼女のハイヒールのかかとでつけたものではないかと思われたが、西欧的な教育を受けているらしい彼女が、運転手の申し出に簡単に応じるとは信じられない。どんな言い合いが始まるか、わくわくしていたくらいであった。だが、しかしながら、運転手はカザフ女性にひと言もいいに来なかった。そして何事もなかったように、車を発車させた。

いったい、わたしはなんだったのだろう。小金持ちの、年寄りで気の弱い、だましやすい日本人ツーリストか。

車窓から北に、雪をかぶった山脈が見えた。まっ平らな地平線、草原、馬と羊の群れ、カザフスタンである。満員の中国から来ると、にわかに人影が少なくなった。したがって家も少ないのが、風景をすがすがしくしている。十三億から、人口千五百万人の落差は大きい。水面にやっと顔を出して、息がつけたダボハゼといった感じである。中央アジアに来たなあという実感があった。カザフスタンのパスポートと同じ空色の空が、やけに大きい。

田舎の民家はシベリア風の木造家屋で、二重の窓ガラス、窓枠は赤や青色に塗り、T型の桟の左上に空気抜き用の小窓がある。このタイプの窓はロシアから北欧まで寒冷な土地に昔からあったものだ。屋根はトタンかスレートの軽いものを使い、雨樋はない。たぶん、冬に降る雪を滑りやすくするためか、あるいは雨など縁のない土地柄なのだろう。

ロシア人の顔を持つ町——アルマトィ

首都はアスタナだが、人口約百十七万人のアルマトィはカザフスタン最大の都市である。ソビエト時代にはアルマ・アタとも呼ばれた。バスは日が落ちて暗くなってから、この町の西側にあるバスターミナルに着いた。ありがたいことに、ターミナルビルの一角に町で一番安い宿がある。六人部屋のドミトリーで、一泊七〇〇テンゲ。一テンゲは約一円、日本円に換算しやすい。

同室に背の高いふたり連れの男がいた。挨拶すると、ひとりはカザフ人で、もうひとりはロシア人だと自己紹介した。ロシアのどちらの町から来られましたかと聞いてみると、その男はロシア系のカザフスタン人だといい直した。この国の民族構成で見ると、三割がロシア系となっているが、アルマトィに関していえば、その率ははるかに高いようだ。わたしの耳には、バスに乗ったとき以来、ロシア語しか聞こえてこない。

わたしの旅は、アジアからヨーロッパへユーラシア大陸を横断していくものなので、食物が米からうどん、そしてパン、あるいは肉食へと連鎖していくように、民族も少しずつ変化していってほしかった。日本人、朝鮮人、漢人、モンゴル人、ウイグル人、カザフ人というように移っていってくれたら理解しやすかった。しかし実際には、西方のロシア人が楔のように打ち込まれてくる。同じスラブ系のウクライナ人や白ロシア人、ゲルマン系のドイツ人、あるいはユダヤ人や朝鮮人が住んでいたりする。こういったことは、民族移動や政略的な歴史をちょっと調べれば、当たり前のことなのだが。文化や言語すら混交したり、うまく溶け合わないで生のまま残っていたりとか、一定の規則なんかありはしない。

夕食は、ターミナルビルの表側にあるテラス食堂ですませた。うどん、パン、ミルクティー、一リットルのガス入り飲用水で、締めて六百テンゲ。わたしとしては物入りだったが、一日なにも食べてなかったので贅沢をした。中央アジアでは、一食百円以下というのを想定していたので、カザフスタンは高いなというのが最初の印象だ。ターミナル前の広場や周辺を大急ぎで歩きまわってみたが、バックパッカー向けの安食堂は見あたらなかった。

食事中に、目の前をすごい早さで通り抜けていった男がいた。小型のリュックを背負い、眼鏡をかけている。一般のカザフ人に比べると、背が低く短頭系で脚が短い。バックパッカー、それも日本人のようだ。

しばらくすると、その男はまたわたしの前を走り抜けていった。言葉をかけるひまもない。こちらに気づく様子はない。まぎれもなく、純粋の日本列島人だ。かれは何かを必死に探している。この遅い時間にターミナルビルの周りをうろうろしているのは、安宿を探しているにちがいないと思えた。

宿は建物の二階にあり、キリル文字でガストニッツァ（ロシア語でホテルの意）と書かれたちいさな看板が出ているだけだ。もし、キリル文字が読めなかったら、通りすぎてしまうかもしれない。いずれにしてもバックパッカーの泊まれるところはそこしかないので、結局は発見することになるだろう。

それにしても、もう一回通りかかったなら、今度こそ捕まえて宿まで案内してやろう。そう思って待ちかまえていたが、男は現れなかった。

宿に戻ると、案の定、くだんの日本列島系青年が同じ部屋にいた。

わたしにとって、日本を出発して以来、初めて会う日本系バックパッカーである。日本列島人としても初めてだし、バックパッカーとしても初めてだ。しかも中央アジアの、アルマトィの、バスターミナルの、ドミトリーの相部屋で。

わたしは、嬉しくてしょうがない。矢継ぎばやに質問した。

池田（仮名）くん、二七歳。独り旅である。わたしとは反対方向からやってきた。中国ウイグル族の町カシュガルからバスでキルギス南部のオシュに出て、ビシュケク経由アルマトィへ北上した。これから南の町シュムケントまで十二時間のバスの旅をし、そこから飛行機でグルジアへ飛ぶつもりだという。かれの最終目標はロンドンである。九月から一年間ロンドン大学大学院で経済学をまなぶつもりだ。それまでの、休暇なんです。

わたしの息子もロンドン大学で社会人類学の修士を得ていた。話がはずんだ。

ちなみに池田くんは、東京大学の修士課程をこの春卒業したばかりであった。差しだされた名刺には、会計事務所の所長とあった。学生兼業でビジネスもやっているらしい。なかなかのものだ。中央アジアをリュックサックひとつで彷徨っているバックパッカーは、ただ者ではない。パソコンを持参しており、デジカメで撮りこんだ写真を画面で見せてくれた。写真が趣味という。

この池田くんとは、翌日中央アジア最大というふれこみのバラホールカ市場までいっしょに行き、そこで別れた。かれは旅を急いでおり、早くヨーロッパへ行きたがっていた。そんなかれのとんでもない消息を意外なところで聞かされることになるのだが、この時点では考えもしなかった。

買い物をしないものにとって、市場や商店街は用がない。ましてバラホールカは、仮囲いの建物やアーケードのなかにあって、青空の下のオープンマーケットではない。それが道路に沿って一キロメートルほど続く。面白くも何ともない。写真にもならない。

町の中心部にバスで出る。樹木に満ちたおおきな公園があり、そのなかにりっぱな教会が建っている。その日が土曜日だったせいか、教会前にたくさんのひとが集まっていた。結婚したカップルとその親戚、友人たちである。そのような集団が次から次へとやってくる。なかなかの見物である。若くて美しい新郎新婦、背の高い筋骨隆々の若者が、胸の盛り上がった花嫁にキッスをし、花束と共に記念写真を撮り、おしゃれして集まった仲間から祝福を浴びている。幸せそうである。幸せとは、毎晩抱き合うことの出来る若いカップルのことであろうかと、疲れてベンチにへたりこんだ老人バックパッカーはねじれた考えにふける。今幸せそうなあの連中は、すぐに酷い目にあうぞ。離婚率を考えてもみよ。それにしてもなんで白人ばっかりなんだ。じっさい集まってきた新婚カップルの九割はロシア系のカザフスタン人だった。頭のどこかにこびりついた腫れ物のように、妻と娘の姿が浮かんでくる。二二歳年下の妻はこの十五年間、どのように自分の性を操縦していたのだろうか。そして、早熟なロシア人社会で年頃になる娘は。

モスクワを中心に文化、経済を同じくして渦を巻いている大ロシア主義というようなものが、ソビエト崩壊後の現在でもあるのだなと思われた。ひょっとして自分も、流れに巻かれているひとりかもしれない。

アルマトィの市街地では、車が横断歩道の手前で停まってくれる。歩行者優先、この当たり前のルールの守れる国が世界ではめずらしい。バス車内では、てっていして女性に席をゆずる。これは先進国というより、ロシアのマナーである。東アジア人の顔を持つ大統領の国カザフスタンだが、少なくともアルマトィに関しては、ロシア人の顔を持つ町であろうと思われた。

空がさらに広がった――キルギス

ユーラシア大陸を通り抜けていくコースで、日本人にとってビザのいらない国が現在のところ二つある。コーカサスのグルジアと中央アジアのキルギスである。国境を越えるたびに苦労を重ねていると、この二つの国は砂漠のオアシスのように思えてくる。ただし、キルギス、その先のタジキスタンにもロシアと同様な外国人登録制度（オヴィール）があって、入国三日以内にオフィスに出向かなければならない。ソビエト時代の名残であろうが、それが時間と金がかかって面倒くさい。

アルマトィからバスはたった三時間でキルギス国境に着き、笑顔の係官から一ヶ月間有効の入国スタンプを、信じられない簡単さで押してもらった。国境で閉鎖された国家という、旅行者には理不尽な制度に対する不信感が、この瞬間忘れられてしまうくらいだ。今回の旅で何がたいへんだったかといって、いろんな意味で国境を越えるのが一番たいへんだった。

旅とは
国境を越えること

旅びとは、政治と歴史に翻弄されるのである。

人口五百万の国キルギス、カザフスタンの三分の一。空がさらに広がった感じがする。自由を求める旅の出口は、上の方に広がっている。

日本人教師と妻トルクンさん――ビシュケク

（キルギス女性トルクンの話）

わたしは生粋のキルギス人、祖先はウラル山脈の東、シベリアの少数民族だったと聞いています。それは大昔の話で、わたしはビシュケクで育ち、親の理解に恵まれ、この町で高等教育を受けました。ほら、顔立ちはあなたたち日本人にそっくりの東アジア系でしょ。

大学で英語教師の職を得てしばらくしたころ、町でひとりの日本人バックパッカーに出会いました。偶然だったわ。かれの名前はヨシといい、とても喜んでくれました。なぜって、いっぱんのキルギス人で英語を話す人はほとんどいないから、よほど困っていたのね。

ヨシは山が好きで、キルギスやタジキスタン、パキスタンや中国などの山を登り歩いていたみたいね。わたしも自然が大好きで、すぐに意気投合しました。そこでふたりは旅に出たの、テントを持ってね。それは、それは楽しい旅でした。

カラコルム・ハイウェイのフンザや中国領内のカラクル湖へも行きました。標高三七〇〇メートルのカラクル湖畔にキャンプして、対岸のスバシュ村まで歩いたの。その村は中国のキルギス人が住んでいて、なんとわたしのキルギス語が通じたのよ。

そこからわたしたち、インドの海へ行きました。それまで一度も海を見たことがなかったものですから、とても楽しい経験でした。大学の休暇も切れてしまい、そこから電話で退職するって連絡しました。でも、後悔してないわ、大学の給料ってすごく安かったし、それ以上にかれとの旅が素晴らしかったの。

ヨシの実家のある福岡へ行って、結婚しました。日本に五年間住んで、娘も生まれました。桜の満開の季節だったので、娘にさくらと名前をつけたの。日本人の友だちもたくさん出来たし、その間に勉強して日本語をふつうに話せるようにもなりました。

でも、二年前に夫と話し合って、ビシュケクに戻ってきたのね。ふたりで土地を買って、旅行者のためのゲストハウスを建てるのが目的で、それがかつてバックパッカーであったわたしたち夫婦の夢でもあったからですわ。

わたしが首都ビシュケクで泊まった安宿は、キルギス国立大学日本語科教師疋田良陽氏とその妻トルクンさんの経営する〈さくらゲストハウス〉だった。それは、アルマトィで一晩を共にした池田くんのつよい薦めがあったからだ。あそこは、よかったよ。うん、それで充分だ。

バックパッカー同士は、くわしい話をしない。同じような状況で、同じような旅をしていれば、良いか悪いかのひと言でその内容まで理解できるものだ。カシュガルからオシュまでのバスは酷かったとかれがいえば、狭くて寒い車内の様子から未舗装道路の揺れ、食事やトイレの不便まで想像できる。

疋田夫妻が訪ねたというパミール高原のカラクル湖へはわたしも行ったことがあった。ウイグル族の町カシュガルからバスで五時間、その車内のわたしの席の前にキルギス族の若い女性がすわっていた。

目の前によく洗った、きれいな長い髪が雪崩れていた。生命のオイルが髪の芯にまで充ちているような艶やかさであった。樹木のない荒れ果てた土地に住んで、どうしてこんなに生命感あふれた髪を持っていられるのか、キルギス女のなまめかしさにどきっとさせられた。

その女性はカラクル湖でバスを降り、ヤクや羊の放牧されている湖畔の草原へ消えていった。わたしは道路沿いのユルタにその夜は泊まった。

眼前の湖面は神秘的な美しさを見せていた。時間経過で、青、緑、オレンジ色、紫、そして星の燦めきをちりばめた深夜の黒に変わった。冷たく澄明な湖水は、そのまま飲むことができた。湖の向こうには二つの巨大な山嶺が対峙してそびえていた。ムスタグ・アタ山（七五四六メートル）とコングル山（七七一九メートル）である。圧倒された。こんなに高い山をまぢかに見たことはなかった。白銀の雪をかぶり、それは陽光の傾きとともに色を変えた。山嶺のどこかでつむじ風が舞い、そのあたりで雪崩が起きているようすだった。そのつむじ風は湖畔まで降りてきて、砂を巻き、わたしの歩行をさまたげた。

双眼鏡を覗いていると、巨峰の麓のカラクル湖の対岸に苔のように貼りついた人家が見えた。そこまで数キロの距離をわたしは歩いた。途中でつむじ風に巻かれ、しばらく地面につっ伏していた。その時わたしは、じぶんでは知らないでいたが、癌を患っていた。内臓の出血のせいか体力がなく、キルギス族のスバシュ村にたどりついた時は完全に消耗していた。

一軒の家の前で、その主人に呼びとめられた。わたしが真っ青な顔で今にも倒れそうなのを見てか、茶をいれてくれた。塩味の、ヤクのミルク入り茶のお陰でわたしは元気を取りもどした。土壁の暗い家の中では、主婦が素朴な機織り機で布を織っていた。木のない土地だったが、ダルマストーブは熱く燃えていた。言葉はまったく通じなかったので終始無言でいた。

辺境のキルギス族は親切だった。ふと北極圏のラップ族も、行き倒れに近かった冬の旅びとのわたしを泊めてもてなしてくれたのを思いだした。

帰り道も苦しかった。生きるということは歩くことだな、旅を続けるということだなと思われた。

さくらゲストハウスの内庭には、桜の若木が何本か植えられている。葉のない桜よと、トルクンがいう。ピンク色のちいさな花が細い枝にみっしりついている。その桜の花の下にあぐらをかき、カザフスタンの弦楽楽器ドンブラを奏でながら歌を歌っている奇妙な日本列島人がいた。口元が美味しいものでも食べているように丸く開き、じつに気持ちよさそうに歌うのである。大陸内奥の地キルギス、太平洋に面した日本列島から見れば辺境のような土地にいて、これほど居心地よさそうにしている男に興味を持った。かれの外地での適応性と強さは、いったいどこからくるのであろうか。わたしも長年、外国に住んでいたことがあるので、羨ましくも不思議にも思われた。やはり、世界の共通語である音楽の力であろうか。そこには、国境がない。人生の、たいくつな時間をやり過ごすには、音楽ほど便利な道具はない。

わたしとは相部屋の高橋直己氏、三四歳。今回の旅で出会った数少ない日本列島人のひとりだが、かれはバックパッカーではない。だがもちろん、ただ者ではない。中央アジアの音楽に魅せられ、アルマトィに二年ほど滞在して二弦楽器ドンブラやキルギスの三弦楽器コムズの演奏を学んだ。現地のコンクールで優勝するほど腕を上げ、出身地の大阪に凱旋帰国するところだ。だが、プロのミュージシャンとして食べていけるかどうかは、かれにもわからない。

じつは
どこの国へ行って
なにを見てなんて
あまり重要じゃないのだ
だれに会って
なにを話し　なにを食ったかなんて

どうでもいいことなのだ

重要なのは　ただひとつ
旅の時間を
どうやって　つぶそうかと
それだけなんだ

旅とは時間に耐えること
ひとの世は　とでも言おうか

死ぬって　たいしたことないな
生きるって　ほんとに辛い

キルギスの首都ビシュケクで滞在登録し、同じ日にタジキスタン大使館へ行き、ビザの申請をした。大使館は町はずれの閑静な住宅地にあり、わたし以外に客の気配もなかった。門柱のブザーを押すと、中年の館員がもの珍しそうな表情で迎えてくれた。

アルマトィの宿の男がわたしに忠告してくれたことが急に思いだされた。「他の国はどこへ行ってもよいが、タジキスタンだけは止めた方がいいよ。アフガンから逃げてきたタリバン兵がいっぱいいるし、水道の水は毒のようなものだ。じぶんは首都ドゥシャンベに何年も住んでいたから言えるのだが、とても危険だよ」

宿に戻る途中、ビシュケクの中心街を歩いてみた。人通りは少なかったが、官庁街の方から騒がしい叫びが聞こえた。大統領反対派の人びとが集まっているなと思われた。路上の警官の数が急に増えた。過激なデモがあるから客が近づかないようにと、日本大使館からゲストハウスに電話があったという、それだなと思われた。ツーリストの客といっても、わたしくらいのものだから、大使館はわたし個人に警告したようなものだ。

道をそれて市内公園に入ると、赤や緑の派手なプリント地のロングスカートをはいた女が子供を遊ばせていた。頭にスカーフ、耳におおきなイアリング、幾重にもかけた金のネックレス。タジクかウズベク系の顔立ちで、地元のキルギス人のようではない。眺めていると、女もわたしを値踏みしている様子で、目をはなさない。挑戦的なスマイルさえ、ほほに浮かべている。視線がつよい。一見、ジプシーふうだなと思える。カメラを向けたら、すぐにでも金を請求されそうだ。ジプシーがたくさんいるよと、疋田さんもいっていた。だが、ほんもののジプシーかどうか、外見だけではわからない。じっさいにその家庭に入って、かれらの作法や慣習を観察してみないと、ロマ族と呼ばれる人たちかどうか、わからない。わたしは視線をそらして、足早に立ち去る。関わりたいとは思わない。彼女の関心は、わたしという老人の、懐の財布にしかないだろうと思われた。

独特の静けさ、冷澄さ——イシク湖

ビシュケクからミニバスで東へ四時間半、四百円ほどの料金でイシク湖畔のチョルポン・アタに着く。ソビエト時代の、ロシア人のための保養地として名高い村らしいが、四月という季節のせいもあってか、閑散としている。

バスターミナルの建物には、安いドミトリーがあるはずだったが、改装中で担当の職員がいなかった。そこで、どこかに民宿でもあろうかと表通りに出ると、ちょうどタクシーに乗り込もうとしている中年の夫婦がいて、わたしに手招きする。

「ホテルを探しているのかい、案内してあげるよ」

ブロークンな英語で、スーツ姿の旦那の方がいう。小太りの奥さんもにっこりと愛想がいい。信用できる感じかな、と思える。

「でも、安いところじゃないと、民宿とか」とわたし。

「だいじょぶ、だいじょぶ、さあ、乗りなさい」

いかにも親切そうで、身なりもいい中年夫婦と相乗りで、これはひょとするとタダかなと思いきや、夫婦は途中で下車してしまった。運転手は言葉が通じない。

村の反対側のホテル前で車は停まった。

「ホテルじゃない、ゲストハウス、安い宿、民宿、ドミトリー」

単語を並べて連呼してみたが、運転手はうん、うんとうなずくばかりで、ぜんぜん通じない。

それればかりか、五〇ソム、それじゃ三〇ソムと指を突き立てて料金請求だ。夫婦が払っていた金額を思い出して、五ソム紙幣を渡すと、運転手は不満そうな顔つきだったが、黙って引きさがった。ひとの親切につきあうとロクなことはない。

キルギス人というのは、ちょっと掴まえどころのない性格、親切なんだけれども一方的で、勝手すぎるところがある。自己中心的で、せつな的で、なぜか数字に弱い。力持ちで、動物を飼うのが上手いと説明してくれたひとがいた。

およそホテルと銘打っている建物には近づきたくないのだが、とりあえず一泊の料金を聞いてみる。五百ソムと返事が返ってくる。首を振ってリュックサックを担ぎ上げると、いくら払えますかと聞いてくる。ビシュケクのゲストハウスの料金を思い出して、百五〇ソム（約四百円）と答えると、あっさりOKになった。通された部屋は内庭の通路に面した小部屋で、どうやら従業員用であるらしい。トイレ、シャワーは共同だが、ともかく独立した一人部屋である。暖房用に電気ヒーターまで備えてある。ラッキー、申し分ない。

ホテルの脇から広がっている公園ふうの林を抜けていくと、イシク湖の砂浜に出た。東西一八〇キロ、南北六〇キロ、内陸湖としては巨大で、ロシアのバイカル湖のようだ。しかも標高一六〇〇メートルなので、独特の静けさ、冷澄さをたたえている。この日は低い雲がたれこめ、しかも夕方だったので、赤茶けた砂が風景に溶け込んだように暗く、重く、不気味ですらあった。対岸は灰色の雲の中で、なにも見えない。ささくれだった鮫の歯の波が小さく並んで寄せてくる。

湖岸を歩くと、まもなくプライベート・ビーチの金網柵に行き当たる。入り口は開いており、管理人の姿はない。広い砂浜、スチール・チェアや子供用の遊具があちこちに勝手な向きで散らばり、夕暮れの冷たい風を受けてかすかに震えている。そんな中に土地の男の子が独り、身を横たえていて、はるか沖の方を見つめていた。わたしが近づいても、振り向く気配はない。

かつてここにロシアの女たちが豊満な肉体に切れっぱしのようなビキニを着けて、セイウチかトドの住む浜のように並んで横たわっていたのだろうか。それが、一九九一年のソ連崩壊前後から、夏のリゾートどころではなくなった。ゴルバチョフのペレストロイカ、エリツィン大統領の時代、一般のロシア国民は食べていくのに精一杯だった。

キルギスは一九九一年のソビエト崩壊直前のどさくさ時に独立した。当時貧しいロシアと運命を共にするつもりなんか、これぽっちもなかったのだろう。あの頃、連邦のいくつもの自治体がロシアを離れていった。タイミングが遅くて離れそこなったのは、コーカサスのイスラム圏、たとえばチェチェンなどの小国か。日本列島の北の島々も同様にチャンスを失った。それらのことは時代の政治家たちの権力志向とそのバランスによったものだろう。一般の庶民は、ただ食べていける方向へ、ほとんど盲目的に引きまわされていただけのように思える。

プーチンの時代になってから、急速に事情が変わってきた。ソビエト崩壊時、月に一万円程度で一家が生活していたのに、最近では一杯七百円のコーヒーをモスクワ人は飲んでいるというではないか。ちょっとした貨幣のトリックにすぎないと思えるのだが、ロシア・ルーブルは断然強くなった。

キルギスもカザフスタンも、モスクワに笑顔を向けるようになった。あれほど独立に意欲を見せたのに、またくっつきたがっているふうなのだ。シベリアからの天然ガスのパイプライン建設計画が進んでいるようだ。ロシアが昔と変わらない独裁国だったとしても、金のなる木はすべてを凌駕し、その張りめぐらせた葉影は、人びとを取り込んでしまう。

　離合集散は時の綾、その繰り返しが人間の歴史であり、闘争、貧困、欲望、もろもろの発端でもあろうか。

　チョルポン・アタの湖畔にロシア人の姿を見かけるのもそんなに先のことではあるまい。あるいは、もうすでに真夏になると大挙して北方の白い肌がやってきているのかもしれない。

　翌日は、輝かしい太陽が高地の冷気と混じりあい、水晶のガラスを透かして大気を震わせた。どこまでも深いコバルト・ブルーの空、湖は凍りついた冬の底から沸きあがるような濃い青になった。イシク湖の対岸は見えないが、その上の空中に雪をかぶった高い山脈が望める。湖畔では、上半身裸、パンツ一枚の男が一人、十字架の形に両手を広げ、天を仰いでいる。日光浴というわけだ。

　一晩にして、風景は一変した。キルギスとは、こういうことだったのかと思える風景になった。中央アジアでは珍しい砂漠のない国、緑豊かな土地、地中海性気候、山脈に取り囲まれた内陸の国。中国国境に近い東の山嶺には、欧米系の企業の一つが金を掘っているという。ロシア人のいなくなったわずかな期間に、わずかな利益と引き換えに政府が認めたという。そこから水銀の川が流れ出し、周辺を汚染しているという。水の流れは、この清らかなイシク湖まで止まることはないだろう。欧米派とロシア派がちいさな山間の国キルギスでも利権を競って争っている。首都ビシュケクの騒ぎがそうなのだろう。中央アジア全体にいえる構図だろうけれども、一介のバックパッカーにとっては、旅の途上に過ぎていく目障りな風景の一つにすぎない。

イシク湖州の州都カラコルは、湖の東側の内陸にある。そこまでマルシュルートカと呼ばれるミニバスで二時間半だ。湖畔の北側を車は走り、桜の花をちりばめた新緑の道を駆け抜け、しだいに高い山脈に近づいていく。なかなかの眺めだ。

ミニバスの前の席に座り、景色を楽しんでいると、途中で女たちが乗り込んできて、男のわたしは後部座席に追いやられた。女性優先というわけだが、なぜか車内は女ばかりだ。席がなければ、男は立っていなければならない。たぶん男たちはこれを嫌ってバスに乗らないのかもしれないと思えた。一番後ろの席は一段高くなっているので、頭がつかえる。そのために背中をいつも丸めていなければならず、腰が痛くなってきた。腰の痛みはだんだん酷くなり、その後何日も続いた。

カラコルは登山家たちの基地になる町だが、特別な繁華街があるわけでもなく、山用の専門店も見かけなかった。その代わりに賑わっている市場があり、生鮮食品やパン、果物などを買うことができた。町には修復した立派なモスクがあって、キルギス国民の四分の三がイスラム教徒なのを思いだした。しかし、参拝客らしい姿を見かけず、むしろ下校時の女子小学生の制服が白いエプロンのロシアふうなのが目立った。キリスト教徒の学校でもあるのかもしれない。

中国ウイグル自治区に住むキルギス族は、とくに男はあさがお型の独特な民族帽を被っていて、一目でそれと判別できるのだが、ここではそんな人も見かけない。いかにも安物の中国製品の洋服を市場で大量に売っていて、それらを着込んだ若者たちが好奇心の赴くままに無遠慮にわたしに話しかけてきたり、またどこまでもつきまとう子供たちに辟易させられたりした。

宿は、ガイドブック記載の一番安いドミトリーにした。それはバス・ターミナルビルの三階にあり、ドアの鍵は壊れており、電源プラグもない寒々とした部屋だった。幸い相客はなく、個室を占有できた。百ソム（約二七〇円）は相場だろう。シャワーはなく、共同トイレはドアのない古典的スタイルだった。ありがたいことに水道の飲み水は冷たくきれいで、管理人に聞いても大丈夫ということだったので、インスタント・コーヒーを溶いてパンと一緒に食べた。

翌朝、イシク湖の南岸周りのバスで首都ビシュケクに向かった。

標高三一八四メートルの峠を越える——オシュ

ビシュケクから南部最大の都市オシュまで車で十二時間かかったが、幸運と快晴に恵まれた素晴らしい旅になった。よく舗装された山岳道路は雪の峰峰の合間を曲がりくねって走り、標高三一八四メートルのアラベル峠を越え、神秘的なトクトグル湖畔を通った。

乗った車は、派手な黄色のベンツ・ステーションワゴンだった。運転手は六〇代の銀髪の男で名前をウスタールと名乗った。後部座席には、娘のアジザとその息子で二歳半のアジムが乗っていた。

ブルーネットの髪のアジザはほっそりとした体つきで、なかなかの美人である上に、物静かで品がいい。男の子は丸い目の、頼りなげな歩き方がとても可愛い。この一家はウズベキスタン人であるといった。ウスタールはビシュケクで運転手として働いており、この度娘と孫が訪ねてくれた。そして、これからウズベキスタンの娘の嫁ぎ先へ送っていくところですと説明した。二人は片言の英語を話した。

ビシュケクのバスターミナルでオシュ行きのバスを探していたとき、ムスタールに声をかけられたのである。バス料金と同じ五〇〇ソムならと答えると、あっさりOKになった。乗合いタクシーの料金は、ほぼ倍額のはずであった。

ムスタールは、娘や孫に対してとても厳格な男のようにみえた。途中で休憩のために停車したとき、アジザが子供を木陰に連れて行き、おしっこをさせようとした。すると、父親はとても厳しく娘を叱り、後部トランクから幼児用の便器を出させ、それに座らせた。立ちしょんなぞもっての外で、こちらも気を遣うはめになった。こういうのはヨーロッパ的作法で、日本や中国などアジア系庶民にはない。ウズベキスタンとは、どういう国なのか興味をそそられた。この一家は、あちらの国のどういう階級に属するのか、アジザの態度を見ていると、なかなかのものであると思われた。父親には絶対服従で、信頼している様子だ。言われたことに、口答えするようなことはない。寡黙で、おだやかな女性だ。父権社会の、イスラム教徒なのだろう。

昼食は、トクトグル湖畔の茶店で、敷地にしつらえられた縁台に上がって座り、食卓を囲んだ。湖で捕れた白身の魚のフライ、パンと紅茶だった。もうパン食の地域に入ったらしく、米やうどんはメニューになかった。丸形の、中央が薄くなったパンである。魚の名前はついに分からなかったが、肉厚でとても味の良いものだった。

オシュのバスターミナル近くでムスタール一家と別れた。かれらは夜を徹してウズベキスタンへ向かうのだといった。黄色いベンツから降ろされたところは町の中心部らしく、大勢の人たちが行き来しており、喧噪をきわめていた。カラフルな袋状の服を着た女たちが目立ち、スラブ白人系の顔はなくて、いかにも中央アジアの雰囲気だ。

わたしを外国人と認めてか、すぐに酒臭い息を吐く男が寄ってきた。アルコール禁止のイスラム教徒が七五パーセントのこの国で、これを自由とか民主化とか呼ぶのだろうか。リュックサックを担ぎ上げ、急ぎ足で宿を探しに、人混みを分けていった。すでに日は落ち、闇が迫っていた。

オシュには中国のカシュガルからバスの道が通じており、歴史的にもいわゆるシルクロードの主要な拠点であった。わたしはガイドブックを開いて、町で一番安い宿を探した。それは乗合タクシーのたまり場に隣接した二階建ての古い建物だった。ホテルともゲストハウスとも書いてない、アルグマックと読めるキリル文字の小さな看板がゲートにかかっているだけだ。ガイドブックに記載がなければ、とてもたどりつけなかった。

管理人は二〇代後半の女性で、髪や肌の艶に若さを感じさせるが、目に輝きはなく、疲労のあまり感情の動きを失ったという風情であった。彼女は客のわたしと目を合わせようとはせず、個室は四〇〇ソム、ドミトリーはベッド一つ一〇〇ソムとうつ向いたままいった。眠ってしまえば、どこも同じ。用心さえしておけば、本格的な泥棒なんてそんなにいるもんじゃない。四人部屋のドミトリーに入った。隣のベッドには長いひげをはやした、人の好さそうなじいさんが寝ていた。

この宿には部屋が三〇室ほどある。宿泊客がどれくらいいるのか分からない。便所は屋外の別棟にあり、男女に分かれてはいるが、古い中国スタイルのオープン・トイレである。小屋の中に穴が五つほど開いていて、ドアはおろか、隣との柵もない。しゃがんでいる者の隣で立ちしょんべんをしているやつがいる。水道の蛇口は小屋の外に一カ所あるだけである。公衆便所ではないが、外部にあるので宿泊客以外の人も利用している。男の子が一人戸口で見張っていて、外部の客から小銭を受け取っている。それが少年とその家族の生計費らしい。

朝の五時、わたしは我慢できなくて、トイレに立った。しかし、建物の玄関には頑丈な錠前がおりていて、外に出られない。管理人室の窓ガラスを叩いてみたが、起きてくれる様子はない。相部屋のひげの老人もやってきて、ガラス戸をがんがん叩いてみるが、奥の部屋で寝ているらしい管理人の女性は目を覚まさない。彼女は、完全に疲れ果てて、ノックダウンしているようなのだ。

トイレに行きたいひと、朝早く出立したいひとが集まってくる。ドアをがんがん叩き、大声で呼び立てる。髪を逆立てた、太ったおばさんが、どうやったのか管理人室のドアを開け、奥の寝所から女性を引きずりだしてくる。髪を乱した、見るも無惨な有様で、彼女は建物の鍵と便所の鍵を差しだした。

九時前には、宿泊客がだれもいなくなった。まもなく昼番の管理人が入ってきて、掃除するので部屋を空けてほしいといいに来た。この人も、若い女性だ。どうやらこの宿は、昼番と夜番の二人の女性で管理しているらしい。部屋の掃除、シーツ換え、その他もろもろを十二時間交替でやっているらしい。週に一度の休日も取れていないのではなかろうか。疲れ果てて、目を覚まさないのもうなずけることだ。彼女たちには、亭主がいるのだろうか。子供とか、恋人とかいう前に、それ以前の問題があるなと思われた。恋をする時間も体力も、おまけに金すらも充分にないものと思われた。バックパッカーの自分に、すごく無力を感じた。何かしてあげたくとも、なすすべもない。

今晩も泊まりたいというと、夜になったらまた来てくださいと、この女性少し英語が通じる。ようやく宿のシステムが分かってきた。ここは夜中に着いて、朝早く出て行くトランジット客のための、一時的な仮眠所ということらしい。宿泊客には、トラックやタクシーの運転手が多いようだ。

荷物を置かしてくれというと、女管理人は困った顔で考えていたが、まもなく了解したとうなずき、四人部屋から二階の一号室に案内してくれた。そして、鍵まで渡された。そこは彼女の仮眠室になっている二人部屋で、今まで寝ていたらしく微かに若い女の生暖かい匂いが漂っていた。

たぶんわたしが、訳も分からない外国人のツーリストであったせいだろうと思えたが、思いもかけない管理人の親切で、夜までにしても一室を使わせてもらえることになった。しかし、一室分の四〇〇ソムを払わされてはかなわないから、一ベッド分の一〇〇ソム紙幣を取り出してひらひらさせると、夕方受け取るからと返された。まったくの親切で、この過酷な労働に耐えている女性の部屋を貸してくれたのである。

元より希望なんかなかったんだよ

ただ　なんか口実をつくりたくて　そう言ったんだ
あの海の向こうに　大きな山脈があって
その険しい山道を越えていけば
緑滴る楽園があるのだと
ほとばしる泉と若者たちだけの楽園が
でも　峠から見晴るかす彼方は
砂漠　また砂漠のつらなり
干からびた老人どころか
命のかけらもなかったんだよ

管理人に迷惑をかけないように、なるべく外出していようと思った。午前中から夕方まで、時間はたっぷりあった。バス・ターミナルや相乗りタクシーのたまり場へ行き、タジキスタンの国境を越えるルートを訊ねた。公園のベンチで時間をつぶし、それからバザールへ行った。買い物をするつもりはないので、何も見るものはない。商人に声をかけられては、逃げるように路地を急いだ。

やっとわたし向きの安食堂をみつけて、遅い昼食にした。パンとソーセージ・エッグ、紅茶で二五ソム（約六七円）。米やうどんには、もうありつけない。パンの文化圏である。市場ではさまざまな種類の穀物、木の実、米すら売っているのだが、すべて粉々にしてパンになってしまうみたいだ。直径二〇センチほどの丸型の、中心の薄い鉄板焼きふうのパンが主流である。おかずの主流は肉である。ハム、ソーセージも豊富だが、さすがに豚肉を見ることはない。イスラム圏である。

上等のソーセージはウズベキスタン製であった。市場で聞こえてくるヒップホップ系の音楽もウズベキスタンのものだという。どうやら中央アジアの先進国はウズベキスタンらしい。食品はすべて火を通すか、酢漬けにするか、乾燥させるかしてある。生ものは果物くらいだ。この時期、リンゴが安い。その他バナナ、ミカンなど、あまり変わりばえしない。小ぶりのトマトが真っ赤で、味が濃い。

四月、めっぽう暑い。亜熱帯性気候なのだろう。日本なら春先のこの時期が、この辺から南では年間を通してもっとも暑い季節である。北方の首都ビシュケクとは、まったく異なる。涼しい上に、ビシュケクでは米飯を食べることができた。

夜、九時前に四人部屋へ移された。すでに三つのベッドはふさがっていた。わたしの隣りベッドには肩幅の広い筋肉質の、五十歳くらいの男。その娘らしい十代の少女。この辺では珍しい白ワイシャツの寡黙なインテリ風の青年の三人。

がっちりした体型の中年男は話し好きらしく、わたしに自己紹介した。セルゲイという名で、正式な山岳ガイドだという。そのような職業が、このキルギスで成り立つものかどうかといぶかしむわたしに、かれはロシアのモスクワで発行された国際山岳ガイド証を見せてくれた。

セルゲイ一家は、タジキスタン国境に近い七一三四メートルのレーニン峰（ガルモ峰）山麓の村サルタシュに住んでいた。そして主にロシアからの登山隊を案内するのだそうである。レーニン峰のことは、わたしも以前に本で読んだことがあり、過去に何度も大きな登山事故のあった危険な山岳と認識している。背の低いセルゲイだが、身の動かしかたがしなやかで、筋肉の付き方にも無駄がなく、笑顔を絶やさなくて、物言いもおだやかであった。

　プロフェッショナルとは、美しいものだなと思えた。ちなみにわたしはなんのプロフェッショナルであろうか、お恥ずかしながら、せめてプロのバックパッカーになりたいものだ。このところ、がたがたに痩せて、少しシャープな体つきになってはきたが。


　いよいよ国境を越えてタジキスタンへ行く日である。

　早朝六時に宿の前に立った。昨日相乗りタクシーの運転手マラートと約束していたのだが、車は現れない。相部屋のセルゲイ父娘はすでに出発しており、インテリふう青年も建物から出てきた。事情を話すと、親切な青年はマラートに携帯電話で連絡してくれた。相乗り客を拾うのに時間がかかっているのだという。小一時間遅れて、タクシーはやってきた。たいてい、こんなものだ。文句をいっても始まらない。ここは、日本じゃない。おまけに、わたしのパスポートを点検し、タジキスタンとウズベキスタンのビザを確認してから、さあ出発しようといった。ガイドブック情報では、国境でもビザが取れるようなふうだったが、そんな雰囲気ではなかった。

　相客には、スカーフで丸顔を包んだ若い女とその赤ん坊が乗っていた。彼女はキルギス人だが、北部タジキスタンのフジャンドまで車で行き、そこから南部にある首都ドゥシャンベへ飛行機で飛ぶのだそうである。女は英語を話さないので、そんなことをマラートが通訳してくれた。

　途中で何回か検問にあった。不思議に思ってマラートに訊くと、ビシュケクのデモが暴動化し、発砲事件に発展したという。警察とデモ隊のどちらが発砲したのか知らないが、過激派の一部がオシュ方面へ逃亡したらしい。平和そうに見えたキルギスだが、やはりきな臭い。中央アジア全体がきな臭いと、だんだん分かってくる。

さびれた小さな国境の町バトケンを過ぎると、ウズベキスタンの飛び地に入る。この辺は紛争が絶えない土地で、その度に国境線が変わり、隣接国の飛び地がいくつも出来る。そして道路は飛び地を抜けなければ、その先へ進めないようになっている。

検問所でタクシーは停められ、兵士が車内を覗き込み、パスポートを没収していく。それからわたしだけが下車させられ、木造の小屋に連れて行かれた。東京の大使館で、館員がわたしにマルチ・ビザを取るように勧めてくれた理由が分かった。しかし、わたしのビザは、五月一日から有効のものであった。そのことが気にかかっていたが、問題にはならなかった。英語を話す係官が一人いた。職業や旅の目的は何かと、しつこく訊かれた。タジキスタンへ行く観光旅行者だと査証印を示して答えると、なぜかとまた問われた。なぜウズベキスタンではなくて、タジキスタンなのかと重ねて問われた。ここは、ウズベキスタンなのだぞともいわれた。数人の制服軍人がわたしを取り囲み、訊問を楽しんでいる雰囲気だった。わたし一人が大汗をかいて、阿呆に思えた。恐れていた賄賂請求ということはなかったが、五米ドルの登録料支払いということで、解放された。観光立国のはずのウズベキスタンという国、中央アジアきっての先進国というイメージに疑問符が浮かんだ。

ポケットから瓢箪を——タジキスタン

タジキスタン領内に入って最初の町イスファラで相乗りタクシーを下りた。そこから先、目的地の大都市フジャンドまでマラートの車で四〇タジキスタン・ソモニ（一米ドル＝約三・四ソモニ）だが、ミニバスで五ソモニ、一時間半の距離である。両替は親切な運転手マラートが立ち会い、立ちんぼうの両替人で済ませた。このあたりはイスファラの中心部らしく、物売りと通行人でごったがえしていた。土ぼこりや叫び声、車や台車の行き交う喧噪と混乱に満ちており、ついに中央アジアへ来たなという感じのエキゾチックな雰囲気であった。

タジキスタンは危ないぞと、旅の途中で受けていた忠告はとても信じられなかった。人びとは外国人の旅びとにまるで気がつかなかったように放っておいてくれて、わたしは自由に他人を観察できた。あるいは、多様な民族社会なので、ほんとに気づかれていなかったのかもしれなかった。

バス車内でわたしの前の席に座ったのは、たいそうおしゃれなタジク美人で、色白の小顔、翡翠色の目、両耳たぶに金の輪の大きなイアリングを吊り、目立つほど赤い髪の毛を金糸で縁取った黒の透明なスカーフで包み、髪と同色の赤いワンピースを細身にまとって、その服地にも金糸の刺繍が縫い込まれていた。

横の席には漏斗ふうの白いキルギス帽を被った老人と、平たくて四角いタジク帽の老人が並んでいた。キルギス人は頬の膨らんだ丸顔で関取ふうの肥満体だったが、タジク老人の方はがりがりに痩せており、先端のとがった見事なあご髭を生やし、濃紺に空色ストライプのシャツ、モスグリーンのスーツというダンディな姿で決めていた。当然靴は革のブーツで、ズボンの裾をたくしこみ、時折懐から長い銀鎖のついた純銀の懐中時計を出し、蓋をバチンと音立てて開け、時間を見ている。そうかと思えば、ポケットから小さな瓢箪を取り出し、栓を抜き薬だか香料だか酒だかをクッと飲む。かっこいいったらない。老人はこうあらねば、そう思われた。

金歯が笑う、日本人は大歓迎――フジャンド

フジャンドはタジキスタン北部最大の町で、首都ドゥシャンベの次に大きい経済と交通の要衝である。といっても人口は約一六万人、日本人や中国人とは住民の都市に対する感じ方が違っているだろう。それでも初めてたどりついた旅行者には、道に迷うくらいの充分な広さがあった。

マルシュルートカと呼ばれるミニバスから降ろされたのは、フジャンドの町の東側のどこか、そこからバザール行きのマルシュルートカに乗り換え、市場近くで下車した。そこまで、なにしろ言葉は分からないし、こういう時のために携帯していた磁石で方角を定め、見当をつけて満員のバスにリュックサックごと飛び乗るわけだが、この町の中心部にパンジシャンベという名の有名な市場があることだけはガイドブックの知識で知っていた。その辺に、安宿が一軒だけある。他に選択肢はない。なんとしても、泊めてもらわなければならない。

〈シャルク〉という名の宿は、すぐにみつかった。表通りに面した、いささか古いけれどもクリーム色に外壁を塗った、鉄筋コンクリートの立派な建物だ。入り口にロシア文字でガスティニ

ッツァと書いてある。うえっ、ホテルだぜ。わたしが泊まるのは場違いかと恐れをなしたが、町うちで他に安宿の情報は持っていない。

建物の一階はレストランで、二階には縫製工場が入っており、そこから年頃の女工さんが七、八名三階に上がっていく。ホテルは三階にあって、女工さんたちの宿舎を兼ねているようだ。

ロビーには板張りの小さなオフィスがあり、中を覗くと、いきなり金歯がぬっとわたしの顔の前に現れた。にっと笑ったおっさんが一人、なぜか前歯が全部金歯なのである。支配人のオリモフ氏、五〇歳であった。あとで分かったことだが、タジキスタン人は入れ歯も差し歯もみんな金で造っている。この国では金が安いのか、他の材料がないのか、たぶん後者だろうが、金で前歯を造ることにためらいはなく、むしろ自慢そうなのである。

かっかっかっとオリモフ氏は総金歯をむき出して快活に笑う。

「そうか、日本人か。日本人は大歓迎、前にも泊めたことあるよ」

幸いなことに、オリモフ氏はかなり乱暴な英語だが、流ちょうにしゃべる。聞けば、英語の教師をやっているという。

「個人レッスンだよ、もちろん。さっきまで社長の息子をオフィスで教えていたんだ」と得意そうである。

オリモフ氏の強引な薦めで、鍵付き三人部屋ドミトリーに一二ソモニで入った。最初八人部屋に八ソモニで入ったのだが、その部屋のドアには鍵がなく、泥棒が心配なので荷物は管理人室の倉庫に預かると持っていかれてしまい、やむなく部屋替えしたのだった。

このホテル、たぶん町じゅうが同じなのだろうけれど深夜になるまで水道水がでない。飲用水は管理人室のポットからもらうのみだ。シャワーどころか、顔も洗えない。共同トイレの鍵もオリモフ氏が管理していて、いちいち借りにいかなければならない。ちょっとかなわないなという感じだが、他に安宿の選択肢はないし、掃除はよく行き届いているし、タジキスタンとはこういうところだと思えば、我慢できないことはない。

名誉なことに、管理人オリモフ氏から昼食のお誘いを受けた。「VIPゲストとは、昼食を共にするのが当ホテルの慣習であります」といわれれば、断るわけにもいかない。しかし、無料というわけではなく、一階のレストランから取り寄せたシャシリク、パン、ヨーグルト、紅茶で約一ドルだった。同席したのは、かれの奥さんと子供たちであった。

三人部屋のドミトリーには、夜遅くなって相客がやってきた。最初に現れたのは、顔中無精髭を生やした熊みたいな大男だった。挨拶すると、辛うじて手のしびれるような握手をしてくれたが、返事はない。ひと言も口をきかない。迷彩服ふうの上着を脱ぐとブルーのランニングシャツ、毛だらけの太い腕を枕にして、ベッドにどたっと倒れ伏し、そのまま高いびきである。よほど疲れているのだろう、戦場からのお帰りかと思われたほどだ。

さらに遅くなって、タリバンふう二人目が登場した。こちらは極彩色の超派手なスカーフを肩に巻いた筋肉質の、がりがりに痩せて目つきの鋭い背の高い男。手入れのいい口髭と先端のとがった顎髭。四角いタジク帽を脱ぐとくりくりの坊主頭で、意外に若く見え、四〇歳くらいだろうか。カラシニコフ銃を持たせたら似合いそうだ。白麻の上着の下に、なぜか大きな長いパンを腰に巻きつけていた。

この男、見かけによらず如才なくて、言葉は通じないと思ったかひと言も声を発しないのは熊男と同じだったが、手真似身振りのパントマイムでわたしに話しかけてくれた。

パンを食うか？

いや、けっこうです。

茶を飲みに行くが、いっしょに来るか？

いや、もう寝るのでいきません。

わたしも手真似で応じていたが、それ以上の手話は理解できなかった。それに、親しくなりたいようなタイプではない。管理人オリモフ氏が送り込んできた相客だから、少なくとも危険はないのだろうけれども。

この二人、空が白みかけると出ていき、夜になるとまた現れた。荷物らしいものもなく、この町で何をやっているのかも分からない。一応用心のため、自分の荷物、リュックサックとカメラバッグには錠をかけ、チェーンをまわしてベッドの金属フレームにくくりつけ、さらに南京錠を下げておいた。こうした用心は、相部屋の客人を疑うのではなく、むしろ安心させるためのバックパッカーの基本的な心得というものだ。荷物の盗難に配慮するのは、紛失時に相客を疑わせるようなことを避けるためである。


翌日は朝から忙しく動いた。用事はなんでも早い時間に済ませたほうがよい。ことに、オフィス関係は午前中が勝負だ。まずは旧ソビエト時代からの残存制度オヴィール。タジキスタンに三日以上滞在する場合は、ビザとは別に滞在登録しなければならない。団体旅行の場合は、旅行社やホテルが代行してくれるかもしれないが、わたしはシングルハンドのバックパッカーである。

なんでも自分でやらなければならない。しかもこの慣れない面倒くさいものは、今回の旅行中フジャンドで頂点に達した。

ガイドブックの地図に従い、オフィスを見つけるまでは順調だった。建物の前にはキルギス人かウズベク人か、あるいは別の用件で集まった土地の人たちが待っていた。わたしの順番になると、係官はパスポートをしげしげと見てから別の事務所へ行って登録するようにとその場所を教えてくれた。そこは軍隊の建物だった。制服将校が出てきて、また違う建物を教えてくれた。その度にパスポートとビザを確かめられた。最後に、文官らしい男が電話をかけてくれて、最初のオヴィール・オフィスへ戻るようにといった。

軍人の対応は丁寧だったので、気分を害するようなことはなかったが、いったいなんだっていうのだ、スパイ容疑でもかけられたのかと思った。

今度はオヴィール・オフィスも受けつけてくれたが、七一・五ソモニの登録料を銀行で支払って、その領収書を持ってくるようにと金額を書いてくれた。事務と支払いを別にするのは、かつてはびこった収賄対策でもあったらしい。

近くに幅広い道路を挟んで二軒の銀行があった。すぐ近くのは中央銀行で、どうやら国立らしい立派な建物だ。道の向こうのは市中銀行らしいが、ちょっと遠い。

取りあえず中央銀行の方に入ってみた。日銀の支店という感じで、ここに出入りしている市民なぞは見あたらない。どうせ断られるだろうが、ちょっと様子を見てみたい。受付で用件を話すと、まったく要領を得なくて、そのうち内部から立派な洋装の女性が出てきた。このひと、日本に行ったことがあるそうで、横浜がどうとか、東京では何したとかひとしきりしゃべった。用件を繰り返し告げると、今度はネクタイ姿の若い銀行員が出てきて、流ちょうな英語で、「ＪＩＣＡの仕事で来る日本人はいましたが、ツーリストを見るのは初めてです」といった。

以前この国の東部でＪＩＣＡ派遣の日本人が射殺された事件を思いだした。アフガニスタンと国境を接している山岳地帯は、今でも危険だといわれている。実際はどうなのか、行ってみないと分からない。そのコースでアフガニスタンを抜けパキスタンへ出たバックパッカーもいたという話を聞いたことがある。時期にもよるだろう。

銀行員は自分の車にわたしを乗せて、町へ走り出した。向かいにも銀行があるよと指差してみたが、首を振るばかりで、取り合ってもらえなかった。連れて行かれたのは、わたし個人ではとても探せないような細い道に面した小さな銀行であった。しかしともあれ、支払いを済ませ、領収書を受け取ることが出来た。自分の仕事をさぼって案内してくれた親切な銀行員に礼をいって、また振り出しに戻った。それにしても、この国はいったいどうなっているのだろう？

オヴィールには、この領収書と写真一枚、パスポートとそのコピーが要った。その他にビザのページのコピーが要るといわれ、また町中のコピー屋を探しに走らなければならなかった。それでも、結局二時間ですべてが片づいた。中国ウルムチのビザ取りで、都合三日通ったのに比べればなんでもない。

いったんホテルに戻って、オリモフ氏のＶＩＰ昼食会に出席。今回は夫妻ともうひと組の中年男女、ちょっと遅れて老婆が一人。サムサというベジタブルパイを囲んで賑やかな食事会となったが、わたしには喋っている言葉が分からず、ただ騒々しいだけ。年配者ばかりなので、全員の金歯ががちがちと眩《まぶ》しいばかりだった。

フジャンドから次の目的地ウズベキスタンの首都タシュケントまでバスが通じており、距離も近い。中央アジアを抜けていくバックパッカーは、このルートを取るのが普通のようだ。しかし、ここまで来たらもう少し見たいではないか。首都ドゥシャンベまで行ってみることにした。ほんとは東部山岳地帯のパミール・ハイウェイへ行ってみたかったのだが、その地域へ入るには特別の許可証が必要だったし、今回の旅の目的からそれるので日数も足りなかった。

パミール・ハイウェイの南にアフガニスタン領最深部のワヒン回廊と呼ばれる盆地がある。中国とパキスタンに国境を接した、政治的にも現代の秘境というべき場所で、以前から行ってみたいと思っていた。

ワヒン回廊は子宮の形をしており、その入り口の膣の部分はパキスタンとタジキスタンに挟まれ三〇キロほどの幅しかない。パキスタン側の山岳地帯は旧フンザ藩王国である。

回廊から八〇キロくらいしか離れていないフンザの村グルミットに旅したことがあった。この辺はインダス川（全長二九〇〇キロ）の源流域で、支流のフンザ川やフンザ川に流れこむさらに細い川が切り立った峡谷や氷河から冷たい水を集め激流を成していた。流れは粘土を含んだ鉛色で、ねっとりと重く、血管障害を起こした地球の心臓部から流れだした汚濁した血の土砂流だ。そんな川で女たちが洗濯していた。

その時もわたしは病を抱えて倒れそうにしていた。脂汗を浮かべて、路上に座りこんでいた。十三歳のフンザ少年チトヌィに土地のブルシャシュキー語で話しかけられたのは、そんな時だった。かれはわたしをじぶんの家に連れていった。石造りの四角い古い家だった。窓はなく、外光は天井の穴から取り入れるだけの暗い部屋である。板張りの平土間に小さな食卓と機織り機が置かれ、幼い妹が布を織っていた。

「父さんは山の上に羊を追ってゆき、母さんは遠くの町へ買いだしにゆき留守なんです」とチトヌィは手真似で説明した。大人のいない家庭に、見ず知らずの男を連れこんだという警戒心は何もなかった。冷たい透明な水を一杯ご馳走してくれた。

少年は休憩料を請求するでもなく、わたしを休ませてから、手を振ってさよならといった。ただ、親切にしてくれただけだった。


せめてドゥシャンベまで、と思った。地図で確かめると、そこまで鉄道路線が延びている。トイレ付きの列車は、前立腺障害に悩む老人にとってバスよりもはるかにありがたい。

さっそく鉄道駅へ行ってみた。駅舎は小さな建物で、客の姿もまばらだった。待合室でぼんやり掲示板を眺めていると、目ざとくわたしを見つけたらしい駅員が事務室からでてきた。帽子の飾りからみて、どうやらかれは駅長らしかった。

ソファと低いテーブルの置かれた応接室に招じ入れられた。

「パスポートを拝見」、駅長はそういうとわたしを座らせ、にやりと笑った。訳の分からない外国人がまた来たなという顔だ。

「鉄道は迂回してウズベキスタンとトルクメニスタンの領地を通り、ドゥシャンベへ達します。あなたのパスポートには、トルクメニスタンのビザがありません。ですから、切符をお売りすることも、乗車することも出来ません。

飛行機で首都へ行かれることをお勧めします、バスの運行はありませんから」

駅長の言葉に、一瞬途方に暮れた。どうなっているのだろう、この国は。第一と第二の都市間で、いうなれば東京〜大阪間の交通手段が空路しかないとは。

待合室のベンチで考え込んでいると、列車待ちらしい段ボール箱を足下に置いた、白い開襟シャツの男に話しかけられた。

「タクシーがあるじゃないか、乗合いならドゥシャンベまで三八〇キロ、一五〇ソモニだよ」

なるほど、その手があったか。バスが通れない山道でも、ふつうの乗用車なら走れるのだ。

翌日もオリモフ氏のＶＩＰ昼食会。参列は奥さんと個室客のカップル、老女一人。メニューは昨日と同じ。油で揚げたサムサが喉につかえ、紅茶で流し込む。ポットひとつに茶碗ひとつのまわし飲みだ。不思議に思えたのは、他人の口をつけた茶碗を、拭いもせずに平気で他の人たちにまわしたことだ。しかも夫妻はきれい好きだし、相席の客も品のいい人たちだった。ここまで来ると、日本列島人の方が異常な潔癖感覚であるように思われてくる。

オリモフ氏に教えてもらった乗合タクシーの溜まり場は、町から五五番のバスで北へ三〇分走ったところにあった。ウズベキスタン国境へ向かうバスの発着所の前広場である。運転手に聞いてみると、乗合料金でドゥシャンベまで一二〇ソモニ、所要時間は八時間から二〇時間であるといった。どうしてそんなに時間の幅があるのかと問えば、運転手は両手を広げて天を仰ぎ、「神様しだいさ」

この運転手、ちゃんとした学校で英語を学んだとつぎはぎだらけの英語でまくし立てた。

「ウズベキスタンだけは行かない方がいいよ。あそこは危険がいっぱい、身ぐるみはがれるぞ」

「それはあなたがタジキスタン人だからでしょう、日本人は大丈夫だよ」とわたし。

町に戻ってインターネット・カフェを数軒訪ねた。どの店の機械にも日本文字が入力されていない。使えるのは英語のアルファベットとロシア文字だけ。日本文字のヤフージャパンは開けない。辛うじて、フィンランドからの息子の英文が読み取れた。

行く先々から絵はがきを送ってくれだと、何を寝ぼけたことをいっておるか、ポストカードを売っている国なんぞめったにないということを先進国居住者は知らないのだ。だいたいポストカードと郵便代で一日の家族の食費がまかなえる国が、世界では珍しくないのに。

帰りに市場で夕食を済ます。パン売りと焼き肉屋の呼びかける声の間をくぐり抜けていくと、屋台の焼き飯屋がある。チャーハンともピラフともつかない脂ぎった混ぜ飯だが、とにかく飯である。めったにありつけない米である。値段はひと皿六〇円ほど、三日間ほど毎夕食ここで食べている。少なくとも一枚の切手代よりは安い。

スリリングな山岳風景の悪路——ドゥシャンベ

朝五時半、ロビーのソファで寝ていたオリモフ氏に別れを告げ、一番乗りでタクシー乗り場へ行った。腰の痛いわたしは、長い距離の旅では、どうしても助手席に座りたい。そのために、だれよりも早く来たのだ。

やがて、相乗り客が現れ、若い男が二人、それに女が一人。その女客のために、運転手はわたしに後ろの席へ移ってくれといった。わたしは応じなかった。今度は女がわたしに直接、当然の権利のように代わってくれといいだした。わたしは運転手に、後部座席に移ってもいいが、料金をいくらにまけてくれるかと尋ねると、かれは急におとなしくなり、「そのままでＯＫです」

金の話になると、黙ってひっこむ。自分のリスクを負わないのが、ふつうの人間の親切というものだ。しかし、この場合、わたしは助手席を女に譲るべきだったのだろうか。そうするのが男のダンディズムでありこの国のマナーなのは、もとより承知してはいる。わたしは老人である。なんのために朝一番で来たのだろう。腰をかばって、助手席に座れるように、早く来たのだ。元気な三〇代の女と代わる必要があるのだろうか。感じの悪い外国人の役割を、この際演じ続けよう。

フジャンドからドゥシャンベへの道は、最悪だった。まず舗装がない、道幅がない、バスが通れないのはすぐに納得した。高い峠をいくつか越す山岳地帯を走行するのだが、七曲がり、いろは坂、崖崩れ、雪崩、落石、流水、道路はでこぼこで、大きな穴が無数にあり、道そのものが崩れており、実際崖から落ちた車の残骸が散らばり、横転したばかりのトラックの傍で運転手が茶を沸かしているのを目撃した。

その上一車線で対向車待ち、あちこちの道路復旧工事で待たされ、ハッパをかけているところで待たされ、たいへんな道行きだった。しかし道中の雪に彩られた山岳風景は素晴らしく、悪路の山道はスリリングで、面白かった。

首都ドゥシャンベに着いたのは、日が落ちて暗くなってからだった。「とても順調な走行でした」と、これは運転手。

夜になってから新しい町に着いたのでは、ゆっくり安宿を探しているひまはない。荷物を背負って暗がりをうろうろするのは、危険でもある。ガイドブック記載の中から一番安い宿〈ファルハング〉を訪ねた。受付では英語が通じない。しかし、わたしの哀れな姿を一目見たおばさんが、こちらの要望を何も聞かずに二〇ソモニ（約六五〇円）と紙に書いてよこした。よいも悪いもない、黙って彼女の後をついていくしかない。二階の三人部屋だが、ほかに客はいない。わりと清潔で、バルコニー付きなのが救いだった。共同トイレは廊下を隔てたところにある。一応個室トイレだ、だが便座はない。もちろん紙は流せない、備え付けのカゴに捨てる。シャワー室と洗面所がトイレ脇にあるが、水道水はいっさい出ない。手も顔も洗えない。

掃除係のおばさんにシャワーを浴びたいというと、二ソモニだと手を出す。連れて行かれたのは、少し高級なスウィート付きの空き部屋で、その部屋付きのシャワーはタンクの湯が出る。

ちょうど七日ぶりの行水であった。キルギスのビシュケク以来である。シャンプーを節約するために、まず石けんで髪を洗い、それからわずかなシャンプーをすりこむ。よほど汚れていたとみえ、泡が立たない。二回くりかえす。歯を磨き、髭を剃り。用意の器と水筒に水を充たす。これで飲料水を買わなくて済む。すべて超特急で、こなす。案の定、タンクの湯が切れて、冷たい水に変わってきた。身体を洗っている間に、洗い場のタイルの上で足踏みしていた下着と靴下の洗濯も終わった。

部屋に戻って、バックパッカーの三種の神器の一つ電気湯沸かし器を取りだし、水道水を煮沸する。宿のキッチンに飲み水をもらいにいっても結果は同じだろう。あるいは、沸かしてないかもしれない。

久しぶりに持参のインスタント・コーヒーをいれ、フジャンドで買った甘いサンド・ビスケットを食べた。アイポッドに繋いだミニスピーカーから、モーツァルトが流れる。ほっと一息ついた。どんな所でも、そこに人が住んでいる限り、生活しやすいシステムがあるはずだ。そのシステムを理解しじぶん流に応用すれば、快適に過ごすことができるものだ。


首都ドゥシャンベは、その地域的な閉鎖性にもかかわらず、なかなか清々しい近代都市であった。とりわけ、太陽が惜しげもなくさんさんと光をばらまいている四月には。

市街地の道路はよく整備され、丈の高い街路樹の緑が照り輝いていた。建物の壁面には大きなミラー仕立てのガラス窓をはめ込み、そこに通行中の華やかな衣装の女たちや樹木が映っていた。大学や博物館などがいくつもあり、その前をジーンズの若者たちが本を小脇に抱えて歩いていた。へそ出しルックの女子学生もいる。女たちはおしゃれで、カラフルだった。足首までの袋状のワンピースで肉体の曲線を隠していても、素足にサンダルだし、襟ぐりの大きい服から肩や胸のふくらみまで覗かせていた。タジク人は中央アジア五カ国の中では唯一ペルシャ語系の民族で、色白で彫りの深い小顔の女が目立った。じぶんがそれらの青春とも呼ぶべき時間から遠く隔たってしまった老人であることが、意識された。ちいさな嫉妬心と諦めと、そっと吹く風のような哀しみ。

やさしい心を
やさしい　ひと滴の心を　ください
やさしい一瞬の　眼差しをください
頬に浮かぶ　かすかな笑みを　ください
あゝ　それがどんなに旅びとを
ほっとさせることか　グラス一杯の水のように
愛してしまいたい　あなたを
あなたの民族と　あなたの国を
そのやさしい眼差しのひと投げだけで
身も心も捧げたい

淋しさと疲れを忘れさせてくれる
通り過ぎていく　一瞬の微笑み
目の前を通り過ぎ
あゝ　通り過ぎていくのだけれど
過ぎ去った青春を　止めようもない
あなた　長くやわらかい
風になびく　ふくよかな時の黒髪
中央アジアの女よ　砂漠の　ほとばしる泉

乗合タクシーの運転手は、ハキムと名乗った。丸顔で小太りの、人の好さそうな笑顔の中年男だった。明日の午後六時にホテルまで打ち合わせにくるという約束だった。携帯電話の番号まで書いてくれた。出発は明後日の朝だ。お互いに不自由な片言のロシア語で話し合った。

フジャンド～ドゥシャンベ街道の途中から枝分かれする一本の道路が、ウズベキスタン国境の町ペンジケントへ出る。そこからウズベキスタンの観光都市サマルカンドまで至近距離だ。ペンジケント近くには、古代都市のサラズム遺跡があり、そこに高貴な女性の全身骨格が展示されているという。興味深い。ハキムの車とは、ペンジケントまでの約束だ。もちろん客四人の相乗りである。

その約束の午後六時にハキムは現れなかった。言葉の勘違いか、と思った。宿のおばさんにかけてもらった携帯電話は通じなかった。なぜ通じないのか分からない。通話圏外にいってしまったということだろうか。

次の日の朝六時きっかりに、ハキムの旧ソビエト製ラダがやって来た。やはり言葉の行き違いで午前と午後を間違えたのだと、その時は思った。かれがいうには、「町を出たところにあるトンネルが九時まで閉鎖されているので、それにもう一人相乗り客を見つけてから、八時半頃あなたを迎えにきます」

荷物を準備してロビーで待っていたが、約束の時間にハキムは現れなかった。午前ちゅういっぱい待ってみたが、車は来なかった。携帯電話は、相変わらず通じない。今にして思えば、かれは二人連れの客をゲットして、わたしのことは忘れることにしたのだろう。わたしときたら、ほんとに馬鹿みたいにその日の午後じゅう、次の日の朝ですら、言葉の取り違いで、ハキムが迎えに来てくれるのではないかと心待ちにしていた。何しろ約束したのだからと信じていた。日本人ってておめでたいねと、あとでじぶんを嗤《わら》った。

ドゥシャンベの滞在が予定よりも長引いた。その間、町の中を歩きまわった。中心部にある小さなバザールでソーセージ入りの揚げパンを昼食代わりに食べた。冷えたクワス水を飲んだ。路上の少年から、パインという名の安たばこを買った。一人の男がわたしを追いかけてきて、親しげに話しかけてきた。男はその少年の父親だといい、一ソモニ恵んでくれと手をだした。

時間を持てあましたのと、歩くのに疲れ果てて、わたしとしては珍しく一〇ソモニ払って博物館に入った。七世紀の巨大な仏陀涅槃像が売り物の国立古代遺産博物館である。瀕死の仏陀は十四メートルの巨体を、右手を顔の下に添えて横たわっていた。以前スリランカの寺院で見たときは、左手を顔の下に当てていたように覚えているが。

別室で、思いもかけなかった陳列品に出会った。どういうわけか、サラズム遺跡の〈サラズムのプリンセス〉の全身骨体がここに置かれていた。一九八五年出土、紀元前四～五千年のもの、推定年齢一九～二〇歳とロシア語で記されていた。

完璧な骨格である。体を縮めて、左を下にして横たわっている。頭蓋骨はとても小さいが、背は高く、よく伸びた大腿骨は丈夫そうで、大柄な女性であったことが偲ばれる。細長い脛骨と足指、肋骨も残り、歯がしっかりしているのは若かった証拠である。

手首には腕輪が付いたままだし、身につけていた装飾品がすごい。ビーズ、紅玉髄、ラピスラズリ、銀などの玉が、繋ぎあわせていた糸こそないが、そのままの形で死者の周りに巡らされていた。美しい娘だったにちがいない。肉を付けて復元した姿態を思い浮かべ、身震いした。

目が眩む　数千年の時
この乾いた大地の
熱く乾いた時の肌
吹きなびく髪の熱風
日差しの強さの　眼差し
あの還らない想いが
胸をえぐる
時は過ぎ　人は錆び
ボロボロに砕けた心
姫君たちが歩いた砂の王宮に
骨が残る　美しい君の
乳房の下の肋骨と
長い人差し指が
指差す今日に
わたしはたたずむ

夕食は宿近くの裏路地のオープン食堂で冷えた炒飯をボソボソ食べた。茶は別料金だったので、断った。店の主人が、「おまえキタイ（中国）か」と訊いてきた。曖昧にうなずくと、ふいと顔をそむけて離れていった。おかみさんも顔をしかめて、こちらは最初から近づいて来なかった。キタイで結構、こんなまずい飯屋に二度と来るものかと思った。中国人に友情を感じた。

高級ホテルに無料で泊まる――レーガル

昨日、バスターミナルへ偵察にいって、ふと気がついたことがある。バスが南部の町レーガルへ通っているのだ。レーガルは国境の町、ウズベキスタン側の町デナウに抜けられるはず。いまさら同じ道を北上してペンジケントへ行くことはあるまい。幸いなことに、もうサラズムの姫君は見てしまったことだし。

翌朝、わたしの道ゆきを心配してくれる宿のおばさんに別れを告げ、これ以上オンボロになれるかと思えるほどガタガタの古いバスに乗った。満員だった。三ソモニの料金で一時間半、運の良いことに短い時間でレーガルに着いた。

辺境のちいさな町を想像していたが、レーガルはかなり大きな、りっぱな町だった。バス停のあたりはバザールで混雑していたが、少し歩くと近代的な建物が並び、整備された住宅街や公共の建築物、人気のない広い公道になっていた。

安宿を見つけかねてうろついていると、片言英語の学生三人に話しかけられ、案内された。連れて行かれたのは、町一番の高級ホテル。今度は英語の上手い美人の受付嬢が、「一番安い部屋をディスカウントして四〇米ドルよ」と可愛くおっしゃった。

チープホテル、ゲストハウスと学生に連呼すれば、かれらは分かった、ＯＫ、チープ、ゲストハウスと三人で復唱し、また一軒の立派な、真新しい建物に案内してくれた。ホテルとも、部屋ありますともどこにも書いてない。試しに訊いてみると、フロント係は一泊三〇米ドルですと。それじゃさよならと立ち上がれば、「ちょっと待って、マネージャーに電話してみますから」といい、そして「マネージャーは二〇ドルでいいと言っていますが」

「ドゥシャンベのホテルは、二〇ソモニでしたよ」と泊まる気のないわたし。

わたしの声が聞こえたらしく、受話器から「タダでいい、泊めてあげなさい」とマネージャーの、天の声。

これにはびっくり、いささか参った感じだが、どこへ行く宛もないのでお言葉に甘えることにした。今回の旅で一番高級なホテルに無料で泊まることになった。熱いシャワーは使い放題、冷たい水道水はそのまま飲める。窓には何重にもカーテンが張られ、内張のレースのカーテンはエアコンの風を受け、微かにそよいでいた。おまけに水洗トイレは紙を流せるどころか、付属のトイレット・ペーパーまで備えてある！

後で分かったことだが、この建物はホテルでもなんでもなく、隣接する室内競技場のための、海外から来る選手や役員のためのゲストハウスだったのである。ゲストの意味は少し違ったが、学生たちは確かに〈チープな、ゲストハウス〉に、わたしを案内してくれていたのであった。

タクシー運転手との言い争い――ウズベキスタン

疑われるということに慣れてない者にとっては、先進国途上国を問わず、国境越えの九割方は不愉快なものである。ウズベキスタンも例外ではない。申告書に記入した所持金の額が実際と異なると差額を没収される。バックパッカーでも長期旅行の人は、結構大金を持っているものである。それを、あんまり知られたくないと思うのは人情である。まして、賄賂が横行しているとされる地域ではである。息子の友人のフィンランド人が、出国の際、申告額との差額をがっぽり没収されたという実例を聞かされ、忠告されたことがあった。

税関の建物を出たところに、一台のタクシーが停まっていた。運転手らしい黒シャツ姿のでっぷりした中年男が、タシュケント、タシュケントと行く先を叫んで客引きをしていた。すでに、相乗りの客が二人、車の傍らに待っていた。

運転手とは、まったく言葉が通じなかった。料金を訊ねると、客の一人が十五米ドルだよ、と完璧な英語で教えてくれた。ウズベキスタンの物価事情など、まだ何も分からないのだが、それにしてもずいぶん安いなと思えた。首都タシュケントまで約九〇〇キロの距離である。

結局、客はわたしと英語を話す青年との二人になった。人数が減れば料金も変わるのではないかと思い、青年に訊ねるとやはり十五ドルだといった。青年は首都に住むビジネスマンで、ロムと名乗った。ワイシャツにネクタイ、アタッシェケース一つの軽装で、背が高く、インテリふうである。彼は、「あなたを先にホテルで降ろしてから、その後でじぶんの家に帰るので心配しなくともいい」といってくれた。すっかり安心した。

それが、失敗だった。今回の長旅での、唯一の失敗といってもいい。その時は交通事情のさっぱり分からない新しい国に来て、途中何泊もしなければタシュケントまで行けないだろうなと覚悟していたので、ラッキーだと喜んでいた。タシュケントで次に通る国トルクメニスタンの通過ビザを取得する必要があり、それで急いでいたのである。なにしろ、中央アジアの北朝鮮とか何かと評判のトルクメニスタンである、神経を使っていた。カスピ海が遮っているので、トルクメニスタンを通らずに陸路で西側へ抜けるルートはない。個人的な事情を別にしても、ビザや滞在に面倒なロシア連邦を通過するのは論外だ。

タクシーはデナウの町に入り、運転手の自宅に寄った。ちいさな一軒家に奥さんと子供が二人、幸せな家庭であるなと思われた。長途の旅である、日帰りはとても無理だ。旦那は妻子に別れを惜しまれつつ、運転席に座った。

首都タシュケントまで九〇〇キロ、休みなく走って九時間かかった。平坦でまっすぐな舗装道路、ゆるやかな山道、樹木のない砂漠地帯を車は時速一二〇～一四〇キロのスピードで走った。運転手は、まるでＦ１レーサーのようだった。運転も上手かったが、猛烈すぎた。ついにパトカーに追われて捕まってしまった。

タシュケントの市内に入ったのは、もう夕暮れだった。わたしは安宿の住所をロマ青年に伝え、運転手に通訳してもらった。そこで妙なことが起こった。運転手はロマに何かいい、車を途中で停め、かれを降ろしてしまったのだ。その方がかれの自宅に近いのであろうか。そのようなコースを運転手が選んだのにちがいない。わたしは、言葉の通じない運転手と直接料金の交渉をしていない。ロマは現地通貨の分厚い札束で支払っていた。いったいいくら払っていたのか分からない。

ロマに再度確認してくれるように頼むと、さすがにしつこいと思われたのか、「十五ドルといったでしょう、十五ドル払えばいいのですよ」といい返された。

目的のホテルのある通りに来ると、車は停まった。玄関先まで行けといっても、首を横に振るばかりだ。その上、かれは運転席から下りてきて、ロシア語でストーといい、一〇〇ドルの料金を請求してきた。人のよさそうな笑顔はもうない。怖い目つきで、腕力ででも取り立てるぞという構えだ。わたしは一五ドルといったが、まったく取り合ってもらえなかった。わたしたちには、料金の取り決めがない。外国人と思って、ふっかけているのか。それとも弱そうな老人とタカをくっているのか。もちろんわたしの方にも素直に応じる気はない。

運転手は、「ポリスを呼ぶぞ」と懐の携帯電話を出して見せた。

「面白い、呼んでもらおうじゃないか。番号を教えてくれ、おれがかけてやるから」とわたし。外国で、それも途上国で警察沙汰を起こすのは、出来るだけ避けたいと思っていた。どうせ、ろくなことにならないだろう。どこの国の警察でも、自国民の味方をするものだ。

ところが、この瞬間から、運転手の態度が変わった。卑屈な笑みが表情に浮かび、気弱になった。八〇ドルではどうか、では六〇では。結局、料金五〇ドルで落着した。何しろ九〇〇キロ、九時間の労働だ。おまけにスピード違反の罰金がある。かれのちいさな家庭を思えば、ま、許せるか。

気になったのは、警察沙汰になることを運転手がとても恐れているようなのだ。この国の住民と官憲との関係を垣間見る思いだった。

後で聞いたことだが、客二人乗せてデナウから来た外国人なら、四〇米ドルくらいが相場なのだそうである。運転手の苦労を思えば、一〇ドルくらい余計に払ってもかまわない。わたしにとって一番こたえたのは、じぶんのバックパッカーとしての少なからぬキャリア、自負心を傷つけられたことだ。なんというういい加減な旅をしているのだろう、じぶんが恥ずかしい。

日本人バックパッカーと同宿――タシュケント、サマルカンド、ブハラ

首都タシュケントには、わたしのような渋ケチのバックパッカーが泊まれる安宿が二軒しかない。そのうちの一軒、〈ハドラ〉という有名なドミトリーホテルに入った。古くて、薄汚れていて、トイレ・シャワーは共同だ。

三階の二人部屋、日本人の先客がいた。わたしと同じ、膝から下がファスナーではずせるカーゴパンツをはいている。いがぐり頭の若者で、うさん臭そうな横目でわたしを窺い、黙り込んでおり、愛想がない。

挨拶すると、かれはニューヨークから来たジョーだと名乗った。姓はと聞けば、そんな必要ないスと、ニベもない。じぶんはアメリカのパスポートも持っており、ジョーはセカンドネームだよという。暴走族風、ヤンキー型、または体育会系の突っ張り、日本語のイントネーションを聞くかぎり、百パーセントの日本列島人ではある。

ジョーと親しくなるのには、時間がかかった。行った国や海外経験を話し合っているうちに、

かれの細い目がだんだん開いてきた。

ジョーの職業は料理人で、年齢を三〇歳といった。本当は二九歳だったのだが一つでも年上に見られたかったのだろう。最近流行りの回転寿司で三ヶ月鮨を握ると、百万円ほど貯まるので旅に出られるのだそうである。中南米、東南アジア、近東、アフリカの一部、年齢のわりにたくさんの国をまわっている。バックパッカーとしてのかなりの自信があるようだ。そこらの駆け出し旅びととは、口もききたくないという態度だ。しかしながら、わたしの方も、何しろ四〇年のキャリアである。ただの、老人ではない。タイプのまったく違う老人と若者だが、お互いになにがしかの尊敬と親近感を抱いたとしても不思議ない。しかも場所は中央アジアのど真ん中、ウズベキスタンの首都タシュケントの、安宿のドミトリーという特殊な場所である。ジョーは、今回の旅でわたしが出会った二人目の日本人バックパッカーであった。

翌日の朝、ジョーはアゼルバイジャン大使館へ徒歩で、わたしはトルクメニスタン大使館へ地下鉄で、それぞれのビザ申請に向かった。通りには警官の姿が目立つ。地下鉄には、さらに多い。改札口付近に二人組、プラットフォームにも二人組の警官がピストルを腰に、目を光らせている。改札口ですぐに呼び止められ、パスポートの提示を求められた。プラットフォームでも、目ざとく見つけられ、同じことを繰り返した。「滞在の目的は?」と訊かれ、「観光ですよ、ツーリストですから」と答えると、テロリストではなかったのが不満げな表情で、釈放してくれた。どんな敵がこの国にはいるのだろうか。

路線乗り換えのとき、キリル文字の掲示板をぼんやり眺めていると、一人の女性に話しかけられた。そして、親切にも次のプラットフォームまで案内してくれた。

フリルのついた白ブラウス、黒いタイトスカート、なかなかの美人で素晴らしい胸と脚をしていた。礼を言おうと振り返ったとき、彼女が小走りに去っていくのが見えた。入れ違いに二人組の警官が寄ってきた。女性は、外国人のわたしに別れを告げるひまもなく、警官を恐れて逃げたのだ。

この国の大統領は旧ソビエト時代からの生き残りである。どうやって長い年月を生き抜いて、権力を維持できたのか。街角の警官の姿を見れば肯けるような気がする。選挙の度に、プーチンやメドヴェージェフの先例を見習っているにちがいない。反対派の徹底的な殲滅。警察と軍隊とマスコミの掌握。それらの行動を支える財政、経済の私有化。そして体制を支える外国の支持、ロシアばかりではない、9・11テロ以降アフガン攻撃の中継基地としての米英の支持もカリモフ大統領を大いに助けたことだろう。

首都タシュケントを発った公営の大型バスは、オアシス都市サマルカンド郊外のターミナルに午後一時ごろ到着した。約三〇〇キロ、四時間半の旅だった。

下車したとたんに、待ちかまえていた群衆に取り囲まれた。タクシーの運転手たち、物売りたち、物乞いたち。しつこい運転手に二キロ先の町までの料金を訊いてみると、五〇〇〇ソムという。吹っかけていなければ、外国人値段というものだろう。旅の目的とは関係ない観光地に来てしまったという思いだ。

バスで行くからといって断ると、バスなんか走ってないよと運転手。そんな言葉にひっかかるものか。

通りがかった白いワゴンに手を振ると、それが町の市場行きのミニバスで、料金は二〇〇ソムだ。

バザール裏で下車すると、すぐに二人の若者に話しかけられた。白いワイシャツに黒ズボン、二二と二三歳、二人は大学生で「英語とドイツ語を勉強中です」といった。真面目そうに見え、その必要はなかったが、ゲストハウスまで案内しましょうという言葉に従うことにした。たちまち質問攻めにされた。

「名前は、年は？」

「いくつに見える？」そう、五〇歳さ。東京からさ。ツーリストだよ。

「職業は？」えーと、なんだっけ。「日本での、月収は？」、いい加減にしてくれ。

途中、煙草を吸いたいというので、一本ずつ配った。二人は、昨日のスイス人は面白かったという話をするので、「きみたちは外国人と関わって何をしたいのかね」と訊ねると、「語学の勉強です」と答えた。そんなものだろうか。ちょっとけげんに思う。

バックパッカーに人気とガイドブックに記載されている〈バホディルGH〉に部屋が取れた。トイレ・温水シャワー付きの個室、朝食付きで一〇ドルの米ドル払い。夕食は一ドルの追加。充電のための電源コンセントあり、水道水はそのまま飲めそうなくらいきれい。おまけにウエルカム・ドリンクの紅茶とビスケットまで付いている。観光地であることを考慮すれば、宿代の高さも納得できる範囲だ。

二人の若者に案内の礼をいって、部屋に入る。しかしながら、かれらは帰ろうとしなかった。いつまでも戸口にたって、わたしが出てくるのを待っているようすなのだ。「しばらく休憩したいからさよならしましょう」といってみても、帰ってくれない。いったい何を期待しているのだろうか。必要ないといっても付いてきた無理強いの案内料か、チップか、それとも外国のスーベニールか、夕食をおごられたいのか、ビールと煙草が欲しいのか。わたしは、かれらのいうフレンドになってしまったのか。

親切と友情は、やっかいなものだ。

その時タイミングよく、宿のおやじさんがやってきた。かれは、学生には目もくれず、わたしを手招きした。「ゲートのある中庭の方へ来ませんか」と呼んでいるのである。そこへは外部の者は入れない。おやじさんは、この手の若者たちのしつこさについて、よく承知しているようなのだ。シャットアウトだ。それも、さりげなく。

バックパッカーに信頼され、人気の高いおやじさんだとあとで聞いた。なぜなら、かれ自身、長年バックパッカーを経験していたからだといわれる。

中庭は周囲を宿泊部屋に囲まれ、中央には植木や縁台、洗濯物の物干しなどがあり、一方の屋根の下に風通しのよい食堂があった。その食堂に大勢の泊まり客が長卓を囲み、談笑していた。いずれもツーリストやバックパッカーで、話している言葉はフランス語だった。パリから飛行機で来たフランス人の美男美女カップル、自家用車で冒険旅行をしてきたスイスの中年夫婦、マウンテンバイクで駆け抜けてきた頑丈なイタリア青年、髭のノルウェー学生。そんな中に一人東アジア人がいて、負けずにフランス語でわあわあ喋っていた。あとで自己紹介すると、なんと日本列島人であった。

中川カズオ氏、五九歳。嬉しいではないか、この年齢の日本列島人のバックパッカーに会うのは、稀なことである。しかもシングルハンドの、リュック一つの単独旅行者だ。じぶんはさておいて、尊敬に値する。もっともかれは中央アジアの横断旅行者ではない。カザフスタン、キルギス、ウズベキスタンを大急ぎでまわってから、帰国しなければならない。仕事という、檻がドアを開けて待っているからだ。でも、「会社員というわけではありません」フリーランサー？　自営業？　「まあ、そんなもので、福井の片田舎で、独りでやっています。職業は、翻訳家です。出版は東京ですが、パソコンでやっているので、編集者の顔も知りません」そんなものかなあ、現代は。

「相当パソコンに詳しそうですね」

「あなた、新型のパソコンを買われたことがあるでしょう。その時に付いてくる技術説明書、ああいうのはじぶんの翻訳なのです」

うひゃあ、参ったである。日本で売り出したばかりの機械を、だれよりも早く、売り出される前にマスターしているのがかれであった。

中川氏は語学の天才であった。なぜ天才かというと、かれは外語大にも語学校にも通ったことがないからだ。外国に住んだこともない。しんねりむっつり、独学で、仕事柄もあってじぶんの部屋から出ることもめったにないという。

天才は、学校を必要としない。

「得意なのはドイツ語、フランス語とイタリア語もなんとか、それに韓国語。ロシア語はほんの少し」その、ほんの少しというロシア語が、わたしの唯一の頼りである英語よりもはるかに上手いということが、だんだん分かってくる。

かれの職業上の言葉、英語についてはついになんの話もなかった。英語は常識、出来て当たり前ということか。中央アジアを彷徨うバックパッカーは、確かにただ者じゃない。

観光地サマルカンドには、いくつかの古いモスク、天文台、博物館などがあり、中央部のレギスタン広場には目玉観光の中世の神学校の建物がある。いずれもわたしには高すぎる入場料を取るので、外観を眺めるだけで入らないし、入りたいとも思わない。

建物の裏手には小さな通用門があった。そこには番人がいないので、自由に入ることが出来る。しかし、わたしはあえて入らない。イスラムでは偶像を嫌うので、建物の内部にはふつう何もない。タイルの模様だけが美学である。それは外部から充分うかがい知ることが出来る。それ以上の好奇心は、じぶんにはない。じぶんが関係していない宗教に過度な好奇心を抱くのは、不作法であるというような気持もある。宗教そのものにも、関心はない。

シルクロードの中心都市サマルカンドは、中世の頃旅の商人たちで大いに賑わったことだろう。ターバンや民族衣装の人たちや駱駝の隊商がこのレギスタン広場を行き交ったことだろう。今、その場所にツーリストの群れが行き交っている。日本からの団体客も見える。わたしの方を指差して、「あら、日本人だわ」などと教えあっている中年女性たちがいる。彼女たちはわたしに、曖昧な笑みを投げかけてくる。だが、それ以上は近づいてこない。身元不明の老人旅行者が、なんとなく怖いのかもしれない。服装も雰囲気も、バックパッカーのわたしと団体旅行の人たちとはまったく異なっているのは、わたし自身にも鮮明である。あの人たちが、まるで異邦人のように感じられる。じぶんの故郷はどこだったのだろうと、ふと寂しくなる。

町の中心部を避けて、住宅街の裏通りをどこまでも、どこまでも歩いていった。だれもいない。人気のない、寂しい町だ。

この国の二番目の観光都市ブハラへは、中川氏といっしょにバスで行った。年齢の近いことがお互いによかったようだ。まず、歩く速度が同じである。疲れ具合も、空腹の度合いも同時にやってくる。食事も脂ぎったものは駄目で、サラダとパン、少量で済む。少し違ったのは、かれは短期の旅行なので金が使えることだ。最低のドミトリーに泊まる必要はないし、屋台ではなくて、レストランで食事することも出来る。わたしはといえば、安いことがすべてに優先する。しかし、付き合いというものは、妥協と気遣いなしには成立しない。二人とも、そんなことが分かる年齢であった。そんなわけで、最低から二番目くらいアップの安ホテルに、それぞれ個室を取った。食事も路上ではなくて、食堂へ行った。

ありがたいことに、中川氏は語学の天才だけではなく、他人と話すことに違和感のない人だった。わたしの代わりに、すべて喋ってくれる。バスで町に着いたとき、なぜか二人の髪の長い女子高生がわたしたちの荷物を担いでくれて、ホテルのあるところまで案内してくれた。わたしにはわけが分からず、チップでも請求されたら困るなどと思っていたのだが、道行きの間、中川氏がロシア語でずーっと話し続けていた。これは、女子高生のまったくの好意だったのだが、もちろん中川氏のお陰である。それ以来、およそ語学が必要な場合、宿屋の交渉、食事の注文、道を聞くとき、すべてかれの語学力にお頼りして、わたしは後方に控えて楽をしていた。

翌日、町の見学にでたときである。一軒の古い屋敷の前で、わたしたちは立派な構えの大門に見とれていた。すると、門の陰から現れた人の好さそうな初老の男が、「ご興味がおありなら屋敷の内部をお見せしてあげますよ」と親切にもロシア語でいってくれた。中川氏はすぐにスパシーボと礼をいって男のあとに付いて入った。用心深さがいつも好奇心を上まわるわたしの方は、しぶしぶ二人のあとを追った。

一通り見てまわったのち、さて、重ねて礼をいい立ち去ろうとすると、その男は案内料を請求した。そんなことだろうとわたしは思ったが、あとの祭り。中川氏は「ここは博物館でも郷土館でもないので、あなたのご親切かと思いましたよ」と口速な英語でつぶやいた。するとと男は、人の好さそうな、にこやかな笑みを頬に浮かべ、達者な英語でいい返した。

「無料の親切はありません」

列車内の酒盛り――トルクメニスタン

ウズベキスタン南部の世界遺産都市ヒヴァからトルクメニスタン国境まで、車で一時間ほどかかった。

出国側のゲート前で降ろされた。柵の外でぼんやり建物を眺めていると、遠くからばたばた駆け足で近づいてくる男がいた。

「オノデラさーん！」

ジョーだった。丸い顔に玉の汗だ。何事もなければ、かれが今日国境を越えるのは分かっていた。しかし、時間が違えば、もう永久に会う機会はないかもしれないと思った。それが、一緒にトルクメニスタンへ入ることになった。かれはこの国からカスピ海を船で渡ってアゼルバイジャンへ抜ける。わたしはさらに南下してイランへ向かう。

入国管理事務所の建物を出てから、タクシーの客引きを振り払い、少し歩いた。それから一台の正直そうな車を拾った。その方が料金を吹っかけられないだろうというのが、ジョーの経験だった。国境に一番近いダシュオグズの町の鉄道駅まで行った。

そこで、私設の両替所を探した。駅前にもあったが、もっとレートの良い店を探して町中の市場まで歩いた。重いリュックサックを担いだままだったので、すっかり疲れてしまった。闇レートはどこもあまり変わらなかったが、一軒の酒屋が比較的良い利率で交換してくれた。公定レートでは一ドルが五千二百マナトだが、四倍の二万四千マナトになった。その交換率は一般的で、隠すようなことではなかったようだ。そのことがトルクメニスタンの第一印象だった。

駅の切符売り場には、大勢の人がたかっていた。並ぶというよりは窓口に詰めかけており、押し込まなければじぶんの順番がまわってきそうもなかった。

いかにもあやしげな男が数人、切符を買ってやるから金を渡せとか、次の列車は満席なので、いくらか出せば手に入れてやるとか囁きかけてきたが、もちろん無視した。

若いジョーが強引に割り込んで、首都アシュガバード行きの寝台券二枚を手に入れてくれた。

料金は信じがたいほど安く、日本円にして二百円ほどだった。二十二時間の汽車の旅である。

駅舎の横にちいさなマーケットがあり、その中の店の一つに朝鮮系の陽気な女が商いしている食品店があり、そこでパンと一リットル半入りの炭酸水を買った。女は両眉を一直線に墨でつないだ不思議な化粧をしていた。ジョーはビールを二リットルも買い込んだ。二人とも普通の水では、体の渇きをいやせないほど乾いていた。それから、動き始めようとする列車に大急ぎで飛び乗った。


列車のコンパートメントは清潔だったが、狭くて、ドアを閉めると密封された缶詰のようだった。上段ベッドにジョー、下段にわたし、向かいの席には二人の中年男が座っていた。一人は鳥打ち帽を目深にかぶった屈強な男で、もう一人は顔に皺の寄った太った男である。

わたしたちはしばらく無言で観察しあっていた。鳥打ち帽の方は好奇心が強いらしく、しばらく睨み合ったあと、窓際の小机にウォッカの瓶をどんと置くと、片言のロシア語で話しかけてきた。

まずはお互いの自己紹介、鳥打ち帽は五四歳の重機運転者で、太った方は年かさに見えたが四五歳、二人はどこかの工事現場から帰省する途中だった。

まずは乾杯、めでたく友だちになったのだから飲め、飲めとしつこい。わたしはじぶんの炭酸水を机に置いて、酒は飲めないのでと断ったのだが、付き合いはそうもいかない。一杯手を出したのが運のつきだった。瓶はたちまち空になり、次の一本が出てきた。それも空になった頃、物売りのおばさんがコンパートメントに入ってきた。彼女のスカートの下から、ボトルが次々に現れた。わたしはもう飲まなかったのだが、物売りのおばさんも参加して、とんでもない酒盛りになってしまった。ジョーはとっとと上段のベッドに逃げてしまった。

鳥打ち帽の男は、名前をチャーシェムといった。日焼けした顔に、ヒットラー風のちょび髭を生やしていた。目深にかぶった帽子を脱ぐと、額にちいさな絆創膏を貼っていた。どうしたのかと訊ねると、そのテープをはがして見せた。そこには一センチほどの深さの穴が開いており、底に白い骨が見えた。

「アフガン戦争で、撃たれた」

チャーシェムはそういって、複雑な暗い表情をした。かれは旧ソ連軍の兵士としてアフガニスタンで戦い、額に銃弾を受け、モスクワの病院に運ばれ、手術を受けた。しかし、その傷痕は心の傷と共に未だにふさがらない。そういって胸に手を当て、それからその手をウオッカの瓶に伸ばした。

太った方の男はアクムバイと名乗ったが、通じる言葉はそこまでで、ひたすら酒を飲み続け、わたしの持ち込んだ夜食用の大事な食品、パンやソーセージをあらかた食べてしまった。客同士持ち込んだものを互いに分け合うという習慣は、昔から旧ソ連圏の列車内で庶民の間にあったものだから、まあそんなものかと思われた。

アルコールに弱くなっているわたしは、心臓の動悸を押さえるために、物売りのおばさんに紅茶を所望した。おばさんは首を横に振ったが、それを見ていたチャーシェムが、じぶんについて来いとわたしを誘った。

食堂車にでも案内してくれるのかと思っていると、かれは通路に面したコンパートメントを一つ一つ覗いてから、中年女性二人が茶を飲んでいる客室に入っていった。そこでわたしたちは、新しく茶をいれてもらって、ビスケット付きでたっぷりご馳走になった。女性客はチャーシェムの知り合いでもあるのかと思ったが、どうも関係ないらしい。これも、閉鎖的な国家社会トルクメニスタン独特のものであろうか。不思議な印象を持った。

夜中にふと目覚めて、枕元に置いた炭酸水の大瓶を手に取ると、なんと空っぽだった。犯人はアクムバイだったが、悪びれている様子はまったくない。持てる者が、提供する側で、損する役まわりだ。それをみずからの喜びとすべきか。なにしろ、イスラム教と社会主義が同居するお国柄である。

夜が明けた。窓外は地平線まで平らなカラクーム砂漠で、列車はそんな風景の中を正確に南へ向かって走り続けていた。車内には、制服の車掌と警官が巡回していたが、外国人のわたしたちには何も訊かなかった。

ウオッカ売りのおばさんがやって来て、代金をチャーシェムに請求した。かれは、わたしに払えといった。三人で飲んだじゃないかというと、五千マナト札を出して、もう金がないという。そんなこと知るもんか、わたしは腹を立てていた。酒代は三万マナト、一ドルが二万四千だからいくらでもない。しかし、実際わたし自身はいくらも飲んでいないのである。一番飲んでいたのはでぶ男だったのだが、これは寝たふりで、知らん顔だ。それにこいつ、わたしの大事な飲み水を全部飲んでしまった。結局、わたしは三分の一の一万マナトを払った。

わたしはこの国の風習に合わないケチ渋の日本人だったのか、正しい権利を主張した合理主義者なのか、なんともいえない。

兄貴分格の鳥打ち帽は困った顔つきだったが、また席を立ってどこかの客室へ出かけていった。その後、おばさんの集金はなかったので、なんとか片がついたのだろう。

終着アシュガバード駅の一つ手前の駅で二人は下車したが、にこやかに握手し、肩をたたき合って別れを惜しんだのだから、円満解決というべきか。この土地の風習が今ひとつ理解できないことだった。

Ⅲ

イラン、コーカサス諸国

旅立ちには、いつも少しばかりの勇気がいる。

座りこんで温めてしまった座を去るために、少しばかりの勇気と情熱がいる。

明日は、きっとここよりも良い場所へ着くだろうとか、より良い一日になるだろうとか、ビザ期限とか、少ない所持金とか、先の予定とか、いくつかの潜在的な動機がじぶんを立ち上がらせるのだが、旅立ちにはいつも少しばかりの決心と憧憬が必要だ。

旅立つ日は　いつも還る日
心の奥にしまいこまれた　若い日の想いに
あの時　どうして　あんなに熱くなれたのだろう
けっして理解できない　じぶんの心
二度と戻らない　初めての恋に
身も心も　血が逆流するような
ある日　とつぜん血の気を失ってぶっ倒れてしまうような

あの怯え　あの怒り　あの憧れ
二度と戻らない　じぶんの心に
けっして理解できない　じぶんの心に
旅立つ日は　いつも還る日

最悪の体調――イラン・マシュハド

カスピ海の南側に位置するイラン、陸路に固執するわたしの旅の都合上、この国を通らないで西側へ抜けるわけにはいかない。特別の関心があるわけではなかった。

国境通過は簡単だった。むしろ係官は歓迎ムードで、ほっとしたくらいだ。欧米に対抗する、核とミサイルの開発国イランの緊張感は感じられなかった。緑の丘陵地帯で国境を分かつ中立国トルクメニスタンとの関係は良好に思われた。ただ、税関の建物内にある政府の両替所では、トルクメニスタンの貨幣マナドを受け付けてくれなかった。しかし、タクシーの運転手が受けとってくれたので、それに四ドル追加して、バスの発着所のあるグーチャンの町まで運んでもらった。そこから東部最大の都市マシュハドまで、定期バスで一時間の距離だ。

体調は最悪だった。下痢気味のため何も食べていない。同じ理由で、暑いのに水分をとらないでいた。憔悴感が激しい。おまけにイランでは、言葉が通じない。文字が読めない。バスがどこへ行くのか分からない。行き先を連呼して、ようやく終点マシュハドのバスターミナルに着いた。

今度は町の中心部にある有名なエマーム・レザー霊廟ハラムの名を連呼した。イスラム国では古い寺院のあるあたりがダウンタウンで、市場と安宿がその周囲にあるというのが常識だ。

幸いバスの車掌が案内してくれて、ハラム方面行きの市内バスに乗せてくれた。そして、通りのどこかで降ろされた。町の真ん中だが、じぶんがどこにいるのか分からない。繁華街の大通りを寺があるらしい方向へ歩きだした。

歩いて間もなく、横丁の角に構えた小さな香水屋の店番がわたしに手を振って何か話しかけた。どうやらロシア語でガストニッツァ（ホテル）かと訊いているのだ。ダーと答えると、すぐ裏にあるよと教えてくれた。痩せた、浅黒い肌の青年だが目つきがしっかりしている。かれの案内で、大通りから一本裏道に面した宿屋へ行った。

かっぷくの良いおやじさんとその家族の経営している巡礼者用の宿屋だった。料金を訊くと、約五ドルほど。三階の一番奥の個室に通された。トイレは共同だが、シャワーと流しが室内にあり申し分ない。宿代や物価のことがまだ分からない入国早々のことだが、外国人料金を取るとは思えない素朴な宿の様子に安心して泊まることにした。それに、もう体力が尽きてふらふら、他を探す気力も失せていた。一日も早く首都テヘランへ出たかったが、体調が戻るまでこの宿で休養することにした。

二階の踊り場で仕出しの弁当を片づけている若者がいた。わたしの顔を見ると、包みを一つ取りだして、余っているから食べてくれと身振りで示し、差しだした。味のついた長米の飯と豆スープの簡単な昼食だったが、おかげですぐに外出しなくてすんだ。もっとも食道につかえて半分も食べられなかった。何か食べないと体力が戻らないのだが、いかんせん食欲がまったくない。少し食べるとすぐに下痢だ。一過性のものなので、細菌であるよりも過労や日射病からくるのかもしれない。腸をなだめるためにインスタント・コーヒーを沸かし、漢方の下痢止めといっしょに飲んだ。

今日出会ったイラン人は、おしなべて親切だった。バス停までタクシーを走らせマシュハド行きに乗せてくれた運転手、市内行きのバスを数十台の中から探して乗せてくれたバスの車掌、宿まで案内してくれた香水屋の店員、一番良い部屋に入れてくれた宿の経営者、そして弁当屋。親切に対して、いつも警戒心を怠らないじぶんが恥ずかしかった。初日のイラン人の印象はすこぶるよかった。

あゝ、シャワー、ウズベキスタンのタシュケント以来の、久しぶりのシャワーらしいシャワー。湯がたっぷりと、頭上から糸を成して降ってくるシャワーだ。髭を剃り、シャンプーし、肌着を洗濯し、長袖のシャツに着替える。イランではほとんどの男が長袖のシャツだ。肌を隠すのは女ばかりではない。

夕暮れ時、飲料水と食べ物を探しに通行人と車の多い表通りを歩いた。女たちはおしなべて、黒い布チャドルを頭から被っている。イスラム圏の女の被り物にもいろいろな色があるが、ここイランでは黒一色だ。だが、その姿でアイスクリームを舐め、サングラスをかけ、裾から青いジーパンを覗かせていたりする。^

宿からの出がけに、まだ若いおかみさんが赤ん坊を抱いているのに出会い、習慣的にカメラを向けたときだった。突然経営者のおやじさんが割って入って赤ん坊を抱き取り、おかみさんを背後に隠し、「さあじぶんをお撮りなさい」といった。その動きの瞬間におやじさんが見せた緊張の表情と、すぐに取り戻したいつもの柔和な笑顔の変化にわたしは寒気を覚えた。おざなりにおやじさんと子供の記念写真を撮りはしたが、この国ではうっかり女性にカメラを向けてはいけないのだと学んだ。

イスラム教徒の男にとって、女とはいったいどんなものなのだろうか。とくに、隠さなければならない髪の毛について、どんな感じ方と意味を持っているのだろうか。日本でも、髪は女の命とかいわれてきたものだ。脂ののった艶やかな髪は、女性の成熟と健康を表現するものではあるだろう。しかし、隠さねばならないというほどのことではあるまいとわたしには思われるのだが。とここで、いつものように、他人様の信仰と確信には立ち入るまいと考えた。だれでも、みんな自由なのさ。それに、めんど臭いことはご免だ。わたしは旅の男、住んでいるのはここではなく、どこでもないという自由と孤独。

マシュハドの中心である霊廟ハラムは、大通りの行き止まりのすぐ近くにあった。大勢の男女が中に入っていったが、わたしは周りをうろついただけで、内部には入らなかった。カメラを持った異端者がイスラムの聖所に入る理由はない。ここでは観光という名がはばかられる。

通りには食品を買えるコンビニ、マーケットの類は見あたらない。ほとんどの店は衣類、装身具、それにナッツ屋だ。バザールふうの大きな二階建ての建物にも食料品店はなく、貴金属と宝石と絨毯を売る店が並んでいた。たぶん、それらの集積地なのだろう。黒いチャドルの下に隠すようにして、女たちは高価な装身具で着飾っているのだろうか。

翌日、早い時間に町を歩き、また霊廟の周りをうろつき、ようやく屋台でちいさなリンゴ、ビスケット、そしてブロイラー半分を買ってくる。痩せて焦げた鶏だが、砕いてスープにすると、養分が喉を通って体力が回復する。そのために大型の電気湯沸かし器を持ち歩いている。下痢の時は、たっぷり水分を補給しなければならない。下痢止めの薬は量を加減しなければならない。そうでないと、今度は便秘になってしまう。旅から教わった知恵である。

喧噪の街——テヘラン

マシュハドからテヘランまでは十二時間の列車の旅である。駅窓口では空席がないと断られたが、旅客案内所の有能な女性の機転で、駅前の旅行社から一等寝台の切符を買うことが出来た。この英語を話す女性、チャドルなぞは着ていなくて、艶やかなブラウンの長髪の美人だったが、コンピュータを睨みつつ電話をあちこちにかけて乗車券を探してくれた。イランという国の、別な顔を見る思いだった。

一等寝台車といっても、上下三段ずつのベッドが両側に並んだ狭いコンパートメントで、料金は売れ残った切符ということらしく、五万リアル（約六百円）と安かった。ワゴン付属のトイレはマシュハドの宿と同じでペーパーは使わず、ゴムホースの水で尻を洗う仕組みであった。これは慣れると紙よりも清潔で便利、ただし濡れた尻を拭くためのタオルを忘れないようにしないと、パンツが濡れる。

同室に英語を話す若者がいて、わたしに日本の文化について質問してきた。でも、ほんとはペルシャ五千年の歴史と文化についてわたしに話したかったようだ。名前をモーセンといった。テヘランの大学生、二十二歳である。思慮深い、落ち着いた目つきで、黒い短髪に白ワイシャツという清潔な姿だ。

「モーセンという名はアラブ人の名前なので、実は嫌いなんです。ペルシャとアラブはまったく関係ないし、興味もありません。アラブ語もアラブ人のいうことも理解できません」モーセンはそういった。

「でも、スンニ派、シーア派の違いはあってもあなた方は同じイスラム教徒ではありませんか」と問うと、若者は眉間に皺を寄せた。

「ぼくは二年前にゾロアスター教に改宗しました。ゾロアスターこそ、ぼくたちペルシャ人にとって、サーサーン朝以前からの真の宗教なのです」

イランの若者、二十二歳のインテリ学生モーセンはナショナリストであった。おそらくかれのような思想の若い人が、この国にはたくさんいるのではないかと思われた。ナショナリズムは、今回の旅行中あらゆる国々で感じられた。中国、イラン、トルコ、ロシア、そしてどの小さな国々にも。ナショナリストと原理主義者、それらはわたしに二十一世紀の未来を翳りあるものに感じさせた。一方、古い町並みの修復、行事や祭りの復活、文化という名の史跡は観光旅行に花を添えてもいたのだが。

テヘランの鉄道駅に早朝の二時半に着いた。外は暗く、宿を探すには早すぎた。夜中に初めての町をうろつくのも心配だった。出迎えの友人に電話するのは早すぎるというモーセンと一緒に、駅舎内の待合室で長い時間を過ごした。

七時近くになって、モーセンの友人が車でやってきた。勧められるままに同乗して国立博物館前で降ろしてもらった。そこから中心部のホメイニ広場まで近い。ガイドブックの簡単な地図でも、じぶんの所在地が分かった。早朝の気温は肌にこころよく、街路樹の緑が新鮮だった。この時は知らなかったが、路上の混雑はまだ始まっていなかった。

広場を抜けて、東の道路をしばらく歩いた。そちらの方に安宿が何軒かあるはずだった。時間はたっぷりあった。

最初に訪ねた宿は閉鎖されていた。二番目のは、リニューアルされてドミトリーはなく、個室料金が高くなっていた。おまけに、満室だと断られた。ガイドブックは何年も前の取材なので、参考程度にしかならないものだ。

結局、バックパッカーにとっては最も著名な安宿〈マシュハド〉のドミトリー四人部屋に落ち着いた。同室には、トルコ経由で帰国するフランス人、これから中央アジアへ向かうノルウェー人、愛想の悪い中年の日本列島人がいた。

この日本男は、わたしが挨拶して名乗ると、「バックパッカーって名前を教え合ったりしないものでしょう」といい、じぶんの名前をいわなかった。西洋人とは下手な日本なまりの英語で喋るのだが、わたしと話すのはいかにも迷惑そうだった。こういう手合いは、一九八〇年代の旅行者に多かった。せっかく外国に出てきたのは、日本人に会うためじゃないやといいたいやからである。何日か同室で暮らすうちに分かってきたのだが、かれは長年ゼネコンの現場監督をやっていたらしく、ちょっと前に突然退職してバックパッカーに転じたらしい。かれなりの悩みや動機があるのだろう。毎日長い時間かけて執拗に日記だかメモだかを付けていて、それぞれの国の住民や政治経済について、早のみ込みの感想と分析を記録している。ひょっとすると、わたしのような物書きかもしれない。

テヘランの町は北の高級住宅街から南のホメイニ広場にかけてなだらかな下り坂になっている。気温も北と南では数度違うようだ。車や人の混雑も、南へ行くに従い激しい。昼間の車の多さときたら半端でない。トラフィックはあまりに酷い。歩行者優先とか左車優先とかの交通優先順位がないらしく、交差点では車も人もバイクも我がちに突っ込んでいくからあちこちで接触事故が起きて、運転手同士が怒鳴り合っている。バスとバスがぶつかって、乗客全員が降ろされているのも見た。今日一日だけで、八件の事故を目撃した。

広場近くには、怪しげな男たちがたくさんいて、ツーリストをなんとかカモってやろうと話しかけてくる。ローカル都市マシュハドのような平和な雰囲気はない。

名前は?

国は?　カントリー、チャイナ、フィリッピン?　ン?

町は、どこから?　ＴＯＫＹＯ?　ン?

歳は?　としは、いくつ?

ビジネスか、ツーリストか、ン?

ワタシ　日本人の友だち　いるよ。

日本は　グレートね。

日本人　グレートね、トヨタ、ナショナル、ソニー！
ブルース・リー、ジャッキー・チェン！

どの男も同じような言い草ですり寄ってくる。英語や日本語で、安いレストランを紹介しようといい、日本で働いたことがあるので日本人が大好きといい、フレンド、お茶でも飲みましょうという。トラベラーズ・チェック両替の面倒をみましょうといい、自分は通訳だとかガイドだとかいう。客載せバイクやタクシーの運転手というときもある。面倒をみた日本人の友だちから、謝礼にドコモの携帯電話をもらったが、イランでは使えないので買ってくれないかというのもある。かれらはどこまでも付いてくる。疲れる町だ。

何日か悪戦苦闘して、ようやくアゼルバイジャンの入国ビザを取得した日の夜、わたしは久々にインターネット・カフェへ行った。ウズベキスタンのタシュケント以来だからだいぶ日が経つ。ヤフーのホームページを開き、メールを検索した。一年以上交信のないモスクワの妻から事務的な英文メールが来ていた。

［わたしと娘は夏休みにトルコとイタリアへ旅行する予定です。ご承知の通り、ロシアでは十六歳以下の子供の外国旅行には親の許可が必要です。ついては、添付ファイルの文書にあなたの署名をして、東京のロシア大使館で証明書を作り、至急わたしの方へ送り返してください。］

突然そんなことを申し送られても、わたしには対応できない。明日は、コーカサスに向かって出発の予定である。時間もなければ、気力も体力もない。いまさら言葉の分からないテヘランでロシア大使館を探し、郵便局を探し、何日も費やすなんて出来る相談ではない。それも体制の異なるこの国で上手くいくとは限らない。

わたしは、今自分が旅行中でイランにいることを書き、日本に帰国するまで、それも何ヶ月も先にならないと、なんにも出来ないと書き送った。単独バックパッカーの旅先での状況が彼女に理解できるだろうか。お互いにどこで何をしているかも知らない夫婦って、なんだろう。つぎに会って話し合う機会があったら、それは離婚ということになるだろうと思った。そのような話題で疲労したくないばかりに、夫婦は文通もしなくなったのかもしれない。話もせず、会いもしなければ、人間関係はないに等しい。疲れることもない。

頼みのM子からは、なんの便りもなかった。わたしの海外旅行中は、わたしのことを頭から拭い去ってしまうらしく、そうやってじぶんを保っているようなところがある。

忘れてしまえば、ないも同じ。

一日も早くテヘランを離れたい。この町の喧噪には、うんざりだ。それに適当な食堂や食品市場がない。毎食立ち食いの安いカバブーのサンドイッチ一個で済ませているものだから、すっかり胃袋が縮んでしまった。暑さとビタミン不足で、体が変になりそうだ。長寿の国といわれるコーカサスへ行って、本場のヨーグルトを食べてみたいものだ。

翌日の夜、わたしはテヘラン郊外のバスターミナルにいた。国内線と国際線に分かれているターミナルは、飛行場のように広大だった。待機している数百台の大きなバス、無数のゲート、待合室構内に並んだいくつものバス会社。その窓口の一つで、アゼルバイジャンの首都バクー行き二二時三〇分発の乗車券を買った。スウェーデン・ボルボ社製の大型バスでエアコン・トイレ付き、快適なリクライニングシートで、飲料水と食事をサービスという触れ込みだった。

しかしながら、確かにボルボの黄色い車体ではあったが、リクライニングは最初から倒れていて起き上がらず、エアコンは付いているだけで作動せず、トイレには貨物がぎっしり詰め込まれていて使用できず、飲料水はあったが紙コップのようなものはなく、食事はバクーに着く直前の二五時間目に一回出ただけであった。

でも、とにかく、西へ向かって出発だ。確実に移動しているという感覚が何よりも嬉しい。窓から吹き込む熱風は、希望といっていい。

乗っているバスが消えた――アゼルバイジャン

ビザを取るのに苦労したアゼルバイジャンだったが、わたしはこの国に長居するつもりは最初からなかった。ソビエト時代からの大物アリエフ故大統領とその息子の現大統領が支配してきた国、そんな世襲の民主国家というものを、わたしは信じられない。カスピ海の石油と天然ガス開発でリッチな国、カラバフ地方をめぐってアルメニアと抗争する国。ともかく次の国、ビザ免除の友好国グルジアへ行って、そこでゆっくり休もうと考えていた。

それに一般旅行者がアルメニアへ旅したいと思っても、アゼルバイジャン国境は閉鎖されていた。いったんグルジアへ抜けて、そこからアルメニアへ迂回するしかない。コーカサスは、国と国の関係がとても複雑である。国境に近づくときは、用心が肝要だ。

その国境アスタラのイラン側の食堂前でバスが停車したのは正午に近かった。乗客はわずか七人、そのうちの二人はこの国境で下車した。バス会社は乗客をあてにしているのではなくて、大量の輸送物資、とくに生鮮食料品の果物や野菜をバクーへ運ぶのが主な目的だったらしい。

運転手の指示でわたしたちは全員下車し、まずは両替。残った少しばかりのリアルを、アゼルバイジャンの通貨マナトに換えた。言葉の分からないわたしは、人びとの最後尾からついて歩き、何をどうすればよいか見習っていた。それから食堂に入り、何人かは建物の奥の便所へ行き、順番に並んだ。わたしは最後だったし、それに例によって細く長く、途切れ途切れの流露。

時間がかかったのは、確かだ。しかし、しかしながら、それにしても、あんまりな。わたしが道路に戻ってきたとき、そこにバスの姿はなかった。顔見知りの乗客の、一人もいなかった。わたしのリュックサックやカメラバッグや、すべてが消えていた。

慌てふためいてバスを探しているわたしを見かねたのか、通行人の一人が教えてくれた。

「バスはどこかへ行ってしまったが、みんなは歩いてあっちの方、イミグレーションの建物の方へ行ったよ」

国境で、乗客がバスを離れ、徒歩で出入国の手続きをすることは珍しくない。向こう側で再びバスと合流するわけだ。わたしは、そんなふうに考えた。急いで、出入国管理事務所へ向かった。幸い、わたしは腰のベルトに通して、パスポートや現金の入ったウェストバッグを持っていた。こればかりは、とくに独り旅ではどんな場合にもけっして離してはいけないという鉄則だ。

イラン側の建物に顔見知りの乗客の姿はなかった。もう行ってしまったのか。交替したばかりの女性係官はおしゃべりばかりしていていっこうにスタンプを押してくれない。わたしは焦って英語で急いでいるんだといってみたが、係官はけげんな顔をするばかりだ。言葉を理解していないばかりか、徒歩で通る外国人など見たことないという表情である。それでもなんとか通過してアゼルバイジャン側の小さな建物へ入った。こちらは、テヘランで取得したビザのせいか、税関検査もなく、もちろん荷物など持っていないわけだが、簡単にすんだ。でも、こちらにもバスの乗客はいない。

建物から走りだしてバスを探したが、どこにも見あたらない。歩きまわっているのは、アスタラの閑静な住宅街だった。ともかくアゼルバイジャンに入った。ひょっとしてバスはイラン側に残っているかもしれないと思ったが、もうあとの祭り。戻るわけにはいかない。

もう一度税関事務所に戻って、バスはどこにいるのかと尋ねれば、はるか遠くに大型車のプールがあるといわれた。置き去りにされたら大変だ。荷物を全部なくしてしまうことになる。しかし、バックパッカーのプロとしての矜持がどこかでわたしの心をなだめていた。

ザックやその中の下着や、カメラや、ひげ剃りや、湯沸かし器がなくなったとしてもわたしの旅は続けられるだろう。腰に付けた信玄袋の、パスポートと金とクレジットカードがあるかぎり、なんの心配もありはしない。でも、バスに置いていかれるなんて、わたしとしたことが無様であることには変わりない。

ようやく大型トラックやバスが続々と出てくるゲートにたどりついた。越境してくるすべての車両はこのゲートから出てくるのだと知った。守衛に、「バクー行きの黄色いボルボを見かけませんでしたか」と訊ねると、「そのボルボは行ってしまったよ、どこかで待っているかもしれないから急ぎなさい」といわれた。そりゃ、大変だ。

わたしは走った。未舗装の道路の両側にはたくさんの大型車が駐車していた。バスもいればトラックもいる。目立って多いのは石油や天然ガスのコンテナ車だ。客待ちしているのか休憩しているのか分からないが、この国境は輸送上の重要な基地であるらしい。バクー行きと表示のあるバスの運転手に訊いてみたが、車が多すぎて分からないという返事だった。

五百メートルほど行くと、大きなゲートがあり、その中は野球場くらいの広さのモータープールになっていた。税関の最終チェックポイントと思われた。反対側の出口に事務所の木造家屋があり、何事かと出てきた係官に事情を話して、書類を調べてもらった。

「あなたのバスは、ここを通過していませんよ。越境してきた全車両はこのゲートを必ず通るので、待ってみてはいかがですか」

その言葉に、とりあえずほっと一安心した。しかし、事務所入り口の階段に腰掛けて、やって来る車を一時間も見張っていたが、ついに黄色いボルボは現れなかった。昼休みの時間となり、ゲートは閉められ、係官は全員どこかへ行ってしまった。

わたしは立ち上がり、もと来た道へ戻っていった。もしバスがまだ通っていないならば、この一本道のどこかで出会うはずだ。たくさんの大型車が道路の両側に停まり、運転手たちは昼食をとっていた。

わたしは最初のゲートに戻った。中に入ろうとすると守衛に制止された。「ここから先は特別の許可証がなくては入れない、徒歩でイランへ行きたいなら、出入国管理事務所の建物はあっちの方だ」、そっちの方はわたしが最初にやってきた方である。

ゲートの傍らに軍隊か警察の詰め所があった。制服の所員が不審がってわたしに質問にきた。再び、身の上話をする。恥ずかしながら、バスに捨てられたのです。

所員は気の毒がってくれて、それはとんでもないこと、でも車はここしか出口がないから必ず来ますよ。え、日本人だって。バクーへ何しに行くの。イランへはなぜ行ったか。歳は、名前は、仕事は、ツーリストか、住居は、日本のどこか、女房は、子供は、収入は、いい加減にしろよお巡りさん。おれ、疲れ切ってるんだ。

ゲート傍の掘っ建て小屋から手を振るおじさんがいる。「今、お茶をいれてあげるから飲んでいきなさいよ、どうせ昼休みには車は動かないから」

お巡りさんもいう。「うむ、あそこで休ませてもらうといいよ。うちらの仕事も休みだから」それではと、親切なおじさんの言葉に甘えることにした。土瓶いっぱいの紅茶、ほら砂糖とレモンだよ。うわあ、素晴らしい。レモンを一切れいただけるなんて、恐縮恐縮。

奥から萎びたおばさんがにこにこ顔で現れ、ビスケットを添えてくれる。アゼルバイジャンって、なんといいとこだろう。さすがコーカサス、人の親切ったら、これ以上ない。

人の好さそうな五四歳の、日に焼けて真っ黒の、髪の薄いおじさんと意気投合して手真似身振りで語り合い、友情すら感じていたのだが、茶を飲んで礼をいい立ち上がると、一マナト（約一ドル）だよと挨拶が還ってきた。

親切も好意もタダじゃない。そりゃそうだよな。

昼休みが終わり、車両が動き始めてまもなく、ゲートの奥から白髪頭の運転手が頭を振り振りやってきた。わたしを見つけて、独りで国境を越えたのかいと非難めいていうので、思わずかっとなって、「客を置いていく運転手がどこにいるか」と声を荒げると、さすがに申し訳なさそうに黙ってしまった。警官からも指差されて叱られた。

おゝ、カスピ海——バクー

首都バクーに着いたのは、深夜の十二時に近かった。睡魔に襲われうとうとしていると、突然バスが停まりわたしだけが降ろされた。「ほら、目の前にホテルがあるよ、駅はその先の方だ」、運転手はそういい、車はすぐに走りだした。わたしは鉄道駅で降ろしてくれるように頼んでいた。ガイドブックによれば、駅の建物にはドミトリー付きの簡易宿泊所があるはずだった。

いったいここは町のどこなのか、広い通りの歩道で途方に暮れた。曇天で、星影もなく、街灯もまばらで暗い。懐には現地通貨が二マナト（約二ドル）しかない。でも、気分は爽快だった。やっと着いたぞ、コーカサスへ。途中の車窓から見た風景も素敵だった。樹木の緑が濃い。その林の中で、のんびり茶を飲んでいる人たち。煉瓦作りの二階建ての農家、牛のいる田園風景。まるで北欧にいるようだなと思った。もう、砂漠地帯はなく、黒い布を被った女たちはいない。深夜といえども何一つ慌てる理由はなく、わたしはザックを担ぎ上げると、ゆっくり大通りを越えて、向かいのホテルへ行った。

「お泊まりですか、一泊一〇〇ドルです」とカウンターのネクタイがいった。わたしは優しく微笑んで首を横に振る。

「イランから着いたばかりなので、両替して欲しいんです」

「宿泊客以外の両替サービスはしておりません」、ネクタイはきっと口を結び、厳しい表情だ。その目はわたしのうす汚い服装やザックを睨めまわしている。

わたしはがっくりして、ロビーの椅子に腰を落とす。すると、話を聞いていたらしい客の一人がわたしの前を通り、あごで一方を指し示した。ロビーの片隅に、なんと、ATMの機械があるではないか。なんでそれをいってくれないのかとネクタイを見やると、やつはそれも気にくわない顔つきだ。

マスターカードを恐る恐る機械に差しこんでみる。今回の旅で初めての試みだし、だいたい日本でもATMを使うことはめったにない。アゼルバイジャン語、ロシア語、英語の表示が現れる。英語のボタンを押す。一日分の予算を入れる。食費、宿泊費、交通費が含まれる二千円ほどの金。一〇マナト紙幣が二枚、するすると出てくる。ミラクル！

現地通貨を手にすると、気分が大きくなる。もう急ぐことも焦ることもない。ザックを背負い、鉄道駅を目指してゆっくり歩きだす。タクシーが寄ってくるが、用はない。途中の公園で一休み、バスでもらったチキンとパンの残りをたいらげる。水道水でペットボトルを充たす。

街路は暗い。初めての街で、じぶんのいる位置が分からない。通りがかりの人に駅への道を聞くと、「案内しましょう、荷物を持ってあげましょう」と親切だ。それは、ありがたいと礼をいうと、「一マナトです」と最後につけ加える。そんなことが、三度あった。道を聞くたびに案内しましょう、一マナトです。もう、だれにも訊くつもりはなくなった。それで、迷いながらずいぶん遠回りして鉄道駅へたどりついた。

しかしながら、駅ビルの安宿は満杯だった。受付の中年女は何が不服なのか顔をまっかにして、ろくに調べもせずに外国人旅行者のわたしを断った。ドミトリーが全部ふさがっているとは思えなかったが、深夜の客を入れるわけにはいかない様子だった。それとも、うたた寝しているところを起こされて、不愉快だったのかもしれない。

巡回中の警官が寄ってきて、近くに一〇ドルで泊まれる宿があるよと教えてくれたが、その場所にホテルなぞはなく、だれに訊いても知らないといわれるばかりだった。重いザックを担いだまま街を歩きまわり、くたくたに疲れてしまった。駅前広場に戻り、片隅のベンチに倒れこんだ。今さら宿に泊まっても、宿代がもったいないだけだ。遠くからディスコの音楽が聞こえていた。それは一晩じゅう続くようだった。けっこうなＢＧＭ。

深夜、なんとなく怪しげな男たちが駅前広場に集まっていた。旅行者のわたしに興味あるのか、寝たふりしているわたしの前に立ち、様子をうかがっているやつがいる。空いたベンチはあちこちにあるのに、わざわざわたしの隣りに座るやつ。携帯で音楽をやかましく鳴らしたり、煙草を吸ったりしてわたしの反応をうかがうやつ。知らぬ顔で無視していたが、眠るどころじゃない。油断ならない。帽子の陰から見ると、どの男も先端が四角にカットされた細長いピカピカの革靴を履いている。その靴が寝ているわたしの前を行ったり来たりしている。不穏なバクーの夜、駅前広場。

六時過ぎ、ようやく空が白みはじめ、ふと気がつくと朝の通勤客が地下鉄の入り口に集まりだしていた。いつの間にかあやしげな男たちの姿は消えていた。かれらも始発電車を待っていたのかもしれない。

鉄道駅に行き、開いたばかりの切符売り場の窓口に並んだ。この時間、客は数人しかいない。英語は通じない。片言のロシア語でグルジアの首都トビリシへ行きたいというと、二十時三五分発の国際列車寝台券を十七マナトで売ってくれた。荷物を一時預けに預け、有料トイレで用を足すと、手元には三マナト（約三〇〇円）しか残っていない。しかし、予算内だ。これで夜の出発までもたせようと思う。長い一日だ。一四時間あれば、バクー観光には充分だろう。ゆっくりと、街へ向かう。急ぐ理由は何もない。時間をつぶすのが、今日の仕事だ。背中と膝に疲労感と眠気がたまっている。

夜中は肌寒かったが、日中は暑いくらいだ。太陽が輝き、緑の樹木に濃い影を落としている。湿気は少なく、コーカサスの初夏は快い。女たちは花のようだ。黒い鳥のようなイランの女たちを見慣れてきた目には、バクーは自由の天国である。カラフルな薄いブラウスから、巨大な乳房が盛り上がって見える。むき出しの腕も首も、しなやかで豊満な脚も、上映中の映画のように目の前を動いていく。

盛り場のゆるやかな坂を下ると、空が開けた。カスピ海である。遠くはかすんで見えない。この水、塩辛いのか、どうか。水は汚れているので、味わってみるわけにはいかない。でも、なんというすがすがしい空間、砂漠の空間とはまるで違う。

おゝ、カスピ海、おゝゝ、カスピ海。

列車内のカンフーマン——グルジア

グルジアへ向かう国際列車のコンパートメントは四人部屋だった。左右に二段のベッド、わたしは下段で、向かいに背広を着たざんばら髪の肥満した老人、上段に兵士らしい若いグルジア人が二人。

老人はわたしにロシア語で挨拶してミハイルと名乗り、パスポートを見せ、じぶんはロシア国籍でモスクワから来たといった。それからさらに何枚かの身分証と招待状の書類を取りだし、じぶんは科学アカデミーの教授で会議のためにバクーへ寄り、次の会議がトビリシで催されると説明した。専門は歴史と経済学とか。ずいぶん丁重に説明してくれるものだとその時思った。

モスクワに住むわたしの戸籍上の妻は、独身時代に科学アカデミーのある部門で働いていた。その後、上司の教授のセクハラに遭って退職した経緯があり、このミハイルとは関係ないだろうがなんとなく無愛想に挨拶を返したものだ。しかしかれはとても親切な老人であり、日本人のわたしと相部屋になったことを喜んでくれて、持参の紅茶やパンを勧めてくれた。もっともわたしは頑なに断ってしまったが。

話を聞いていた上段の兵士が下りてきて、プロフェッサーと呼びかけ、大層丁寧な物腰で会話に入ってきた。旧共産圏でも、教授職といえばとても尊敬される社会的地位なのである。ところが驚いたことに、教授はその兵士にもパスポートと数々の身分証を見せ、じぶんが間違いなく科学アカデミーの教授であり、身元確かな者であると説明するのである。ミハイルは、車掌が切符を見に来ても同じ説明をやった。国境の出入国管理は車内で行われたが、その時は大変だった。

身分証や書類の他に、じぶんは教授だ、教授だと繰り返しわめき、係官に尊敬心を強要する有様だった。

一ロシア人学者の、むしろ怯えた振る舞いがこの時は不思議に思われた。しかし、すでにロシアとグルジアの緊迫した関係は始まっていたのだろう。一年後に国境の南オセチアをめぐる戦争が起きた。戦争はすでに始まっていたのだ。

ロシア語の会話にはついていけないので、わたしは通路に出て窓の外の暗闇に時折見える人家の灯りを眺めていた。すると、隣のコンパートメントから出てきた青年がわたしに話しかけてきた。こちらは達者な英語をしゃべる。

バクラトという名の三四歳のグルジア人であった。カンフー道場の経営者で、門下からジュニアの国内チャンピオンを育てたといい、試合のビデオを携帯電話の画面で見せてくれた。かれ自身も国を代表するカンフーマンとかで、武道がいかに役立つかということを熱く話してくれた。実生活で、経営者として以外、どう役立つのか。

バクラトは、わたしに連絡先を教えてくれて、「もし困ったことが起きたら、じぶんは役に立ちますよ」といった。その時はよく理解できなかったが、かれのいうことが次第に分かってきたのは、首都トビリシに着いてからだった。

一九九〇年代初め、ソビエト体制が崩壊する前後、わたしはモスクワにいた。その頃、地下鉄の駅ごとに怖そうな男たちが立っていて、一般のモスクワ市民は怯えていた。かれらはコーカサス人だと教わった。チェチェン・マフィアと駅前のアゼルバイジャン人は恐ろしいから関わらないようにと妻の一族からも忠告を受けた。

一九五〇年代に東京の各駅前に愚連隊と呼ばれたマフィア下部組織のような若者が立ち、住民から恐れられていた。わたしの中学の同窓生が二人、その愚連隊に入って、二人とも喧嘩がもとで刺されて死んだ。そのような乱れた時代がかつてあった。

ただ、その頃の旅で、九〇年代のグルジアに関して悪い噂を聞かなかった。ソビエトで外務大臣をやっていたエドゥアルド・シェワルナゼがグルジアを仕切っていた頃だ。当時わたしはハンガリーを汽車旅行していて、同じコンパートメントにいたグルジア人の家族に初めて会ったことがある。この一家はとても優雅な人たちで、教養も高く、礼儀正しかった。女性たちはレースの白い衣装で、車内ながらも作法通りの手つきで紅茶をいれてくれた。最初彼女たちは無口だったが、わたしが日本人だと分かると、どういう意味なのか、「あなたが北朝鮮人やベトナム人ではなくてほっとしたわ」といった。それから、「トビリシにぜひいらしてください、とても美しい都市ですよ」と誘ってくれた。アゼルバイジャンもチェチェンもイスラム系だ。グルジアはロシアと同じ、正教会のクリスチャンだ。それはともかく、長寿の国グルジア、美しい歴史の街トビリシを一度訪ねてみようと思ってから一七年になる。

美しい歴史の街いま——トビリシ

汽車は十二時ちょうどにトビリシ中央駅へ着いた。ロシア人の教授とカンフーのバクラトに別れの挨拶をして改札を抜けた。さて、どうしたものか、初めての町に着いたときは先ず両替、それから安宿探し、それにはガイドブックが役に立つ。

ガイドブックを取りだし、リュックサックを背負い直していざ町へ向かおうと歩き始めたその瞬間、目の前に立ちはだかるようにして男の影が現れた。

「オノデラさーん、おれですよ、おれ、ジョー！」

なんと、トルクメニスタンで別れたジョーだった。アルメニアからトビリシに戻ったばかりで、今日の夜トルコ方面へ出発するという。そのための切符を買いに鉄道駅へ寄ったのだ。何秒かずれていたら、出会いはなかっただろう。こんなことは奇跡に近い。そして、なぜかジョーとの奇跡は何度目かである。

ジョーの案内で駅前のレートの確かな両替所へ、それから駅から一番近い安宿へ向かった。かれが泊まっていた民宿スルグラゼ家である。

「この先に二軒安い民宿がありますけど、そちらの通りは夜になると追いはぎが出るそうです。トビリシは、やばいっすよ」


（駅前のゴーゴリ通りを南へ行き、左手に商店を過ぎたあたりで右手に鉄扉が見える。そこから中に入り、すぐ左手の集合住宅の階段を上がった二階が民宿スルグラゼ家。）

ガイドブックは懇切丁寧だ。民宿には何も看板が出ていないから、そこまで記してもらっても、たどりつくには闇夜の手探りのようだ。鉄扉の内側は中庭のようになっており、傷んだ細い階段が建物にへばりついている。そこには太ったおばさんと子供が座っていたが、わたしとジョーを見て、通路を空けてくれた。

「階下の住人ですよ」、とジョー。

二階のドアを開けると小さな踊り場があり、その右手に台所兼居間、そこから無愛想な顔の老婆が現れた。一家の主人ネリ婆さんであった。世の中に興味あることは何もないという顔だが、疲れ切った表情にもかすれた声にも妙に迫力がある。元医者で、亡くなった夫は大学教授だったそうだ。ひと昔前は、バックパッカーに宿を貸すこともなく、お金持ちだったのかもしれない。息子夫婦と孫二人の一家であった。

「一泊一二ラリ（約七百円）だよ、空いているベッドを使いなさい」

彼女はジョーには目もくれずに面倒臭そうにいった。

踊り場の奥にレースのカーテンで遮られたガラス戸があり、その中に二間続きの居間があった。金縁枠の大鏡や天井のシャンデリア、乱雑に置かれた古めかしい家具、豪奢な過ぎし日の名残である。

ベッドは四つばかり勝手な向きに置かれ、わたしは入り口近くの柔らかそうなベッドに荷物を置いた。ジョーもその傍らにじぶんのスイスアーミー・ザックを置いた。夜の出発まで、泊まり客のわたしのゲストとして、居候を決めこむつもりらしい。

テラスに通じる奥の窓際に巨大なグランドピアノが据えられ、その陰のベッドから、むっくり起き上がった一人の背の高い男がいた。どうやら書き物をしていたらしく、未練たらしく小型パソコンの画面から視線をはずせないでいる。

「Fさんですよ、ほら、オノデラさんの手に持っているガイドブックを書いたひと」、ジョーが紹介してくれた。

身長が一八〇センチを越える、やせ細った三〇代半ばの青年。無精髭とくしゃくしゃの黒髪、何を言っているのか聞き取れないぼそぼそした低い声で、それでも丁重に挨拶を返してきた。相当長い期間バックパッカー生活をやってきたらしく、見かけたところ安宿の牢名主か浮浪者風だが、この頃いっしょに撮った写真を見返してみると、わたしとFさんはまるで山賊の親子である。年齢はわたしの半分くらいだが、同じ物書き同士でもあり、すぐに意気投合した。

Fさんは東京の有名大学の政経学部出身だが、トルコ語圏とその文化に興味を持って中央アジアとコーカサス、ロシアを彷徨っていた。トルコやアゼルバイジャンの大学にも通っていたというから、いわばフィールドにでた研究者の一人といえるだろう。英語はもちろんだが、トルコ語系の各国語とロシア語に通じている。だが一方、わたしと同じどこにも所属しない、経済的な背景のない一匹狼のバックパッカーでもあった。ともかくユーラシア大陸の中心部については、めっぽう詳しい。トビリシについては、もちろんである。

「ゴーゴリ通りのこの先はとても危険です。ちょっと前に日本人が追い剥ぎに襲われまして、二ヶ月ほど前には同宿の韓国人がやられまして、先週までここにいた日本人青年は町中で袋叩きに会い、眼鏡を割られ、パスポートと所持金すべてを盗られ医者の手当てを受けるという事件がありました。キルギスでゲストハウスを経営している疋田さんもトビリシで二度強盗にやられたといっていました。わたし自身も近郊の旅行でやられました。夜間の一人歩きは、絶対いけません」

ジョーからの忠告は、Fさんが発信元だった。

首都トビリシばかりか、グルジア全体の様子がおかしいようだ。Fさんの話はまだ続く。

「わたし自身、パスポートを取り上げられていて、グルジアから動けないでいるのですよ」

かれはロシアから陸路でグルジアに入ってきた。両国で領有を争っている黒海沿岸の自称アブハジア共和国というところだ。それまで両国の通路として開放されていたカスピ海寄りの軍用道路が閉鎖されたため、ツーリストとしてはそこしか通れるところがない。

グルジア側の入国管理官はFさんのパスポートを見て、そのまま通してくれた。それが罠だったと気づいたのは、グルジアからアルメニアへ抜けようとした国境だった。かれのパスポートには、入国スタンプが押されていなかった。そのまままろくな調べもなく刑務所に放り込まれた。容疑は、密入国とスパイだった。

刑務所の状態はとても酷いものだった。狭い部屋にベッドが二十人分、そこに未決既決の百人を越える囚人が一緒くたに詰めこまれ、寝るときは他人の臭い足が顔の両脇に押しつけられるほどだった。マフィアらしい太い首と腕の男が牢名主然として部屋を取り仕切り、取り巻きの子分数人と気分次第で囚人を殴ったりした。こんな所にいたのでは、気が狂ってしまうと思えた。

囚人の大半はアルメニア人で、Fさんと同様に国境の罠にはまった者たちだった。アルメニア人は仕事を求めてロシアへ行く。そのためにグルジアを通過するのだった。それが、グルジア官憲の気に入らない。帰国するときに捕まえて高額の保釈金を課す。

Fさんが二〇万円ほどの保釈金を積んで留置場を出られたのは、二週間後だった。日本大使館はグルジアになく、隣国アゼルバイジャンのバクーにあった。連絡を取り、日本の親戚から保釈金を送ってもらうのに、ずいぶん日数がかかった。外国官憲に逮捕されたのは本人が悪いことをしたからだというのが、日本国内の一般常識だ。身内といえども、積極的に助けてくれたわけじゃない。

カスピ海と黒海を結ぶライン上には、ソビエト崩壊時に独立したがった小国や少数民族がたくさん存在する。この辺ではロシアはもちろん、グルジアやアゼルバイジャンも大国である。ロシアだけが認めた自称独立国やグルジアが占有を主張する地域など三つ巴の緊張が絶えない。アブハジア共和国、アディゲ共和国、カラチャイ・チェルケス共和国、カバルダ・バルカル共和国、北オセチア・アラニア共和国、南オセチア共和国、イングーシ共和国、チェチェニヤ共和国、ダゲスタン共和国、カルムィキヤ共和国、住民の民族は混淆しており、ムスリムとクリスチャンも混在している。ロシアのプーチンがＦＳＢ長官だったときに始めた第二次チェチェン戦争はまだ終わっていない。二〇〇四年、北オセチアのベスラン学校占拠テロでは三八六名の死者と七〇〇人以上の負傷者を出した。報道されにくい地域だが、政治家やジャーナリストの犠牲者も多い。コーカサスは活動中の火山帯である。いつ、どこから噴火しても不思議ない。こんな危険な地域をフィールドとしてバックパッカーをやっているＦさんの話は、傾聴に値するというものだ。

ともあれＦさんは二〇万円の保釈金で仮釈放されたが、その額はアルメニア人にとって、簡単に払える金額ではなかった。運の良い人は親戚じゅうかきあつめても払うが、一般的には大金すぎて工面がつかず、四年も五年も刑務所に投獄されてしまう。あの留置の状況では、気が狂ってしまいますよとＦさん。伝統と長寿の国グルジアに今、人権もへったくれもないのだ。

ちなみに、長寿の国として世界に知られている三大地方は、ロシアとグルジアの紛争地コーカサス山脈のアブハジアとオセチア、パキスタン・カラコルム山脈のフンザ、エクアドル・アンデス山脈のヴィルカバンバ村であるそうだ。

Ｆさんはパスポートを取り上げられ、本裁判を待つ身である。トビリシから一歩も出られない。何度も泊まったことのあるスルグラゼ家のドミトリーに、今回も長逗留だ。かれは物書きだから、暇に飽かせて一日中パソコンに文字を打ち込んでいた。

「リベンジですよ、サアカシヴィリ大統領への」

書き上げた抗議の文章を町中のインターネット・カフェからあちこちに送りつけているらしい。しかし、日本のマスコミが取り上げたという噂はその後も聞かない。

トビリシに着いた日は、バトゥミ行き夜行列車の出発時間までジョーとぴったりくっついていた。何しろ奇跡的な再会である。年齢も育った環境も職業もまったく異なる二人だったが、もう友情を感じる間柄であった。こんなことは日本にいては起こりえない。旅というものの不思議な出会いである。

夜の一〇時に駅のプラットフォームまで送りに行った。小さなアーミーザックと、これだけは欠かせないというペットボトルに量り売りの地ビールを詰め込んだジョーは、心細げである。いがぐり頭の髪が伸びすぎている。長期間の貧乏旅行に耐えてきた若者。しかも、単独で。突っ張った表情は、この夜見られなかった。

「ひょっとして、トルコでまた会えるなんて奇跡はないですよね。ぼくは南下してシリア、ヨルダン、エジプトへと向かいますし、オノデラさんはヨーロッパですものね」声が震えている。

バトゥミの町はグルジア南西部の黒海沿岸にあり、トルコ国境に近い。その町からフェリーが出航していて、わたしは船でウクライナへ渡るつもりだった。それが北欧への最短距離なのだ。

時間になると夜汽車は発車の合図もなく、すっとコーカサスの闇に消えていった。別れはあっけない。たぶん、老人の死もグルジアの夜汽車のように消えていくのだろうか。

明日も同じ
昨日も同じ
今日も同じ
ひとの世は
軌道の上の

気がつけば
終着駅

わたしにとって、トビリシでの第一の目的は休養だった。こんなに治安が悪いとは思っていなかったが、街路の古い家々は情緒が感じられたし、食糧も豊富で、しかも安かった。日本列島を出てからほとんど休みなく移動してきたし、どこかで休息する必要があった。

「お会いするたびに痩せていますね」ジョーはわたしにそういった。実際に一〇キロは体重が減っただろう。腰のベルトは十二センチ短くしたし、体の虚脱感が酷い。

ひたすら眠り、温水シャワーを浴び、洗濯をした。夕暮れにはFさんとマーケット近くの食堂へ通った。カオルマというモツ煮スープやシュニツェルという名のハンバーグポテトスープがF

さんのお勧め料理だった。帰りに酒屋で量り売りの赤ワインを買い、宿でアゼリーのムガム唱法歌手ナザケットの歌を聴きながら、乾杯した。女主人のネリ婆さんがよろよろと部屋に入ってきて、ピアノを弾いてくれた。愛想はないが親切なひとのように思えた。

民宿スルグラゼ家の家族構成は、ネリ婆さんの息子バシャと嫁のダリ、二二歳の孫ノダリと十二歳のサンドロの五人であった。髪が白くなっている初老のバシャと息子ノダリは無職らしく、学生のサンドロは引きこもりがちだ。元気なのは女たちで、嫁のダリが民宿の世話をしている。夕食前の時間に、そのダリが突然宿代の集金にやってくる。どうやら市場に食料品の買いだしに行くための金が必要になったらしい。ソビエト時代、あるいはそれ以前からスルグラゼ家は豊かであったらしい。それが現在では、傍目にも厳しい生活をしいられているようだ。ネリ婆さんの亡夫は資産家の大学教授だったとFさんはいう。

この宿は、今や、中央アジアやコーカサスを横断するバックパッカーの交差する場所になっているようだ。トビリシを通る限り、安宿はここしかない。他の安宿は地域的に危険すぎる。先日も、長い顎髭をはやした元商社マンの中年男が滞在し、その男は南オセチアの町ツヒンヴァリへバスで行き、下車したとたんに逮捕され警察署に一泊して帰ってきたというハプニングがあった。いかにも無謀なバックパッカーのやりそうな旅だが、この男についてわたしに思い当たることがあった。

キルギスの疋田さん経営のさくらGHにこの髭男が滞在しているとき、路上である警官に五〇〇ソム（約四〇〇円）を脅し取られた。腹の虫のおさまらない男は日本大使館を通して正式に訴えた。しかしながらこの髭男は一介の旅行者なので、まもなく国を出てしまった。そこで裁判所は原告代理人を宿泊所のさくらGHに求めてきた。その時主人の疋田さんは留守で、対応した奥さんのトムクンがうっかり引き受けてしまった。わずかな金のことで、しかも原告の髭男は消えてしまい、ろくな事情も知らないままに面倒な裁判だけ引き受けるなんてなんとお前はおめでたいのだと、夫婦で諍《いさか》いをしているところにわたしは居合わせたものだ。

バックパッカーといえども様々で、プロになるためには若いときからのキャリアが必要だし、リュックサックを背負って安宿に泊まればなれるというものではない。かつて飢えと寒さを知らなければロマ（ジプシーの正式名）じゃないとジプシーに聞いたことがあるが、バックパッカーも同じ、本物になるのは簡単ではない。

トビリシの休日は快適に過ぎていった。民宿スルグラゼ家には新しい客がやって来ており、今やバックパッカーの交差点のようだ。

独り旅のゴンちゃんと呼ばれる日本列島人は東京・青山の凄腕美容師だが、世界の女を研究テーマにしているそうで、話を聞くと各国の娼婦を買っているらしい。それで異民族の女性が理解できるとは思えないが、本人は大真面目であった。

画家の生越裕之・知子夫妻もわたしのベッドの隣りにやってきた。物静かな二人だったが、目の前一メートルのところで優しい声で互いをいたわりあい、それもとても丁重な言葉を使うので、すっかり当てられ気味で、新婚ほやほやかと思ったが、実はそうでもないらしかった。一年後に初の子供を授かったそうだが、あるいは旅の効用であったのかもしれない。男同士の旅は得てして上手くいかないが、男女の旅は親密度を高めるとか。

二人は空路バクーに到着したのだが、遅い時間だったので都心へ行く定期バスがなく、送ってやると誘われ感謝して回送バスに乗せてもらったところ、下りる際に二人の乗務員に脅され五〇ドル請求されたという。夫妻はまもなく隣国アルメニアへ発った。

日本以外の外国人は他に定宿でもあるのかまったく姿を見せなかったが、ある日アルメニア人が一人やってきた。Fさんと同じ境遇の人で、やはり国境で捕まり、保釈金は払えたが本裁判を待つ身だった。明らかに気落ちしている風情で、終日ベッドに腰掛け、言葉少なにうなだれていた。

バクー駐在の日本大使館員も現地連絡員を伴って訪ねてきた。Fさんの件で話を聞きに来たのだが、壁に注意書きの紙を一枚貼り、ネリ婆さんにプラスティックの硯箱を土産にと置いていっただけだった。

しかし、会話の中に暴行されたイケダさんの事件もあったしという話が聞こえ、その名前に覚えがあるので確かめると、やはりカザフスタンのアルマトィで相部屋になった大学院生の池田くんのことだとわかった。とっくにヨーロッパへ抜けたものと思っていたが、パスポートを奪われたので、三週間近くもこの民宿に滞在していたのだ。その間にFさんとも髭男とも知り合いになっていた。Fさんも生越夫妻も疋田さんとは知り合っており、ユーラシア大陸をこの夏通り抜けようとしている数少ないだれもかれもが、このトビリシで交差していた。さらに驚いたことには、生越夫妻はビシュケクで翻訳家中川氏とも知り合っていた。

池田くんは大使館の帰国勧告にもめげず、「帰国のための一時渡航書」を発行してもらい、国境を越えて隣国トルコのイスタンブールへ向かった。そこで正式なパスポート、一年有効の「緊急旅券」が発行されるはずだ。イギリス留学の志を捨てなかったのは、多分にFさんと髭男の励ましがあったと聞く。幸い手元にクレジットカードが一枚残っていたので、当座の金には困らなかったと、のちにメールで知った。

陸の上にも島がある
日本列島人という島

ノアの方舟が着いたといわれるアララト山（主峰五一三七メートル）を眺めにアルメニアへ一週間ほどの旅をした。そして、再びトビリシへ戻った。

ライターのFさんと再会。この痩せこけた背の高い男は、もう懐かしい友人である。口の周りのキリスト髭が伸びすぎて、まるで戦国時代の素浪人という風体だ。つぎの旅立ちまでの数日間、わたしはいつもかれと一緒にいた。

さっそく昼食を共にした。市場近くの、かれが行きつけの安食堂。美味いと教わって、ラフラリ・スープを注文した。豚肉のハンバーグが入っている。夕食はモツ煮のカオルマ・スープとチーズパンのハチャプリ。帰りに酒屋で量り売りの真っ黒いワイン、コーヒーに添える菓子パンを買って帰る。夜は、ささやかながらの酒盛りだ。話がはずむ。相部屋には、例の裁判待ちのアルメニア人が一人いるきりである。

その男についてFさんが話してくれた。なにしろかれはロシア語が堪能だ。

男の年齢は六四歳、ソビエト時代には工場長だったという経歴だが崩壊後に職を失い、この度は景気の良いロシアに新しい職を探しに行ってみたのだが、外国籍のせいか年齢のせいか、結局就職できずに引き返してきた。南オセチアを通ってグルジアに入ったのだが入国スタンプを押してもらえず、アルメニア国境で逮捕された。Fさんと同じ密入国とスパイ容疑であった。来週裁判が行われる予定だ。

Fさんの方は、本裁判がいつになるか分からないとバクーの日本大使館から電話があったという。こういったケースはグルジア政府が意図的にやっていることで、ロシアへの嫌がらせか金集めが目的なのではないかとFさんは思う。

わたしたちはすっかり打ち解けていたので、お互いに個人的な話をするようになっていた。わたしは東京のM子のことや、十五年も会っていないモスクワの妻と娘のことを話した。

かれは、じぶんの嫁もロシア人で、サンクトペテルブルクで教師をやっているといった。連絡はメールで取り合っているらしいが、長く会っていないという。嫁とかれは呼ぶけれど、籍は入っていないらしく、最近のロシアの排他的傾向と共に長期ビザは取りにくく、しかも物価の急上昇が障害になって会うのが困難になっているようだ。ロシア国内を日本から旅行するには事前のスケジュール提出と高いホテルの宿泊予約がビザ取得の前提条件だし、そんなことは貧乏なバックパッカーには無理というものだ。ソビエト崩壊後の新生ロシアでは出入国が一時的に自由になっていたが、プーチン政権以降規制は再び強化されていた。わたしがロシア人の妻と知り合えたのも、そんな一瞬の時代の狭間だったからだ。

「でも、バルト三国からならホテルの予約なしでも入れるかもしれませんよ」、かれのいうことはわたしの持っている情報と一致した。例えばラトビアの首都リガから鉄道でモスクワに出られる。ビザは別個に大使館で発行してもらえる。少なくともヨーロッパ人はそうしている。だが、この時点でわたしは帰国のルートにロシア経由ということを考えていなかった。モスクワは、出来れば避けて通りたい。十五年ぶりに妻子に会って、いったいわたしに何が出来ようか。なんの話が出来ようか。リコン、ということになろうか。夫に無視された妻から見れば当然だろう。しかし、それは事前に話が決まってからだ。旅行中ではなく、日本にいて話し合うべきことだろう。その話し合いは長いこと持たれていない。交信すらない。

子持ちの国際離婚にはたくさんの書類とその翻訳、弁護士との相談、面倒なことが山ほどある。しかも相手がロシアとなれば、言葉と慣習の違いが大きな障壁になる。愛し合うのは簡単だが、別れるのはそう簡単ではない。もうじき死んでいく老人のじぶんに、なぜ過酷な心労を強いなければならないのか。国際離婚を一度経験しているわたしは、考えただけでも疲れ切ってしまう。帰国はたぶん飛行機か、南回りのはるかな陸路になるだろう。あるいはアメリカ経由ということも考えられる。しかし陸路にこだわるならば、元来た道をたどって中国に抜けるしかない。それとも黙ってモスクワを通り過ぎ、シベリア鉄道で北京へ出ようか。

老人に明日はない
今日一日やり過ごすことで
手いっぱいだ

Fさんの嫁はロシア国籍で、ロシアの高等教育を受けたが、実はトゥバ共和国の出身だった。

つまり、彼女はトゥバ民族人なのである。トゥバとは聞き慣れない言葉だが、わたしには知識があった。

二〇年以上前だが、シベリアの少数民族のことを調べていて、ある研究書を読んでいた。モンゴルの北西に住む少数民族でネネツ族やエベンキ族のようにトナカイを、あるいはアラブ人のように馬や駱駝を飼育している人たち。ホーメイという声帯を使わない奇妙な喉声で歌う人たち。ユーラシア大陸のど真ん中に位置しているので、外部からは近寄りがたく、現代の秘境といわれている云々。興味深い。

Fさんは嫁の手引きでトゥバに何度か通ったそうである。その度に大歓迎された。「風景はもちろん、住民は親切で、素朴でとても素晴らしいところでした。オノデラさんもぜひお寄りください。嫁の親戚を紹介しますから。その者たちが、どこへでも案内してくれます。泊まるところも食事も心配ありませんよ」まるで自分の家に招待するようにいってくれる。

「行き方はですねぇ、モスクワからシベリア鉄道でクラスノヤルスク下車、アバカン行きに乗り換え、アバカンからバスで八時間、簡単ですよ」

何が簡単なものか、でも行き方は分かりました、はい。

でも、ロシアを通るという予定もございませんよ、はい。

地下鉄で二駅先のハマムへFさんと行った。ハマムとは蒸し風呂のこと、サウナと水風呂つきの公衆浴場である。洗い場ではお湯たっぷりのシャワーが出る。建物の外形は博物館か寺院のようであり、初めてのものには入りにくい気がするが、内部は日本の銭湯とそんなに変わらない。

もう、何度目かの入浴である。

世界には風呂文化を持っている民族と持っていない民族がある。自然環境が風呂というアイディアを生み出すのだろうが、なんとなくその民族は清潔に感じられるし、文化的にも奥深いものがあるように思われるのは、独自の風呂文化を持つ日本列島人のせいだろうか。

風呂を沸かし入浴するには、それなりの作法と技術が必要だ。そのための伝統と歴史が必要だ。風呂の中には、複雑な時間が練り込まれている。ここのハマムには垢すり職人がいる。たいていはアゼリー人かクルド人だ。そんな職業分けすら、文化の至った経緯や階層社会、歴史を感じさせる。ハマムはたぶんイスラム圏のものだったのだろう。

フィンランド・サウナが懐かしい。北方系の本物のサウナに入ろうと思ったら、フィンランドのどこかで探すしかない。あちらでは飛び込むための湖水が必要だし、レンキと呼ばれるソーセージの炙り肉とビールが茶道の甘い菓子のように必需品だ。

ハマムのあと、その近くの居酒屋に寄った。立ち食い、立ち飲みの小さな店だが、ビールと炙ったソーセージのみを商っている。どうやら入浴後のコースになっているらしい。この店でビールを飲みソーセージを齧《かじ》らなければ、ハマムは完成しないらしい。

浴場の帰り道、旧市街カラの曲がりくねった坂道を歩いた。このあたりは古い建物が保存されていて、しゃれた衣装店やレストランが軒を連ねている。トビリシの青山か原宿といったおもむきである。

Fさんの案内で一駅先のインターネット・カフェまで歩いた。日本語の入力してある機械が使えるという。そこでかれはリベンジの原稿をあちこちへ送りつけていたらしい。わたしはテヘラン以来久しぶりにメールを調べたい。

何人かの友人たちからの便りに混じって、M子からヘボン式ローマ字のメールがあった。日本語文では伝わらないと思ったのだろう。とにかく忙しいと書いてある。いつでも忙しいひとだ。湘南の西洋レストランで定期的に歌をうたっている。スポットでヨットクラブや公会堂の出演がある。彼女はジャズシンガーである。だが、カントリーバンドにも加わっており、都心の赤坂や六本木でもうたっているらしい。その時はブーツにカウボーイハットだ。

歌うためにはボイストレーニングが必要だ。そのためのレッスンがある。新曲を増やすためめに、ジャズの先生にもついている。身振りの表現力をつけるために、ジャズダンスも習っている。リズム感を養成するためにドラムまで習っている。それぞれに、発表会とそのリハーサルがある。

モスクワの妻からも来ていた。めったに来ないモスクワからの便りには、いつもどきっとさせられる。どんな内容なのか開くまでは重苦しい気分だ。嬉しい便りであるはずがないからだ。

ロシア語の文書が添付されていた。


［以下はとても重要なことです。

この文書にサインしてロシア大使館へ持って行き、証明書を作り、ただちに送り返してください。

娘は泣いております。］

味も素っ気もない、挨拶もない、用件だけの英文メールである。ただ、わたしが親としての許可証を送らないばかりに、おそらく一五歳の娘の初めての外国旅行が出来なくなってしまうとしたら、そのために娘が泣いているとしたら、これは大問題だ。可哀想だ。なんとかしてやらなければならない。それに新生国ロシアに住む人たちにとって外国へ出るということは、現在でも特別なことかもしれない。

わたしはファイルされたロシア語のややこしい文書を何枚もコピーしてもらった。ひょっとして離婚書類かなとも思ったが、よく読んで見れば娘のイタリアとトルコへの渡航申請に間違いなかった。

わたしは、可能な限り早く書類を完成して送りますと返事を送った。

ロシア大使館はトビリシにもあった。しかし、ロシアとグルジアの関係の悪さが心配だった。鉄道はおろか空路も閉ざされていた。道路も遮断されている。郵便物が確実にロシアへ届くという保証もない。

ここは一番、次に行く国で作成するのがいいだろう。

旅を急いだ。再び、ザックを背負った。

黒海の向こう側のウクライナで娘の用件を片づけようとバトゥミ、そして海港ポティへ行った。しかし、フェリーが満席で切符を買うことができず、結局ジョーと同じコースでトルコへ向かうことになった。

Ⅳ　トルコ、中欧

伝説・娼婦の館――トルコ・ホパ

一九八〇年代の終わりから九〇年代初めにかけて、崩壊寸前のソビエト連邦は混乱を極めていた。その頃、時代の趨勢に敏感な北方の娼婦たちが、大挙して国境を越え、トルコ領内へ進軍してきたという。

グルジア国境から三〇キロのホパは、彼女たちが到達した最初の、そして初めての自由経済の町だった。当時、やわらかな白い肌と豊満な肉体の北の女たちは、南の男たちに珍重され、大歓迎を受けた。彼女たちは通称ナターシャと呼ばれた。女たちの軍団は幾波にもおよび、一種のゴールドラッシュ現象の様相を呈した。

動乱の一時期のあと、ナターシャたちの多くは財を成して故郷へ帰り、夫や子供たちに囲まれ、豊かで幸せな家庭を築いたそうだ。また、彼女たちのあるものはイスタンブールやヨーロッパの大都市へ抜けて定住し、不運な女たちのあるものはエイズやドラッグ、悪い男たちの犠牲になったという。

ちょうど八年前、わたしはシリアの東部国境を越え、イラク、イラン国境沿いにクルド族の町を訪ねながら黒海へ向けて北上していた。

その日は天候に恵まれ、カルスからホパへ抜ける道はじつに起伏と景観の変化に富んだ美しいものだった。澄み切った青空のもと、雪と赤松林を縫う曲がりくねった山道に沿って、ひなびた民家の集落が点在し、とある丸太小屋の壁を背に赤いセーターの女の子がぼんやり日なたぼっこしていたりする。南では真夏だったのに、トルコ北辺の山岳地帯では冬の終わりから春先、そしてバスが坂を下るにつれ、春まっ盛りの季節へと変化を見せた。緑はしだいに濃さを増し、針葉樹から落葉樹へ、ニレやポプラの新芽が芽吹いて、明るい色彩を匂わせた。

わたしの乗ったバスはホパ経由で、有名な保養地トラブゾン行きだった。乗り合わせた客の中に若い娘の三人組がおり、わたしと隣り合わせに座っていた。いずれもルージュの濃い、都会ふうの服装で、トルコの田舎町では見かけない色白の肌をしていた。ジーンズ姿の一人はほっそりしているのだが、ものすごく大きなバストを所有しており、トルコ種にも日本種にもないタイプだった。もう一人は十代らしい幼い顔立ちで、目張り、口紅、付け睫毛もばっちりだ。いったいどういう女の子たちなのだろうかと不思議に思われた。しゃべっている言葉を聞いていると、ロシア語だった。ハンドバックから取りだしたパスポートはロシアの赤い国際用のものだ。

彼女たちはカルスからバスに乗ってきた。カルスは、アルメニア国境から四五キロの北辺の町、特別興味深いものはない。ただ、トルコ軍が付近に駐屯していて、休日には町じゅうが兵隊たちであふれるところだ。とりわけ、徴兵された新兵の若者が多い。そんな中に彼女たちのボーイフレンドがいたのかもしれない。それにしても素朴な田舎の風土に似合わない彼女たちの存在は奇異に思えた。

国道九五〇号に出て右折、雪解け水の流れる川沿いに北上、やがて気温が上がり始め、わたしは上着を脱いだ。さわやかな夏が戻ってきたのだ。黒海は川の出口にあった。急に視野が開け、空が大きかった。海は午後の光をいっぱいに浴び、暖かく、そして寡黙だった。ちいさなホパの町は、そんな寡黙さの畔に、裂け口を閉じた短いファスナーのように貼りついていた。

安宿のホテルＤは、すぐに見つかった。海岸通りに面した、細くて背の高いビルの中程にある。暗い階段を上がると、さらに暗い部屋があり、それがレセプション・ルームだ。昼間だというのに窓は半ばカーテンで閉じられ、いくつかのランプが黄色い光の影をなげていた。ルームには、黒い革張りのソファが所狭しと置かれている。そして、ソファのあちこちに女たちが退屈しきった風情でしどけなく、あるいはだれきった姿態で座っていた。これは何だ、サロンかクラブではないのか、と一瞬とまどった。

入ってきたわたしを女たちは意外なものでも見るように怪訝そうな顔つきで見た。金髪もいる。いずれも三十代から四十歳前後くらいだ。疲れ切った表情、厚い化粧にもかかわらず、目のまわりに隈が目立つ。

黒髪の女が立ち上がり、何かというふうに目を見開いた。

「部屋はありますか」と英語で訊くと、「ダー」とロシア語の返事が返ってきた。料金を聞けば、これもロシア数字でいい、それから片言の英語で答えなおした。ロシア人かと思ったが、ロシア語はそんなにうまくない。国籍不明だ。ただ、外国人にはロシア語で答える習慣があるのだろうと思われた。あの動乱の時代、トルコの娼婦たちは、髪を金髪に染め、片言のロシア語をあやつって、ロシア娘のふりをしたという言い伝えが思いだされた。

最上階の一番良い部屋に通された。目の前に黒海が一望だ。陽がわずかに傾いてきて、水面は黄金色に染まっていた。それは一日の時間帯で最も静謐で、空間が爛れた光芒を放つ瞬間だ。爛熟とか、世紀末という言葉がふと浮かんだ。

階下の女たちは一人ひとり顔見せにやってきた。部屋の掃除のため、シーツの取り替え、ただ用事を聞きにきたものもいる。彼女たちはホテルの従業員であった。しかしながら、どの女もわたしの目をじいっと見つめていった。それはけっして誘うようではなく、心配そうに、訝るような、気にかけている表情だった。英語をいくらか話す女は案内してくれた一人だけで、他の女たちはただ黙って、心配そうに見るだけだった。たぶんバックパッカーのわたしの懐具合、あるいは白髪の目立つわたしの年齢を気にかけていてくれたのかもしれない。この男、歳はいくつなんだろう。女を抱けるのだろうか。そんな気があるのだろうかなどと危惧しているふうの目つきだ。

旅先で疲れ果て、孤独なわたしは、彼女たちから伝わってくる、そこはかとない好意とか女の持つ優しさや思いやりのようなものを感じ、ただ慰められた。それはたぶん、経てきた人生の疲労ともいうべき、互いへの同情めいたものに根ざしたもののようだった。

グルジア国境を越えたバスは、最初の町ホパを一瞬のうちに通り過ぎた。八年前に泊まったホテルの建物が表通りの一角にちらっと見えた。あれは奇妙な宿だった。たぶん、娼婦の館だったのかもしれないと今思う。顔見せにきた年増の女たち、あるいはわたしを値踏みにきた女たちは、まだあの宿にいるだろうか。ずいぶん年とっただろうなと思う。あの頃すでに豊かな時代から取り残され、年月の残酷さを肌の皮膚に刻んでいた。

本当の自由とは
お金からの距離さ
貧乏であればあるほど
億万長者と同じくらい
自由なのさ

夢見ることとは、命がけだ。そして、ひとの世は窓外の景色のように一瞬にして過ぎる。ホパは、もう二度と戻らない過去の風景だ。
バスは荒々しいスピードで、ぎらぎら反射する黒海の日没を横目で睨みながら、トラブゾンまでの二時間を走った。

ロシア領事館通い――イスタンブール

黒海と地中海をつなぐボスポラス海峡の大橋をバスが渡るとき、わたしは秘かに興奮していた。この瞬間から、わたしはヨーロッパにいる。日本列島から陸路でヨーロッパへ行くという目的は、とにもかくにも果たされたのだ。あとは国際都市イスタンブールでモスクワからの用事を済ませ、一路北上し、わたしの人生の大部分を過ごした懐かしいフィンランドへ達するまでだ。そこには初孫の光くんが待っている。

太陽はさんさんと輝き、空はどこまでも深く、海は空を映して明るい青だ。風は心地よい暖かさで、程よく乾いている。地中海の気候に出会ったのである。

長距離バスはオトガルと呼ばれる終着バスターミナルで停車した。そこから地下鉄で旧市街へでた。ドミトリー付きの安宿はたくさんあった。そのどれに宿泊しようか、しばらく考えた。結局、一軒の日本人御用達とされている宿を選んだ。市電トラムの駅やバザールからも近い。それよりも何よりもわたしには情報が必要だった。ロシア領事館の所在地も知らなかったからだ。

宿は日本列島の若者でいっぱいだった。建物の一階は物置で、二階に女部屋、三階が男部屋、四階にソファーを並べたサロンとキッチン、事務机だけのオフィスに分かれていた。

あちこちの壁に紙が貼られ、宿泊規則が細かく記されていた。文字が好きな宿である。列島人と中国人は文字が好きな国民である。文章はやたらに長く、重複している。シャワーの規則、トイレの作法、ベッドとキッチンの使い方、蔵書の使用法、ご丁寧に本を返還しないのは犯罪であると記されている、宿代について、出入りの時間と睡眠時間の作法、消灯の注意まで書かれている。規則を覚えるのも容易ではない。こんなふうにルールずくめの宿は、日本人宿の特徴であろう。そうでもしないと、大混乱になるのだろう。

日本列島人は、畳の部屋ならいざ知らず、作法やルールを自らの内部に持っていないのである。洋風家屋の使い方や他人との共同生活のやり方が欧米人と比べて身についていない。個人主義やプライバシーのあり方が分かっていない。欧米中心の国際人と呼ばれるにはもっとも遠い民族である。もっともそんな人びとは世界にいくらでもいるにはいるのだが。それはともかく、そこでそこらじゅうに貼り紙ということになるのだろう。

空きベッドがないということで、最初女部屋に入れられた。二段ベッドが所狭しと並ぶ。わたし以外八人ほどの日本娘が泊まっていた。みんな二十歳代前半の若さだ。ベッドのフェンスや渡したロープや、窓の桟や、至る所に下着やタオルを干している。日本娘の第一の趣味は洗濯である。ブラとパンティが目の前で揺れている。むっとする湿気だ。旅行中の日本娘に遠慮はない。だれしもがじぶんのテリトリーを一〇センチでも広げるのに熱心のようだ。着替えている娘が、わたしに気づいてぎっと睨む。わたし自身も下着を替えるのに、シーツの下に隠れる有様だ。

この部屋に二日ほどいて、ようやく三階の男部屋に移してもらった。そこでは、広げたリュックサックの中身が床に散乱していた。気をつけないと、ひとの持ち物を踏んづけてしまいそうだ。こちらもほとんどが二十代のバックパッカーである。だれも話しかけてこない。場違いな老人に警戒しているのかもしれない。わたしの方も知らぬ顔だ。

ただ一人、中年の白人がいてパンツ姿で歩きまわっていた。筋肉に締まりがない。ホモでもあるかと思えたが、そんな気配は見せなかった。気さくに声をかけてきた。スウェーデン人だという。この変わり種とは、顔を合わせるたびに挨拶を交わした。

グモロン（お早う）とスウェーデン語でいってみれば、ドーブラェ・ウートラとロシア語で返事された。いったいわたしを何国人だと思っていたのだろうか。

四階のサロンは、いつも混んでいた。膝や尻に穴を開けたジーンズの若者たち、マニキュアを盛り上げたり、ボディペインティングをしあう女たち、自前のラーメンをする者、コミックスを何時間も読んでいる者、通ってきた国々の話を交換するバックパッカーたち、トルコの観光地について、教えあう者たち。

話の中に、あご鬚を臍までのばした例のおじさんが凄い金髪美人と手をつないで通りを歩いているのを見かけたという者があり、へえあのおじさん、けっこうもてるんだあと相づちを打つ者がいた。どうやら、有名人らしい。鬚男といえば、例の、ビシュケクやグルジアで物議を醸したあの元商社マンにちがいない。たった四〇〇〇円の被害で、大使館にまで訴え出たサムライである。まだ、イスタンブールあたりでご活躍の様子だ。

イスタンブールは、ヨーロッパから南下してきた人たちとヨルダン、シリアの中東から北上してきた人たちの出会う場所であった。そのまま旅を続ける者と、この町から日本へ飛行機で帰る者がいた。日本語が飛び交い、列島人同士の気安さからかみんな興奮してしゃべっていた。

情報ノートが何冊かあった。たいして役立つ情報はなかったが、一つ見逃せない記述を読んだ。匿名の日本娘だが、観光地カッパドキアの安宿で、宿の主人にレイプされたというのである。カッパドキアは茸の形の岩石と古代の地下都市で有名な地方である。トルコに来た観光客なら、かならず訪れるところだ。いわば観光で飯を食っている土地である。

そのレイプの経緯がこと細かに記されていた。ちょっとした表情の甘さ、拒否するときの曖昧さが男をのさばらせてしまった。押さえつけられ、身動きできなかった。泊めてくれる宿の者という安心感が油断を生んだ。彼女は、後から来る日本娘のために、宿の名前を記し、警戒を呼びかけた。勇気のある記述である。

あるいは、彼女はじぶんで抱え込んでいる内心の苦悩を、だれかに聞いてもらいたかったのかもしれない。とても、耐えられなかったのかもしれない。

しかしわたしは、なぜ彼女が地元警察に訴え出なかったのか、不思議に思う。その男は初犯ではないかもしれないではないか。観光地で、そんなことが許されるはずがない。少なくともわたしの知っている北欧女性たちならば、黙って引き下がることはなかっただろう。西洋の個人主義という言葉はダテではない。個人の自立心が日本娘に欠けていたのではないか。だれも助けてはくれない、やるべきことはじぶんでやらなければならない。それは、バックパッカーをやる者の基本である。列島娘の気の弱さや羞恥心を、男は見抜いていたにちがいなく、ことを成就したあげくに、あれは合意だったといえばいいとでも。

若い女性の独り旅には、この種の性的な危険がつきものだ。

すべての花は美しい。しかしその美しさは、見る者の好みやその美醜よりも、咲き誇った瞬間の若さにあろうか。黒いチャドルに押し込められた女たちの国を旅してきた老人は、コミックスに読みふける日本列島のあやうい花々を斜めに見ながら、疎外感の孤独に浸るのである。これも旅のうち、孤独は女たちの手練手管から自由と解放をもたらすもの、悪い感覚ではない。ほっといてくれて結構。お待ちしてますよ、皆さんが老いてくるのを。それは、あっという間ですよ。老人は、ひっそりと内心でほくそ笑む。

月曜日。

まだ宿泊客が眠っている早朝の七時過ぎに宿を出た。ロシア領事館は、海の向こうの新市街にある。イスタンブールに滞在する唯一の理由は、娘の渡航書類を手に入れることだ。他に用事は何もない。それを早急に片づけて、旅を続けたいと思う。

トラムで四つ先の終点駅で降りた。金閣湾にかかるガラタ橋のたもとである。橋を渡れば、新市街だ。

細い急坂の道を、ゆっくり登っていった。両側に観光客用の小綺麗な店が電線にとまった燕のように肩を並べているが、朝のこの時間はどこも開いていない。

坂の途中のガラタ塔前にあったベンチで一休みする。ガラタ塔は石造りの物見の塔だ。内部にベリーダンスを見せるクラブがある。

息が上がって、心臓の動悸が激しい。これぽっちの坂が一気に登れないとは、われながら情けない。わたしの父も祖父も、心臓が原因で亡くなった。わたしも確実に心筋梗塞への道をたどっているのだろう。旅の終わりまで、はたして保つのだろうか。そう思いながら、煙草を一本取り出して、深々と吸う。人類が見つけた人生の数少ない楽しみ、喫煙の文化遺産をやめようという気はない。現代社会では、喫煙の習慣を維持していくのに、かなりの意志と努力がいるくらいだ。飛行機もレストランも喫煙禁止である。禁煙に耐えられなければ、喫煙も不可能だ。どの道、わたしは死ぬ。早いか遅いかは別として、苦しむか苦しまないかは別として。趣味の一つくらい残させてよ、である。

坂を登り切ったところでもう一度休み、息を整えてロシア領事館へ向かう。道路は広がって石畳となり、中央を観光用の赤い小型トラムがゆっくり走っている。新市街といっても、古い石造りの重厚な建物が多く、その並びに領事館があった。八時半だった。

しかし、黒い鉄柵のゲートは閉ざされており、開館を待つ人影もなかった。建物の脇に守衛用の仮小屋があり、警官が一人眠そうな顔で座っていた。訊いてみると、今日は休みなので明日来なさいといった。プレート板に〈火～金８：30～11：00オープン〉と刻まれていた。月曜日は定休日だったのだ。無駄足だった。

火曜日。

同じ時間に同じコースを、同じように休憩しながらたどって、ロシア領事館に着いた。しかし、またしても休館だった。そうとは知らずに待っているひとが二、三人いた。

正面ゲートの脇の建物に小さな木戸があり、そこが事務室への通路になっているらしかったが、そのドアに貼り紙をみつけた。キリル文字をなんとか判読すると、火曜日まで臨時休暇とある。守衛の警官のいうことをうのみにして失敗だった。昨日とは違う警官だったが、同じように明日来なさいとわたしに告げた。そして、開館時間は九時だと、掲示とは違うことを教えてくれた。

帰り道は、昨日と同じように町を見物しながら歩いて帰った。ガラタ橋では大勢の釣り人が欄干から身を乗り出して竿を振っていた。日は高く、すがすがしい陽気だ。路面電車や坂道や古い建物やモスクの丸い屋根やショーウインドの絨毯や、それらを眺めながらイスタンブールの町を歩くのは楽しい。M子といっしょだったら、もっと楽しいだろうなとふと思った。

観光客の群れているカフェに座ってちいさいグラスの紅茶でも飲みたいものだと思ったが、わたしの疲れた足を休ませてくれたのはトプカピ宮殿内苑の森林公園だった。本館と異なり、そこは無料だ。大樹の陰にベンチが並び、カップルが一組ずつ占領していた。その一つにしばらく座ってみた。独りでは、なんとなく落着かない。水道の冷たい飲み水があった。


午後、宿のひとに場所を訊いてインターネット・カフェに行った。モスクワからの便りがあった。妻は夏の休暇に入り、しばらく交信できないと書いてきた。パソコンは自宅になく、勤め先の機械を使っているとある。

「書類はまだですか、郵送されるのを待っています、これはとても重要なことです」と念を押している。こちらも懸命に頑張っているのだ、状況を記して、一応返電した。

M子からのメールも来ていた。「いつフィンランドに着くのか知らせてください、ヘルシンキにあなたを迎えに行きます」。

わたしを飛行機に乗せて、日本へ連れ帰るつもりらしい。

七月十日が孫の誕生日なので、それまでに必ずヘルシンキへ到着しますと返事した。それが、今回の旅の目的の一つでもあるからだ。しかし、なぜいつまでもイスタンブールに留まっているのか、その理由は書かなかった。帰国の方法はまだ決めていないとも書いた。わたしとしては、陸路にこだわりたいとも思い始めていた。しかし南回りのコースをバスと船で旅行するのはあまりにも時間がかかる。ビザの取得も面倒だ。それにパキスタン、インド、バングラデシュ、インドネシア、東南アジアなどはかつてザックを背負って歩いた国々だ。新鮮味に欠ける。

Fさんの便りには、「サンクトペテルブルクの嫁に連絡を取って、トゥバの親類の電話番号を訊いているところです」とあった。分かりしだいメールしますとも。かれにも、ロシア経由の帰国ルートは未定ですと送った。

モスクワは、鬼門です。プーチンの新生ロシアは、わたしにとって鬼門なんです。

水曜日。

起き抜けから体調が悪い。頭がはっきりしない。過労と栄養不足か、睡眠剤の副作用か、あるいは日射病かもしれない。

新市街の急坂を登るために何度も休まなければならなかった。息切れが酷い。ひざに力が入らない。こんな状態なのになぜ領事館に通わねばならないのか、十五年間会っていない妻子のためか、その罪ほろぼしというわけか。しだいに、腹が立ってくる。ぶつけようもない、じぶんの過ごしてきた愚かな人生への怒りがこみあげてくる。

ゲートの前には、大勢のひとが開門を待っていた。ほとんどがロシア人とトルコ人である。やれやれである。わたしは人びとの後ろについて一時間ほど待った。しかし、領事部の木戸が開く様子はなかった。

だれかが鉄柵に内部のひとを呼び出し、事情を聞いた。待っていた人たちが散り始めた。どういうことか分からない。傍らにいた白いロングコートのロシア女性が、わたしに英語で教えてくれた。

「今日は休みだそうです、木曜と金曜に事務を受け付けると言っていますよ。理由は分かりません。こんなものですよ、ロシアの官庁は」教養のありそうなこの中年女性は、肩をすくめてみせた。


木曜日。

今日こそはという思いで、早めに行った。事務所の木戸の前には、すでに大勢の人が集まっていた。白いコートの女性もいた。彼女はわたしに目顔で挨拶し、「一〇時に開くそうよ」といった。一時間以上も待たされた。

木戸が開いて、一人ひとり順番に招じ入れられた。いつまで経っても列は進まず、わたしの番はやってこなかった。

わたしは例のロシア女性に話しかけ、「じぶんはビザを取りに来たのではなく、娘の書類に承認のスタンプをもらいに来たのです」と告げた。彼女は、じぶんも実はそうなのだといった。それから、ついて来なさいとわたしにいい、木戸の隙間から内部の者にロシア語で何か叫んだ。すると木戸は細目に開けられ、彼女とわたしは室内に招じ入れられた。そこは狭いオフィスで、ビザ申請を受け付けている場所のようだった。

わたしたちは内庭へ通じるドアから、館内の別な建物に案内された。そこにもオフィスがあり、妙齢の女性がデスクを前に座っていた。ウェーブのかかった長い髪とシルクのブラウスの、大層美人の館員である。

美人は、わたしの差しだした書類をしばらく見つめていたが、「この種の書類はミスター・カンティミロフが担当なので、その人のオフィスへ行ってくださいね」と柔らかい髪を指先で梳きながら、低い声でささやいた。

わたしと白いコートの女性は、ミスター・カンティミロフを捜して、別な小部屋へ行った。そこにも美人の秘書がいて、「ミスターは本日来館しないので、明日の朝一〇時にいらしてください」といわれた。いかんともしがたい。歯がゆいかぎりである。承認のスタンプを押せる者は、ミスター・カンティミロフ一人だけなのか。勤務時間だというのに、その男はどこへ消えているのだろうか。

「ソビエト時代は、まだイスタンブールじゃ終わっていないのよ、また明日ね」白いロングコートは、わたしに手を振って去っていった。

金曜日。

一〇時前には領事館に着いた。人だかりの中に白いロングコートはいた。色白の、背の高い奥さん、四〇歳くらいだろうか。挨拶を交わし、二人で館内の別館へ入った。そこで、待たされた。他にも待っているロシア人が五、六人いた。

「ミスター・カンティミロフは、領事と会談中です」とのことだった。昼頃になって電話が入り、「午後二時にミスターが領事館に出勤されます」と秘書が伝えにきた。客をほったらかしにして、領事と昼食会でも始めたのだろうか。そう思うと、腹が立ってきた。しかし、我慢するほかない。今日を逃すと、書類審査は来週まわし、次の火曜日か、ひょっとすると木、金の二日間限りということになるかもしれない。それは、わたしの旅をますます遅らせることになる。

ぶらぶらと、新市街の中心部タクスィム広場まで歩いた。ブランド店のウインドウが並んでいる。この辺の通りは、市が観光客を呼びこみたい一番の盛り場なのだろう。小金があって、だれかといっしょだったら、楽しい散歩道にちがいない。

わたしは疲れ切っていたし、空腹だった。しかし、わたしの入れるような安食堂はなく、屋台のトウモロコシを一本買って昼食にした。休むところを探して裏路地に入ると、そこには傾きかけた二階建ての木造アパートがあり、貧しげなおばさんが洗濯物を干していた。また違う路地に入ると、そこにも朽ちかけた民家が建ち、中庭に数十匹の野良猫がそれぞれ勝手な姿態で寝そべっていた。猫たちは、入ってきた見慣れないわたしに耳を立て、いっせいに顔を向けた。

約束の二時に領事館へ戻った。さらに三〇分待たされた。

カンティミロフが外からやってきた。「お待たせしました」という。にこやかで、愛想がいい。外交官は実がなくとも、愛想がいい。まだ三十代の若い書記官である。額に汗を浮かべている。かれなりに忙しかったのだろう。

ロングコートが先に書類を差しだした。書記官は素早く読み、ここところ、指の先で文章の不備を示している。アドレスか電話番号か、旅券ナンバーか、抜け落ちている箇所がある様子だ。彼女の表情が変わった。指摘された所を埋め、タイプし、コピーをつくって出直さなければならない。今日中に間に合うのだろうか。白いコートをひるがえして、すぐに彼女はでていった。

わたしの番だった。

モスクワの妻から送られてきた娘の海外渡航申請書、そのＡ４のコピーを恐る恐る差しだした。カンティミロフは注意深く読んでいた。

「パーフェクトです」、かれは満足そうにうなずいた。

妻はロシア・インテリゲンチャの一員だ。難関のモスクワ大学を卒業していた。妻の家族は全員モスクワ大学出身である。さすがだなと思われた。書類の書式、文面の一字一句の間違いもない。

「あなたを証明するパスポートとそのコピーをどうぞ」

赤い日本国旅券をデスクに置いた。コピーは、こんな時のために日本で作成したものだ。書類に記載された番号を照らし合わせている。父親であることは、確認された。

「それでは、書類にサインをしましょう」とわたしはいった。空欄のアンダーラインの箇所に、父親のサインが要るのだ。

書記官は、わたしの顔を見て、丁重にいった。

「娘さんと母親のパスポートを照合したいので、お見せください。コピーでいいのですよ」

わたしは用意していなかった。考えもしなかった。しまったと思った。途方に暮れた。

ミスター・カンティミロフはにこやかに微笑み、「何も問題はありませんよ、五時までお待ちしておりますからね」と優しくいい、ドアの方へわたしをいざなった。

インターネット・カフェへ急いだ。駄目だろうと思ったが、やはり駄目だった。夏期休暇に入った妻は勤務先に来ていない、そこで前回のわたしのメールも見ていない。妻の休みは七月末まで続く。万事、窮すだ。イスタンブールでの、この一週間の苦しみはいったいなんだったのだろう。これ以上わたしの旅を留めるわけにはいかない。

書類が足りない旨を、とりあえずモスクワへ書き送った。

「わたしはじぶんの旅を続けます、このメールを見てパスポートのコピーが送られてきたら、そしてもしあなたたちの旅に間に合うようなら、どこかの国でもう一度トライしてみましょう」

役に立たない夫、無責任な父親と彼女は思うだろう。家族に送金もしないで、遊びに金を浪費している身勝手な男と再確認するにちがいない。貧乏なバックパッカーの旅なぞ、理解されるわけもない。

その通りなんだ　実は
おんなの言うことは　すべて正しい
だからって　どうすればいいんだ

私の旅も、祈りかもしれない ——ブルガリア・ソフィア

イスタンブール鉄道駅は百年以上前の、美しい建物だ。ステンド・グラスの薄暗い待合室にいると、バックパッカーの日本青年が入ってきた。日に焼けた顔にうっすら髭をはやしている。同

じ宿のドミトリーにいた男である。

かれは世界一周の航空券を持っているという。そして、都市から都市へ陸路で旅行し、また次の国へ飛行機で飛ぶ。ローマに出て、そこからインドへ行くつもりだ。

かれの旅行スタイルは、小田実氏が先覚者で、『何でも見てやろう』という旅行記に詳しい。半世紀も前のことである。もぐりで働きながら外国滞在を続けるというやり方は、ミッキー・安川氏の『ふうらい坊留学記』が教えた。他に、『兼高かおる世界の旅』という、夢を誘うようなTV番組があった。わたしの世代の若者にこれらは多大な影響を与えたものだ。当時、外国へ行くということは大冒険で、語学が出来る者などほとんどいなくて、不安や恐れなしには出かけられなかった。月給が二万円なのに、一ドルを香港で両替すると、四〇〇円の時代だった。ちなみに、五木寛之氏の小説『さらばモスクワ愚連隊』や沢木耕太郎氏の『深夜特急』、あるいは藤原新也氏『印度放浪』より以前のことで、金子光晴氏の『マレー蘭印紀行』よりはかなりあとのことだ。

一方、外国の翻訳物では、J・ケルアックの『路上』、A・ギンズバーグの詩集『吠える』、W・バロウズの『裸のランチ』などがわたしたち若者の聖典だった。その先には、十九世紀の天才詩人アルチュール・ランボーやボードレールがいた。

バックパッカーは、貧困と差別の社会、戦争と難民の時代を背景にして生まれたのである。あの海や山の向こうに、夢と希望をかなえてくれる楽園があるかもしれないと願う若者たちが、その夢をリュックサックに詰めて歩きだしたのである。わたしたちの頃まではビート族と呼ばれ、その後ヒッピーといわれた。ビートは個人の旅を好んだが、ヒッピーは集団を成した。わたしの旅のスタイルは、あきらかにビート的だ。

列車は夜中の三時に国境を越えた。トルコ側はプラットフォームで、ブルガリアは車内で出入国管理をやった。ブルガリアの係官は、コンパートメントのドアを開けるなり、日本人かといい、そのまま去っていった。列車は動きだした。そこでわたしも、同室の青年も入国スタンプをもらっていない。グルジアのFさんが逮捕された事件を思いだしたが、その心配はなさそうだった。ここはもう、ヨーロッパなのだ。ブルガリアはNATOに加盟し、EUのメンバーになったばかりだ。しかし、ユーロ使用はまだ許可されていない。

ソフィア中央駅には、昼前に着いた。そこで青年と別れた。かれは、新しく開発された日本人御用達の宿へ向かった。そこなら最低の安宿よりもさらに安く、千円ほどでドミトリーに泊まれるという。

青年の誘いに気は動いたが、諦めた。目的地フィンランドまで、急がなければならない。イスタンブールでの無駄な一週間がこたえた。焦っていた。それに、これから行く国々は物価が高い。今までのようなわけにはいかないだろう。帰国の旅費を考えれば、これまで以上に倹約しなければならない。

しかし、倹約と言っても、交通費はどうにもならない。食費は、切り詰めても限度がある。すでに餓死しないぎりぎりの線上で旅をしてきているのだ。最後にまともな食事をしたのは、トビリシのFさんとの安食堂での会食である。レストランなぞ、とんでもない。

倹約するとしたら、宿泊費しかない。では、どうするか。それには、泊まらないことだ。泊まらないといっても、野宿できるわけではない。バクーでの経験でも、危険すぎた。

そうだ、やむをえないとき以外は夜汽車を利用しよう。あるいは、夜行バスがいい。車内で泊まれば、宿泊費はタダだ。この方法は、高校時代に国内旅行でよく使った。あの頃も金がなくて、楽器やカメラを質に入れての旅だった。バックパックとかヒッチハイクという言葉も知らなかった。半世紀前の旅行経験が、今ごろ役立つ。でも、老人には辛い旅になるだろう。その覚悟は、よろしいか。良いも悪いも選択の余地はない、もちろんいいとも。


駅構内で五〇米ドルをブルガリア通貨レヴァに両替した。そのうちの四〇ドル分は、次の国ルーマニアのブカレスト行き夜行列車寝台券の料金である。リュックサックを荷物一時預かり所に、二レヴァ（約百五十円）で預けた。残りが今日一日分、夕食までの食費である。列車の発車時間まで、八時間の猶予がある。ソフィアの町を見てまわるには充分な時間である。わずかな金を使い切るにはもっと短い時間でいい。

乗車券は手にした。退路の確保がわたしの旅の基本である。次に、食料品の買いあさりだ。小さな市場の屋台でパンとライス、小魚と野菜の酢漬けを買った。パンは夕食用である。手元には、もう一レフも残っていない。

公園のベンチで食事をした。朝食兼昼食である。わたしの旅では一日二食が普通である。慣れたせいか、それで空腹感はない。公園の水道蛇口から飲料水をボトルに充たした。

次に、無料のトイレを探した。老人には、トイレが欠かせない。見当をつけてツム百貨店に入った。きれいなデパートである。有名ブランドの衣装や化粧品が売り場に並んでいる。商品には用事がない。立派なトイレがあった。客のためだから、無料だ。町中や駅構内の有料トイレよりも清潔で、立派である。もう憂慮する心配事は何もない。時間いっぱいソフィアを観光しよう。ネフスキー寺院、聖ネデリャ教会、聖ニコライ教会、聖ソフィア教会、入場無料の見どころはとりあえず入ってみる。信仰心があるわけではない。教会内部の静けさが好きだ。ロウソクの揺れる暗さが目の疲れを休めてくれる。それに、祈祷用のベンチで休むことができる。空気はひんやりと冷たく、風がない。

イコン画がたくさんある。板に卵と顔料を溶いたテンペラ画材で聖人を描いている。これらの絵には、画家の署名がない。信者の信仰が絵になるのである。描くことが、祈りだ。わたしの旅も、何かへの祈りかもしれないとふと思う。

旅が困難であればあるほど、この身が浄められるような気分になることがある。じぶんの生きてきた足跡があまりにろくでもないので、肉体的な辛さを罪ほろぼしのように感じるのかもしれない。身勝手な自由と解放の感覚、それも悪くない。しかし神をもたないわたしの場合、祈りの旅の先に見えてくるのは死しかない。そしてだれとも分からない無記名の墓標の男の死も、けっして悪いものじゃない。

意味のないものには
意味がある

イコン画には決まりがあって、新しい題材を、画家の想像力でデザインすることはできない。

昔から伝わる絵を、その通りに再現するばかりである。古画を修復するのは、信仰そのものだ。同じ画材でうりふたつに描くことには、大いに意味があるらしい。イコンの画家は、けっしてサインしない。かれは創造者ではなく、創造者に仕える者だからである。真に信仰を持つ者は、他宗教の者と口をきいてもいけないともいわれる。宗教とは、難しいものだ。

東方正教会はそれぞれの国や民族で独立している。カソリック世界を統一するローマ教皇のような存在はない。グルジア正教会、アルメニア正教会、ロシア正教会、ギリシャ正教会、ブルガリア正教会、ルーマニア正教会などそれぞれが総主教の下に生きのびてきた。共産党独裁の政権下でも、命脈は断たれなかった。信仰とは、驚くほどしぶとく、強固なものである。

表通りは明るい日差しに照らされて、さわやかである。ソフィアは高原都市であった。行き交う人びとは半袖シャツにジーパン、若い女性は肩を露出し、ミニスカートである。しかし、わたしの目には、春になったばかりの季節が感じられた。貧困と圧政からようやく抜けだしたばかりの、春。公園の樹木は緑あざやかだが、その下のベンチに疲れ果てたふうの老人たちがずらりと並んで座っていた。禿ちょろけの杖や素足にボロ靴、くたくたの古着、新しい時代がようやくやって来たというのに、もうそれを楽しむ人生の時間がない人たち。わたしと、同じ世代の老人たち。友よ。

思いがけない一夜――ボスニア&ヘルツェゴビナ・サラエボ

ルーマニア、セルビアを経て、アドリア海沿岸のモンテネグロから夜行バスに乗った。ボスニア&ヘルツェゴビナの首都サラエボには早朝六時半という時間に着いた。しかし、そこは鉄道駅から十三キロも離れた郊外だった。

下車してすぐにターミナルの公衆トイレに行ったが、有料だった。両替所は一〇分も歩いた先の銀行にしかないと管理人のおばさんにいわれた。

「隣国から着いたばかりで現地通貨を持っていません」と事情を説明したが、おばさんは容赦のない顔で「ここは有料です」と断られた。

理解のない管理人にも、長距離の国際バスが到着するターミナルに対しても、腹が立った。彼女の視線の届く広場の草むらで、長々としてやった。

両替しないわけにはいかないので、やむをえず銀行まで歩いた。銀行は大きな複合ビルの中にあった。九時オープンと表示がある。入り口の床にザックを置いて待っていると、勤め人らしいひとがATMの機械なら建物の外にあるぞと教えてくれた。わたしのような途方にくれたツーリストは、たくさんいるのだろう。通貨マルカを、やっと手にした。

市内バスで鉄道駅に向かった。クロアチア行き夜行列車の切符を押さえておこうと思った。バスはスナイパー通りという物騒な名前の道を、ミリャツカ川沿いに走り、やがて川の南のターミナルに着いた。駅は北にあり、かなりの距離だ。

初めての町で土地不案内、現在地すらよく分からない。でも、いつもながら時間だけはたっぷりあった。急ぐことはなにもない。

川の南は丘の傾斜地で、屋根の色は統一されたオレンジ色だが、かなり乱雑な住宅群が勝手な向きに建っていた。北側がダウンタウンで、どうやら観光者向けの旧市街のようだ。

橋を渡って、バシチャルシア地区に入る。赤レンガの平屋で、長屋ふうの土産物屋が続いている。浅草の仲見世という案配である。古い建物を修復して、観光名所にしたのだろう。歩いているひとの衣装は、足首までのロングスカートに髪を覆ったムスリム人や、ホットパンツにへそ出しタンクトップの娘まで、この国の複雑な民族構成を示していた。

リュックサックを背負い、長い距離を歩いたので、鉄道駅に着いたときには汗だくでくたくたに疲れていた。サラエボの中心部を一応見たことだし、次の列車で早々と出発しようかと思い始めていた。

駅の入り口で、一人の女に話しかけられた。この辺では珍しい金髪で藍色の目の、痩せた女だ。日に焼けた肌が粗い。

「今、着いたの?」

「いや、これから汽車でクロアチアへ行くつもりです」

「サラエボの観光はしたの、もう一泊しなさいよ?」

「もう充分見ました。旅を急いでいるんです」

「とても安い宿を紹介するわ、食事つきよ」

女は早口の英語で話し、あたしホステル協会の案内人なのといい、身分証明書のカードを見せた。

ガイドブックに、駅前にはしつこい客引きが出没するから気をつけるようにと書いてあったのを思いだした。しかし、わたしは客引きから逃げたことはない。かれらも生活のための仕事をしているのである。案内書にない情報を持っていることが多い。インドや中国、インドネシアでも、ずいぶん助けられたことがある。聞く耳さえ持っていれば、会話を楽しむこともできる。

「名前はイワナっていうの、歳は三十三歳、身長一六八センチ、あなたはいくつ?」

さば読んで、六十歳と答えた。ふうーんといってわたしの顔をしげしげと眺め、「ノープロブレムよ」といった。

「ホステルの料金はいくらですか?」

「二〇マルカ(約千五百円)よ、いくらなら泊まれるの?」

ドミトリーの値段としたらそんなものかなと思ったが、もっと一番安いところはと訊いてみた。

「そうね、一〇マルカで泊めてあげるわ」

それはべらぼうに安い。ほんとなら、一泊してもいい、なにしろイスタンブール以来、五晩も車中で過ごしているのだ。下着も同じものを着つづけていた。

「シャワーは、あるの?」

「もちろん、お湯たっぷりのね」

旅を急いでいるなら、明日の朝早く発つバスにしなさいよというイワナの言葉に従って、鉄道駅脇にあるバスターミナルの窓口で始発五時五五分の乗車券を買った。

それから、また鉄道駅に戻り、建物二階のレストランに連れていかれた。彼女は身分証明書をウェイターに示し、料理を一人前取り寄せた。皿に盛ったスパゲティ、サラダ、パンである。それを半分食べたところで、わたしの方へ皿を押しやった。

「さあ、召し上がれ、食事つきと言ったでしょ」

けげんな顔のわたしに、「ホステル協会との契約でランチは無料なのよ、ただしあたしの分だけ」

なるほど、そういうことか、一〇マルカの宿泊費では納得するほかないかなと思った。

彼女はトラムの電車賃もだしてくれた。これが、一・六〇マルカ。それでは彼女の取り分がなくなるではないか、宿代を値切ったことが悔やまれた。

「ね、あなた、ブロンドの髪って、お好き?」

わたしは返答に窮した。離婚したフィンランド人の妻は、弱々しい白い髪だった。目はグレーに近い青だ。金髪といってもいろんな段階や種類がある。ボスニア人イワナの汗ばんだ髪の毛は真っ黄色で、太い。しかし、それが本物であることは、薄い色のまつ毛に塗りつけた黒のマスカラで分かる。

色白の
金髪の
青い目の
それがなんだ

わたしが黙っているのに、彼女はうむと独りで肯き、「ありがとう、あたしきれいでしょ」それからまた、ありがとうと礼をいった。

連れていかれたのは、旧市街に近いイワナの自宅であった。ダイニングキッチンといっしょの居間に大きなWベッド、奥に小部屋と浴室、2DKというところか。民宿を兼ねているのだろう。

「ほら、前に泊めた日本人娘からの礼状よ」と絵はがきを見せてくれた。テーブルに何枚かの家族写真が飾られており、その中ににっこり笑った若い女の一枚があった。肉づきの良い、むしろ太った女だ。

「それ、昔のあたしよ。デブって、最悪だと思わない。あたしダイエットしたのよ。こちらの写真は、両親と姉だわ。みんなドイツで暮らしています。あたし独りサラエボ暮らし、夫も子供もいないわ」

戦禍の続いた旧ユーゴスラビアで、安全な外国へ移住したひとは数しれない。イワナが残った理由は、だってボスニア人ですものということらしい。彼女の人生に何があったのか、それ以上は詮索するつもりはない。

「さあ、リラックスして、あなたは今晩このベッドで寝るのよ」、彼女は居間のWベッドを指差した。

次のひと言に、わたしは呆気にとられた。

「ウイズ・ミー」

それからイワナは、シャツとズボンを脱ぎ始めた。パンティを脱ぎブラをはずし、そして部屋の真ん中に素っ裸で立った。

「どう、すこしも太っていないでしょ。きれい？　そう、ありがとう」また、ひとりで肯いている。確かに痩せてはいる。痩せすぎだ。皮膚に張りがないし、乳房は垂れ下がっている。その先端に熟れた野いちご大の乳首。

彼女はわたしをベッドに押し倒して、カーゴパンツのジッパーをおろしだした。興奮しているのか、息が荒い。汗臭いし、じぶんの方はもっと汗臭いだろうと思った。しかし、イワナはもう夢中で、まったく気にしていない。

半ば裸にされたわたしに全体重を載せ、恥骨を力いっぱい押しつけ、身をよじりはじめた。しかし、疲れ切った老人は反応しない。なんとも申し訳ないなと思っていると、彼女はうっと小さく喉で叫び、急に静かになった。

わたしが若い娘で、イワナが男だったら、これは完璧なレイプの場面だなと思えた。それにしてもこの女の抱えている性欲の重さを気の毒に感じた。彼女はじぶんを夫や家族から制約されない自由な女だといったが、女の〈人間性〉から逃れられたわけではないのだった。辛く、孤独な人生を送っているのかもしれない。

イワナは我に返って、ありがとうとまたいった。柔らかみを増した瞳に、ほんとに感謝の気持ちが滲んでいた。

「シャワーを浴びたい」とわたしはいった。

彼女は浴室についてきて、わたしの全身を石けんでくまなく洗ってくれた。年齢を理解しているともいってくれた。こんなふうに洗ってくれた女が、かつていたかなあと思った。汚れたシャツやパンツの臭いを嗅いで、わぁ汗臭いと今ごろになっていい、たらいで洗濯までしてくれた。

市場に夕食の材料を買いにでた。わたしが青いチェックの半袖シャツに着替えると、イワナもピンクの格子柄のシャツを着てきた。アーム・イン・アーム、彼女は幸せそうだったし、三十三歳にしては老けて見える彼女とわたしでは、似合いのカップルにも見えたかもしれない。

次々に肉や野菜を買っているイワナを見て、わたしはATMの機械に走った。食事つきといったでしょうと彼女はいうが、安い宿代の上にそんなに使わせるわけにはいかない。一日分の予算オーバーだが、旅に不意の出費はつきものだ。それに、男がすたる。

「もう何日か泊まっていけないの?」

イワナに訊かれたとき、わたしはぼんやり脳内をよぎる過去の風景に思いを馳せていた。ここにいたいと一瞬思った。旅の途上で行方不明になってしまいたい、音信不通で消えてしまいたい。もうすぐ老人の人生は終わるのだ。この世の面倒はすべて投げ捨てて、このままイワナの手引きでボスニアの墓地に埋没してしまいたい。

でも、いまのわたしは身軽ではない。ヘルシンキで待っている孫があり、モスクワの娘の件もある。M子の顔が目に浮かぶ。

かつて、わたしがまだ若い頃、北欧ラップランドへ旅に出た。身軽だった。音信不通の四年後に帰国したときには、妻と子供を連れていた。あの頃とは時代が違うし、長生きしすぎた。背負っているものはリュックサックばかりではない。それに、繰り返しという人生はない。

「明朝出発します」、と答えた。

イワナは、「いいのよ、分かっているわよ」といった。諦めの表情があった。今までに何人のバックパッカーが彼女の上を通り越していったのだろうか、わたしはそれらの一人にすぎないのだろう。彼女の物わかりの良さが哀しく思われた。

夜、イワナはわたしの腕の中ですぐに眠った。わたしの肉体よりも、もっともっと彼女の深いところが疲れているにちがいないと思った。その安らかな寝顔を見ながら、見ず知らずの異邦人のわたしになんの危険も考えずに抱かれて眠る女とは、いったいなんなのだろうかと不思議に感じた。男と女とは、そもそもどんな関係なのか。

抱いてくれるだけでいいのよ、そういった。同じ言葉を、何人もの女たちから聞いた覚えがある。ふつう、男にはありえないことだ。

死に際の老人は、老いた妻の乳房に手を伸ばすことが多いという。妻は、人前でも黙って触らせるという。男と女の〈人間性〉とは、いったいなんなのだろうか。

おれは聖人じゃない
ただの　おとこだ
年老いた日本種の　オスだ

ヨーロッパがそこにあった——オーストリア・ウィーン

通過国クロアチアのザグレブで一泊、美しい小国スロベニアを急ぎ足で通り抜け、ついに中世ハプスブルク家の芸術と学問の中心地オーストリアの首都ウィーンへやってきた。憧れの町であった。

♪ウィーン、わが夢の町（Wien, du Stadt Meiner Träume）。

メラニー・ホリディの歌声が聞こえてくる。正月にヨーロッパじゅうのテレビが奏でるシュトラウス一家のワルツが聞こえてくる。ウィーン交響楽団のモーツァルトのリズムが石畳の道をきざんでいる。

わたしの心ははずんでいた。

ウィーンに着いたときは夜八時過ぎ、すでに暗かったが何も不安は感じなかった。泊まるのはユースホステルしかないと思っていたので、地下鉄に乗って最初の一軒へ向かった。そこは寺院の一部を利用したものだったが、閉鎖されていた。また地下鉄に乗って、本部の中央ユースホステルへ行った。ベッド一つが、この時のレートで朝食つき二七〇〇円ほどだったが、予定通り二泊を申しこんだ。シャワーを浴びたのは、午前零時をまわっていた。

本場のウインナソーセージ、チーズ、クロワッサンと香しい本物のコーヒー、翌朝の朝食はバイキング方式なので取り放題、喉もとまで詰めこんだ。それから、張り切って町へでた。今日一日かぎりの、楽しみだ。

ウィーンは石の町であった。重量感あふれる岩石を切り出して積み上げた建造物、年輪を経て灰色にくすんだ建物の列、下手なペンキ塗装をしない重厚な町。重いのである。重くて、深くて、濃厚なのである。どれだけの人力と財力が、この巨大な岩石の下に埋葬されていることやら、想像もつかないくらいである。
白亜のモーツァルト像の前でしばらくたたずんだ。三十五歳で夭折した二百年前の作曲家のお陰で、今回の長旅もどれだけ助けられたことか。夜汽車で、バスで、安宿の眠れない夜中に、国立オペラ座や楽友協会ホール、シュテファン大聖堂の荘重な建物から鳴り響いてくる「魔笛」を、「クラリネット協奏曲」を、「レクイエム」を幾たび聴いたことだろう。寂しいときには、モーツァルトが引きだしてくれたじぶんの涙で、どんなに癒やされたかしれない。

乾ききった老人でも
ときに　泣くときがある
おんなのせいではなく
音楽を聴くときに
想いだして
おんなのことを
還らない日々の
どうしようもない　悔しさ

夕暮れ時になると、夏のウィーンは大気が止まる。日が沈んでも烟るような明るさがいつまでも続き、空気は耳もとで生暖かく、黒テンの毛皮のようにやわらかい。そんな時刻になると、裏道に並んだちいさな店のショウウインドウが輝きだす。飾り窓の中の商品は一級品ばかりだ。そのレイアウトのセンスも素晴らしい。洗練された、美しい町である。ヨーロッパがそこにあった。

ヨーロッパがそこにあった。

一九六七年七月十四日(金)、フランス革命記念日の当日、わたしと先輩の画家小野州一氏は郵船カンボジア号でマルセーユ港に着いた。横浜から一ヶ月半の船旅だった。

吹奏楽団の演奏と爆竹が鳴り渡った。岸壁では十七歳のウルシバタが日の丸の大旗を振って、何か叫んでいた。途中のセイロン島で下船し、陸路で先まわりして出迎えてくれたのだ。

当時三九歳だった小野州一氏は最年長で、かれのあとに船で知り合った十人ほどの男女が不安げに付きしたがっていた。シバタ、テヅカ、ウキタ、ウエノ、コミヤマ、ヒロタ、アサリ、イケダ、ヤマダ、みんな若く、初めての海外旅行だった。外国がまだ映画館でしか見られない時代だった。

北茨城出身の大学生柴田朋彦は市長の次に外国へ出たといった。横浜港では、かれの大学の応援部が制服姿で整列して檄を飛ばしていた。旅は壮挙であり、冒険だったのである。

夜になると、天空に打ち上げられた花火がマルセーユの町をおどろおどろしい光彩に染めた。歩道に張りだしたカフェにはカラフルで華やかなドレスの女や筋肉自慢の男たちがいた。若者の男女を乗せたモペットがストリートを埋めた。何もかもが珍しく、豊かで、輝いて見えた。ピザとオレンジを初めて食べた。

その夜泊まった宿の部屋は、洗面所は共同なのに、ビデだけは各部屋に備わっていた。なぜか、エスプリとか自由という言葉が連想された。

画家はキャラバン隊引率の隊長格だったが、その隊長もフランス語はからきし駄目で、それでもなんとか翌日のパリ行き列車に乗りこませてくれた。パリでキャラバン隊は解散し、柴田くんは語学研修のためにロンドンへ向かった。一人ひとりそれぞれの目的地や知人を頼って去っていった。残された二人は途方に暮れた。

紹介された書記官を大使館に訪ねた画家は、日本人に気をつけるように忠告された。日本人が日本人に詐欺、泥棒、女ならば売春をしているというのである。貧しい日本が見えた。そして、頑丈な石造りのパリは冷ややかで、豊かに見えた。そんな時代だった。

サントノレー通りのブランド店には、東京では見られなかったファッションが飾り窓の中で輝いていた。オレンジと黄色のストライプのシャツ、四角いボタンつきの紫色のスラックス。パリは夢に見たヨーロッパであり、それを裏切らない光景だった。

小野州一画伯は、わたしが大腸癌の手術を受けた同じ年の四月一日に胃癌で亡くなった。帰国してからも付きあいのあった柴田朋彦さんも、その六年後の四月一日にやはり癌で亡くなった。二人の友人の死は、未だにエイプリル・フールのように思われ、信じられないでいる。しかし現実には、わたしー人が生き残り、あの旅の続きを続けている。

友よ　きみはどこへ行っちまったのだろ
生きていてさえくれれば
酒酌みかわして

お茶でもすすって
あっちが痛い　こっちが痛いと
互いの病気の話でもしながら
いっしょに年とっていきたかったのに
いっしょに同じ音楽を聴いて
同じ旋律にむせびながら　だって
同じ青春を送ったんじゃないか

友よ　きみはどこへ行っちまったのだろ
ぼく一人を残して　あまりの淋しさに
そこで　ぼくは旅立ったのさ
あの世じゃなく　この世のどこかへ
だれもついてくる者のいない
この世の　どこかへ

翌朝、地下鉄を乗り継ぎ、ウィーン南駅へ行った。そこからスロヴァキアの首都ブラチスラヴァまで列車で一時間の距離である。

南駅でトイレを借りた。トイレは小用と大用とに分かれており、大用は有料だが、小用は支払う必要がなかった。頻尿の老人にはありがたい気配りだ。これこそがヨーロッパの合理主義であると思われた。しかし、このちょっとした気配りは、今回の旅でもウィーンにしかなかった。ウィーンは文化水準の高い都市であった。

列車は例によって、発車の合図もなく、定刻ぴったりにするすると音もなく走りだした。

あの頃、女性たちは優雅で美しく見えた――ポーランド・ワルシャワ

ブラチスラヴァを発った夜汽車は一二時間北上を続け、朝九時にポーランドの首都ワルシャワに到着した。この町には、ソビエト政権崩壊直前の一九九〇年ころ訪れたことがあった。やはり鉄道で着いたのだが、当時の駅舎の面影はなく、構内も駅前にも見覚えはなかった。

案内所で次の国リトアニアへの列車便を訊ねると、夜十一時発が一本あるきりだといわれた。一四時間の長い待ち時間だが、それでもトイレ付きの列車の方がバスよりも年寄りにはありがたい。窓口へ行って乗車券を買った。ついでに乗り場のプラットホームの番号を尋ねた。窓口の男は何か答えたが、いっている意味がよく理解できなかった。すると、切符を売った男は事務室から出てきて、わたしの後に行列が出来ているにもかかわらず、駅舎の外へ案内してくれた。そこはバスの発着所だった。

たぶんシャトルバスが、飛行場みたいに乗客を列車の出発場所まで運んでくれるのかもしれないと思った。実はこの日、鉄道が運行していないと知ったのは、乗ったバスがどこにも寄らずリトアニアへ直行するのを知ってからだった。鉄道駅は振替えバスの切符を売ってくれたのだ。

駅構内のコインロッカーにザックを入れ、五ズオチ（約一六〇円）のコインを差し込んだ。ロ

ックされずに、硬貨も戻らなかった。もう一つのロッカーを試してみたが、こちらは鍵が抜けない。それを見ていた女性が近寄ってきて、「ここはポーランドなのよ」と意味ありげに忠告してくれた。

結局、荷物一時預けにザックを持っていった。係員に苦情をいってみたが、首を振るだけで取り合ってもらえなかった。この国は、独立してからずいぶん経つのに、何かおかしいなと思えた。


駅前は現代建築の巨大なショッピングモールが視界をふさいでいた。初めて見る建物だった。少し歩くと、ビルの合間にようやく記憶にある塔が見えた。スターリンの建てた文化宮のとがった先端である。

その権威主義の刻み込まれた岩石の塊の前を、あの時歩いていた。葉のない並木の枝が重く垂れた初冬の日で、雪混じりの荒れた路面が凍りついていた。通行人はまばらだったが、灰色の外套に身を包み、だれもが異邦人のわたしを振り返ることもなく、肩を落として通り過ぎていった。氷雨の降る冷たく、街灯もない暗い街だった。

その時、どこのホテルに泊まったのか覚えていない。しかし、一歩ホテルを出ると、革ジャン姿の男たちに囲まれ、両替を迫られた記憶がある。かれらは、米ドルが欲しかったのである。

今、街は見違えるように奇麗になった。そして、わたしの知らない街になった。

サスキ公園は市中心部にある美しい森の公園だが、入り口の案内板にトイレや水飲み場の表示がない。それでも大樹の陰にベンチが並べられ、老人たちが憩っていた。そのベンチの一つに腰掛け、時間をつぶした。疲れ果てていたので、思わず頭を垂れ、うとうととしてしまったらしい。肩を叩かれて振り仰ぐと、大男の制服警官が二人立っていた。「眠ってはいけない、立ち上がって公園から出て行きなさい」と命令された。

横になっていたわけではない。頭を垂れて、目をつぶっていただけである。公園は散歩するところであっても、休むところではないという建前なのだろうか。横柄な警官にもワルシャワという町に対しても、腹が立った。

「わたしは浮浪者ではなく、ツーリストです」と抗弁すると、さすがに追い払われることはなかった。

わたしの故郷東京でも、同じ論理がまかり通っていたなと思いだされた。あそこではベンチがとても短くされ、手すりさえつけてホームレスが横になれないように意地悪している。どこのだれが好きこのんでホームレスになるものか。それは政治や社会の責任ではないか。行政の手抜かりではないか。隣人の、あなたのせいではないのか。

バックパッカーは旅の路上で、事実上ホームレスなのである。わたしはホームレスの側に立ち、ホームレスの目で都市や住民、その光景を見ていたのである。

ふと思いついて、旧市街の中心部にある市場広場を見にいった。一九九〇年にワルシャワを訪れたとき、この四角い小さな広場だけには、あっと驚かされた思い出があった。破壊しつくされた第二次大戦前の建物が、四面とも完全に復元されていたからである。壁面は黒ずんでいて、時の経過を見せていた。開いているカフェやレストランがいくつかあり、青白い横顔の美少女がしとやかに座り、コーヒーカップを手にしているのが外から眺められた。雨あがりの静かな広場、どこかの窓からショパンが聞こえた。あの頃、ポーランドの女性たちは、とても優雅で、美しく見えた。

しかし今、わたしの目に映った広場は、おなじ場所とは思えなかった。ここへ来たことがあるとは、信じられなかった。広場の建物はピンク、青、黄色、白などのペンキで塗装され、まるで新しく建築されたかのようなのだ。日傘つきの飲食店が広場に張り出し、古都の風景にはそぐわない喧騒、どうしようもない夏の観光客であふれかえっていた。

記憶を確認できないまま、わたしは市場広場を去った。ワルシャワを去った。あの頃、まだ人びとが貧しくて、生きることに必死だった頃が懐かしいなどというつもりはないが。でも、希望の手前にいる人びとは美しかった。混乱の中で人びとは耐えることを知り、謙虚で、つつましい。モスクワの妻と出会ったのも、そんな時代のロシアだった。

バルト海の宝石——ラトビア・リガ

リガは美しい町だ。

バルト海の宝石という言葉がよく似合う。わたしは琥珀のようだという表現を使う。ルビーやエメラルドの硬質な輝きではない、柔らかく、少し不透明な温もりを感じさせる町だ。

ドミトリー付きの安宿はいくつかあったが、旧市街からやや離れたユースホステルに行った。

昨年泊まったところで、気に入っていた。紅茶とコーヒーの無料サービスがある。パソコンが使える。

この宿で、昨年韓国籍のバックパッカーに会った。かれは東京で働いていたといい、帰国の時に新宿から深夜バスで大阪に行き、大阪港から船で釜山へ帰ったと教えてくれた。そのコースが帰国するための一番安い方法だったとも。わたしの今回の旅の出発時は、この時の青年からの情報によるものである。

その時、わたしは朝鮮半島の情勢についてかれと話し、ノース・コリアの意味で北朝鮮という言葉を使った。すると青年は憤然として、「北朝鮮という名の国はありません。あそこは北韓国というのです」といった。かれもまた、ナショナリストの一人であったのかもしれない。

バスターミナルの際の細い川を越すと、工場ふうの大きな建物が何棟も並んでいる。ナチスが建てた飛行船の格納庫だ。それらの内部は現在すべて市場になっており、パンや生鮮食品、果物や花、衣類、工具や家具など、あらゆるものを安い値段で売っている。

その一棟に、立ち食いの食堂があった。前にも利用した店で、ハンバーグ付きマッシュポテトとボルシチスープで二〇〇円ほどですむ。ここでしっかり食べておけば、夕食は市場で買ったパンとソーセージでサンドイッチを作り、宿の無料コーヒーに砂糖とミルクをたっぷり入れて胃袋に流しこめばいい。

ホットドッグ用のソーセージときたら、一キロ一米ドルほどの値段だ。そんな利便さが、わたしのようなバックパッカーにとっての古都リガの魅力であった。

歴史を保存した旧市街を散歩するのはあとにまわして、旅行代理店を何軒か訪ねた。ほとんどがビルの二階か三階の狭い一室を事務所にしていた。ロシアへのツーリストビザは、一二五米ドルの料金で、営業日九日間を要するという返事だった。四日間なら二五〇ドル、急ぎの三日間待ちなら四〇〇ドルという。すべて代行してくれるので、じぶんで大使館へ行く必要はないとのことだった。

宿に戻ると、相部屋に日本青年がいた。八重沢くんという。かれもまた、ユーラシア大陸を回遊するバックパッカーであった。

八重沢くんの場合、イスタンブールが旅の基点で、これからシベリア鉄道で中国へ行き、そこから中央アジア、コーカサスを通ってイスタンブールに戻るというコースだ。

かれからの新しい情報で、三〇ドルで手続きをやってくれる代理店をみつけたという。その店の名前を教えてもらったが、ほんとに確かなものかどうか疑わしい。

ともあれ、日本からは不可能なロシア自由旅行が、ヨーロッパ側からなら可能であることが確認できた。入国してからじぶんの好きなホテルを選べるのだ。ということは、ホテルさえあるところならば、どこへでも旅行できるということだ。この情報は、帰路を決めていないじぶんの旅にとって、とても重要なきっかけになった。

宿泊客が寝静まった夜中に、ようやくパソコンの前に座れた。機械が一台しかないので、いつもだれかが使っていたからだ。イスタンブール以来だ。

モスクワからメールが入っていた。妻と娘のパスポートのコピーが添付してあった。外国旅行のために、書類を急いで送ってほしいと再び書いてある。なぜか、脇の下に冷たい汗が流れてくる。わたしは義務を果たしていない。じぶんの身勝手な旅のために、妻子の最低の願いすら叶えてあげていない。強迫観念にさいなまれる。強迫観念は、テヘランで最初のメールを読んでいらい、旅の間じゅう続いていたような気がする。

M子からの便りもあった。「ユーラシア大陸陸路横断をおめでとう」とある。何もおめでたくなんかないと思う。こんなケチくさい旅に、どんな意味があろうかと思う。彼女は二週間の休暇を取ったので、「ヘルシンキへあなたを迎えに行きます」と書いている。空港に到着する日時と便名を知らせてきている。

M子はジャズ歌手として生計を立てられているわけではない。収入のほとんどはある出版社の編集員として得ている。その仕事は長くやっているので、それなりの地位につき、業界でも知られているらしい。彼女の表の顔である。しかし、それはとても忙しい。まして日本の会社のことだから、二週間の休暇を許されるというのは、めったにない幸運であるそうだ。

彼女は、わたしがかつて徘徊した北極圏ラップランドへ、わたしの案内でトレッキングしたがっていた。案内人としては、わたしは日本でも有数の一人だとじぶんでも思っている。

バックパッカーとしての基礎を、わたしはラップランドの原野で学び、独力で築いてきた。そこではじぶんを、じぶん独りで、まかなわなければならない。カタツムリのように家を担いで歩かなければならない。テント、寝袋、雨具と暖房着、全行程の食糧、炊事道具、石油バーナーとランプ、ナイフと斧、釣り具、原野への出発時はザックの重さが五〇キロを越した。それに物凄い蚊やブヨ、真冬の闇と厳寒。本物の不気味なオーロラが見たいって、止した方がいいよ。あの凍りついた孤立と静寂の夜更け、わたしの耳にはじぶん自身の心臓の音がドラムのように聞こえてきたものだ。

今回の旅でM子の希望をかなえるのは、無理な話だ。観光客用のコースがないわけではないが、それにしても装備がまるでない。わたしが今やっているのは、都市社会のバックパッキングである。現代のバックパッカーは人間社会を歩くのである。

ある研究者の言によれば、ジプシーは狩猟民族であるそうだ。ただし、人間社会のハンターであり、標的は人間、森や山で獣を追いかける狩猟者ではない。バックパッカーも、そんなものであろうか。

それにしても旅を急がなければならない。リガの宿では、メールから書類をプリントできなかった。プリンターが使えないのだ。ロシア大使館で、どれだけの日数がかかるのかも分からない。孫の誕生日が近い。M子がやってくる。フィンランドまで最短時間で駆け抜けよう。ヘルシンキでモスクワの書類を完成して、送り届けよう。

琥珀の町——エストニア・タリン

エストニアの首都タリンの旧市街もまた、美しい琥珀《こはく》の町である。リガよりはこぢんまりとして、もっと完璧に修復された古都である。高台の城郭を中心に市街地は分厚い煉瓦壁に囲まれ、いくつかの城門から石畳の道が内部に通じている。

リガから五時間、バスターミナルは新市街にあった。下車してすぐに、故郷へ帰ったような安堵感があった。勝手を知った町のせいでもあるが、何よりも行き交う人びとの話す言葉が、わたしの浅いフィンランド語の知識でもおおよそ理解できるのである。エストニア語はフィン語系グループなので、語法や単語の基礎がフィンランド語と同じである。鹿児島弁と青森弁の差よりも、もっと近い。現地の言葉が分かるということは、旅先で決定的な意味を持つものだ。もっとも売店のおばさんや市場の物売りは、わたしが外国人とみると、ロシア語で話しかけてきた。庶民の間で英語はまだ一般的ではない。

旧市街の中にもいくつか安宿があったが、わたしはバスターミナルから一番近いドミトリーに荷物を置いた。そしてすぐ、市電で港へ向かった。ヘルシンキ行きの船便を調べるためだ。バイキング・ラインのロセラ号という大型フェリーの甲板クラスを予約した。ヘルシンキまで三時間半かかるが、それが一番安かった。それから鉄道駅近くの市場へ行き、日持ちの良いサラミソーセージと、エストニア特産の黒パン、ロシア製の安いチョコレートを大量に買った。ユーロの国フィンランドは物価がとても高く、それを考えての買い物だった。チョコレートは土産用だ。

宿への帰り道は、旧市街の真ん中を抜けて歩いた。古い壁の建物、石畳の細い街路、織物や食器を飾ったショウウインドウ、黄色いランプのレストラン、手ぶらの観光客がそぞろ歩いている。この夏南欧で摂氏四〇度を超えたという熱波はここまで届かず、肌寒い大気が心地よかった。わたしはふと、M子をここへ連れてこようと思った。タリンとリガ、この美しい二つの古都はM子に似合うだろう。きっと、喜んでくれるにちがいない。観光はそれからでいいと思った。

夕方、バスターミナルへ行き、売店でテレフォンカードを買ってヘルシンキの息子に電話した。

どんなに喜んでくれるかなと思いきや、「あれ、ずいぶん早く着きましたね」と息子はいった。そしてつけ加えた、「明日は家族でピクニックに行く予定なので、夕方五時過ぎにアパートへ来てくれませんか」

ま、なんてこった。ユーラシアを横断して、ここまで来るのに三ヶ月かかった。ようやく、明日到着というのに。いいだろう、時間つぶしには慣れている。向こうは日常の市民生活をやっている。わたしはシングルハンドのバックパッカーで、港もなければ、家もない。

V

フィンランド

もうだれにも必要とされていないと知れ
きみ　定年を迎えたきみ
稼ぎのなくなったきみ
夜ごとの勤めに耐えられなくなったきみ
(なれ合いと哀れみで)
辛うじて　置いてもらっているきみ
七〇歳を過ぎたきみ
三〇歳を過ぎたきみ
一五歳以上の　きみたち
役立たずのきみたちは
すべて　老人なのだ

タリンからヘルシンキへ向かう帰航船には、酔っぱらいがたくさん乗っている。Tシャツからはみ出した太い腕とぶよぶよの腹でそれと分かるフィンランド人たちだ。連中はウオッカとビールを腹いっぱいタリンで飲んできたあと、さらにロセラ号のデッキで仕上げをしている。下船するときには、だれしもが両手に免税の酒瓶とビール缶と外国煙草をケースごと提げている。

風習としてサウナ入浴には欠かせないアルコール類だが、この国の付加税の高額さといったらお話にならない。フィンランドばかりではない、北欧全体がそうなのだ。政府は酒と煙草をたしなむことを、まるで悪事に荷担するかのように一般国民を洗脳している。健康と清潔の楽園フィンランド、酒と煙草は悪の枢軸だ。

とはいっても、伝来の文化遺産を守ろうとする市民はけっしてなくならない。フィンランド人は七難に耐えてきた歴史を誇る、我慢強い国民である。

息子、孫との再会——ヘルシンキ

ついに、旅の目的地フィンランドに到着した。

下船して埠頭に立ったわたしは、風呂から上がったばかりのようにぼうっとしていた。眠気と疲労感と、緊張感から解放されたすがすがしさ。天気は良く、北国の夏の太陽が目にまぶしい。

この国が、今回のターニングポイントだ。旅はいつか終わりがくる。帰るところのない旅は、旅ではない。これからの目標は、好むと好まざるとにかかわらず、日本列島の、東京ということになる。

その前にしなくてはならないことがたくさんある。越えなければならない国と面倒が、いくつもある。

その前に、五時間余の時間つぶしがある。

その前に、一分ごとのザックの重さがある。

その前に、到着をみずから祝って、タリンの市場で買った安煙草の一服がある。


当然のことながら、だれも迎えには来ていなかった。

身なりの貧しい老人が一人、船から下りてきたというだけである。出発時の「壮挙」という思いは、とうに消え失せている。がっかりである。人びとは忙しげに散っていく。わたしを振り返ってくれる者は、だれもいない。気づいてさえくれない。行き交う人はじぶんの生活、じぶんの手足しか見ていない。当然である。それでも太陽はさんさんと降り注ぎ、ヘルシンキの風は肌に心地よく涼しい。

観光船と漁船が繋がれている港の広場を通る。ここは市場になっていて、魚や果物、土産品売りの屋台が並んでいる。建物の隙間から、ランドマークの大聖堂の白い先端が見える。客を満載した市電が忙しく行き交う。

エスプラナードの広い大通りを抜けて鉄道駅に向かう。この辺には歴史が売り物のカフェやレストラン、ブランドショップのイッタラ、アーリッカ、マリメッコなどが軒を連ねている。

道路の中央は遊歩公園になっている。その一隅に十九世紀初頭から開業しているというカフェ・カッペリがある。そのカフェの前に野外ステージが組まれ、音楽バンドがけたたましい音響をあげている。ロックかジャズかブルースか、最近の傾向はクロスオーバーがはなはだしくて、ジャンルが分からない。少なくとも静かなアンビエントではない。

バンドの端っこに赤シャツを着たスキンヘッドのベースマンがいた。大きな男だ。体を揺すりながら、かなり激しく弦を弾いている。そいつがリュック姿のわたしの方を見ている。目つきが鋭い。その眼が追ってくる。ネオナチふうのスキンヘッドに眼づけされてはかなわない。いそいそと、先を急いだ。

ヘルシンキ中央駅、高名な建築家サーリネン親子の父の方が設計した幾何学的な重厚そのものの石の建造物、百年ほど古いこの駅舎には思い出がいっぱいあった。初めてこの駅に降り立ったのは一九六七年のことである。それから幾たび、時折々の悲しみや喜びをザックに詰めて、硬い大理石の床を歩いたかしれない。重くて暗い駅舎を見るとき、わたしには懐かしさよりも、憾《うら》みの感じが込みあげてくる。

地下一階のロッカーに荷物を預けてから、正面玄関内の待合ベンチに腰掛け、壁や天井の古さを眺めながら思い出にふけった。駅に続く地下道で初冬の寒い夜を明かし、その時大男の酔漢に金をゆすられ、殴り合いの喧嘩をしたことがあったなと思う。出来もしない空手のポーズを取り、ブルース・リーの真似をしてきえーっと奇声を発すると、大男は急におとなしくなり逃げていった。あの頃、じぶんは若くて元気だった。

ベンチのわたしにすり寄ってくる男がいた。薄汚れた服の、髪に白いものの混じる初老の男だ。ホームレスのように見えるが、この国の冬の寒さに耐えられるホームレスはいないはずだ。「煙草をくれないか」とその男はいう。タリンの市場で買った、免税品よりも安い煙草を二本あげた。

男は礼をいい、「仕事がないんでね」と言い訳した。わたしと同じ社会的身分の者にちがいないと思い、同情と友情を感じた。しばらく話をした。食事は、自治体や宗教団体、ＮＧＯなどで給付してくれるものを食べているといった。仲間で職についているものなんかいやしないとも。豊かな社会保障国フィンランドの失業率は、とてつもなく高いようだ。

構内の大理石を靴音高くかっ歩してくる一群の女たちがいた。レースのブラウスに、床までの落下傘スタイルの黒スカート。中世貴族ふうの衣装をまとった女たちは、言わずと知れたフィンランド・ジプシーたちである。みんな若くて、美人である。その中の一人が外国人のわたしに気づいて、真っ正面から見つめてきた。物怖じしない、挑発的な眼である。底にぎらっと、色気が滲んでいる。

小娘たちめ、男をからかうのが大好きな性悪娘。

わたしとちょっと話すれば、彼女たちは礼儀正しくて、おとなしい普通の娘に返るだろう。でもわたしは知らぬ顔して、そっぽを向いた。よそ様の娘の世話までしていられない、じぶんの娘の面倒も見られないというのに。

かつて、わたしはヘルシンキから五〇〇キロほど北の小都市イーサルミに住んでいた。サボ地方と呼ばれる湖沼地帯である。そのあたりは、ジプシー流にいえば、高名なグロンフォルス一族が領地としていた。当主は通称ヴィキという名の男で、競走馬を飼育する広大な牧場を経営していた。牧場の名はポルティラだ。ポルティラのヴィキを知らないフィンランド・ジプシーはいない。かれは、キングと呼ばれた。

そのヴィキに、わたしは家族ぐるみで世話になった。衣類や食べ物をもらい、自由に泊めてもらった。ついでに、かれらの慣習や作法を教えてもらった。それ以降、ジプシーの与太者や酔っぱらいに絡まれても、ヴィキの名さえ出せば、それがたとえスウェーデンであっても、相手は引き下がった。そのヴィキは、先年心臓がパンクして亡くなってしまった。

駅前からカイサニエミ通りを北の方へ少し歩いた。

音楽店ファーツェルに入り、民族音楽の楽譜をさがし、艶やかなヴァイオリンをいじった。この国で、わたしは民族音楽の楽師をやっていたことがある。ギター売り場では、男女数人のジプシーが談笑していた。ジプシーと音楽は切り離せない。かれらといっしょに弾きあったこともある。

この店の先の方の高層アパートに、ジプシー出身の有名歌手アンネリ・サリが住んでいた。そこがどこだったか、今どうしても思いだせない。

子連れのわたしが訪ねたとき、彼女は、ヴィキから何も連絡はなかったといった。しかし、「ヴィキの友人なら歓迎します」と招じ入れてくれた。当時同棲していた白人の美男俳優と、先夫の間に生まれた二人の可愛い娘と暮らしていた。娘の一人は、その後ファッションモデルになった。室内は、散らかっていた。

芸能人の私生活にいきなり乱入してきた異邦人を、スターは親切にもてなしてくれた。そして、これから親戚を訪ねる約束なのですといい、忙しい彼女はわたしを伴って親戚まわりまでした。それもこれも、ヴィキのお陰だったと思う。

去年の秋、わたしは二〇年ぶりにフィンランドにやってきた。離婚以来、二度とこの国に来るものかと意固地になっていたのだが、初孫の光くんが生まれ、その子を日本国籍にしようと思いやってきた。息子は日本列島で生まれたにもかかわらず、書類に日本の文字も書けないぼんくらなので、代わりにわたしが大使館に赴いたのである。残念ながら、中世日本の戸籍法は、わたしの希望を叶えてはくれなかった。両親が出産前に正式な結婚もしくは胎児の認知をしていなければ、その子は日本国籍になれないということだった。

息子夫婦は、未だに籍に入っていない。その理由を訊くと、「もう少しお互いをよく知り合ってから結婚します」という返事だった。

知り合わなくとも、子供は出来るのである。いったいどうやって作ったのだろうか。そして、そのことはこの国では珍しいことではない。離婚率が四割を越える国である、用心にこしたことはない。

二〇年ぶりに訪ねたヘルシンキで、わたしは一本の電話を受けた。

ジプシーのエイラからであった。エイラはヴィキの弟フェイヤの娘である。細面で背が高く、大層な美人だった。彼女は以前イーサルミに住んでいたので、親しくしていた。

それにしてもわたしがヘルシンキに来ているのを、どうやって知ったのか。二〇年ぶりである。ジプシーの情報網ときたら、ＫＧＢかＣＩＡなみだ。昔から情報で飯を食ってきた民族である。

「マコト、あたしに会わないで、帰国するつもりじゃないでしょうね」ほとんど、脅迫であった。

「電車に乗ったらすぐだから、ハンコーの町へいらっしゃい」

ハンコーまで、列車で四時間もかかった。

駅頭にエイラと白人亭主のティモが車で迎えに来ていた。小雨降る寒い日だったが、エイラは凄いミンクのロングコートをぞろっと羽織っていた。身長一七〇センチを越える、やせ細った彼女に似合いの毛皮だが、北欧に多い動物愛護の過激派に見られたら、石を投げられそうだ。ジプシー女はミンクが好きだし、男の方はオオカミの毛皮である。ジプシーのステレオタイプとでもいおうか。

彼女の車は韓国製だった。「ジプシーはふつうベンツに乗りますけど、あたしは安いので充分なの」と、のたまわった。

ティモは中学の校長で、月に四五〇〇ユーロもらっているそうだ。エイラは身障者施設に職を見つけ、暇つぶしに週に二〇時間、月に八〇時間働いて、八〇〇ユーロ稼いでいるそうである。かなり豊かな夫婦である。そんなことを車の中でさらっと教えてくれた。

二人は再婚同士で、それぞれ以前の連れ合いとの間に、すでに成人した二人ずつの子供がいた。

エイラの娘チチは、ボーイフレンドといっしょに目下アジアを旅行中とかで、ラオスとベトナム国境から母親にメールを送ってきて、「マコトに会えなくて残念、よろしくね」と書いてきたそうだ。わたしもずいぶん国際人になったものだ。チチは子供の頃、わたしの唯一の、ヴァイオリン演奏の弟子だった。

ハンコーという町は、フィンランド湾に面した静かなリゾート地である。首都ヘルシンキのお金持ちが好んで別荘を建てている。そんな中に、エイラとティモの家があった。ミニゴルフが出来るくらいの広い敷地に、戦前の古い木造二階建て家屋をリニューアルして、黄色いペンキを塗り上げていた。庭の真ん中にサウナ小屋、縁の方に夏用のゲストハウスと物置という構えだ。

家の中はさらに完璧に修復され、タイル張りの暖炉、アンティック家具、高価な陶器やグラスを納めたショウケース、絵画や写真で飾られていた。わたしのために用意された二階の寝室は、まるでベルサイユ宮殿だ。ふかふかの羽布団に包まれたベッドにはレースのカーテンが天幕のように天井から垂れていた。

さすが凄腕のジプシーエイラであった。こんな生活を手に入れてから、もう十年になるという。毎年夏になると、フィンランドじゅうのグロンフォルス一族が、休暇を楽しみにハンコーのこの家にやってくる。二人は老後の住処として、出身地のサボ地方、それもイーサルミ周辺へ引っ越したいと考えているのだが、みんなに反対されて動けないのだそうである。まったく、わたしは阿呆みたいに口を開けけっぱなしで、話を聞かされっぱなしであった。

夫婦はこの一年、海外旅行に明け暮れていたという。最近行った東欧、とくにブルガリアがよかった。次はインドのゴアへ行く予定です。どうしてそんなことが可能なのか、不思議だった。するとエイラは、フィンランドの法律に、「五年間働くと一年間の有給休暇がもらえるという条項があるのです」と説明した。給料の八〇パーセントが保障される。

後に、この件について知人に訊ねたところ、仮にそんな法律があったとしても、一般社会でこの休暇を取るひとは聞いたことがないという返事だった。不可能を可能にするのは、ジプシー流の知恵であったのだろうか。ジプシーは、法律を、とくに社会福祉法を徹底的に研究するのである。

亭主ティモと庭のサウナに入浴した。薪を焚いて沸かす本格的なサウナであった。どんなに熱くしても、熱の伝わり方が柔らかい。ティモは陽気で話し好きな、典型的なフィンランド男であった。ビールを二ダースも持ち込んで、「これはエストニアから買ってきたものだから好きなだけ飲んでくれ」といった。

男同士のサウナでは、遠慮がない。ジプシーエイラとの出会いから、彼女がどんなに男を喜ばせてくれる素晴らしい女であったことか、のろけ話をしてくれる。ご円満で、けっこうなことだ。かれはロシア領の東部カレリアから難民としてサボ地方に移り住んだ両親の息子であった。

夕食も、大層なもてなしだった。チキンをメインに何種類かのハム、ソーセージ、チーズ、アトランティック・サーモンの切り身、鰊と胡瓜の酢漬け、白パン黒パンにポテト、なんやらスープ、シャンパン、ワイン、コニャック、そして最後にコーヒーとケーキ、黄苺とアイスクリーム、苔桃の赤いジュース。BGMはレトロ調のジプシー歌手タイスト・タンミのタンゴであった。

飢えたバックパッカーは無我夢中、死に物狂いでもりもり目茶苦茶に食ったが、かれら夫婦がもし日本にやってきたら、いったいどう対応したらよいのだろうかと思案に暮れた。参ったな。

空白の二〇年間、わたしがフィンランドを離れてからの二〇年間にグロンフォルス一族に何が起こったか、それをエイラから聞くのは興味深いことだった。小著『ジプシー生活誌』（ＮＨＫブックス、一九八一年）の補足にもなるので、ここでは詳しい説明抜きで記しておこう。

わたしの知っていた大物の年寄りたちのほとんどが亡くなっていた。大祖母アリナの死後、キングと呼ばれた息子のヴィキが心臓病で死に、妻のサルメもしばらく認知症を患った後、五九歳の時、入院先の病院で亡くなった。

一九〇六年生まれのオルガ婆さんとその妹ヒリヤもとうとう亡くなった。オルガには子供がいたのに、なぜか最後をポルティラ牧場で過ごしたという。

スウェーデンのジプシーを仕切っていたもう一人の親分スオンタのワルチとその妻アウネも死んだ。

生き残っているのはヴィキの実弟、エイラの父親フェイヤくらいなものである。フェイヤはペンテコステ派教会の教誨師に、フィンランド・ジプシーとしては初めてなった。精力的な布教を続け、ジプシーの三割から四割を信者にしたそうである。今や、ジプシー社会でもっとも有名な男である。しかし、キングとは呼ばれない。あくまでも、宗教家なのである。

フェイヤはとても忙しい。八〇歳を越えた今でも、毎日布教活動をしている。どう忙しいのかと問うと、「父は土日の休暇もなく、一日一四時間パソコンの前に座っています」というのだ。

午前中、全国の信者へ説教し、その後信者からの質問や願いに夜中まで応答するのだそうである。ジプシーの間に、そんなにパソコンが行き渡っているとは知らなかった。

「今時、パソコンなしでジプシーはやってられないのよ」

エイラは、当たり前でしょという顔であった。確かに、情報あってこそのジプシーだ。携帯電話の次はパソコンというわけである。

フェイヤの活動は、国内だけにとどまらない。育てた若い教誨師に仕事を任せ、しばしば南欧へ出張する。最近はルーマニアのジプシーを重点的に助けているそうだ。

フィンランド・ジプシーは、他の国のジプシーに比べ、一般に金持ちである。そこで、同族の貧しい人たちを援助しているのである。

フェイヤはポルティラ牧場を買い取って新しい家を建て、老妻イリヤと息子マルクと共に住んでいる。馬は数頭いるが、もう競走馬の飼育はやっていない。

ヴィキの古い家屋には、末っ子でダウン症のペルチが一人寂しく住んでいるという。そのことは気になったが、伯父フェイヤの庇護下ならば心配はないだろうと思われた。

ヴィキの死後、ポルティラ馬牧場は三男のユッカが引き継いで経営していた。それがどうしたことか、ヘルシンキから五〇キロほどのところに引っ越して、ゴルフ場をやっているというのだ。その理由が、白人妻ソイレの馬アレルギーだという。馬好きが嵩じてジプシーと結婚したくらいのソイレだったたから、ちょっと信じられない。それにしても親の財産、土地や家の継承にこだわらないユッカはジプシー流の慣習を守っているといえるかもしれない。

グロンフォルス一族には、白人と結婚した者が多い。しかし、「実際にはジプシー社会全体の五パーセント以下です」とエイラはいう。まだまだ一般社会の差別感情は強い。わたしの縁戚の白人娘に聞いても、ジプシーと結婚する女がいるなんて信じられないという返事だ。

エイラの妹マッラ（マルヤ）に起きた数年前の再婚話は、とんでもなく興味深かった。マッラはヴィキの死後、かれの政治的な活動を引き継ぎ、政府のジプシー対策委員会のようなところで活躍している。ジプシーきっての人権活動家である。

その彼女が、じぶんの車でラップランドを旅していたとき、一人の男に会って恋に落ちた。相手は、ノルウェー国境の町カリガスニエミのラップ人、誇り高い山岳サミ（サーメ）族のマルッティ・ライティであった。意気投合した二人はすぐに結婚した。

前代未聞の珍事であった。

フィンランドの「二大」少数民族といわれるロマ族とサーメ族との歴史始まって以来の婚姻である。結婚式には大統領も列席したとエイラはいうが、祝い状くらいは届いたかもしれないが、これはジプシー流の大袈裟というもので正しくない。もちろんマスメディアの話題にはなったろう。

エイラの従姉妹ロシータ・オーケルルンドと三歳年上の姉アルヤはスウェーデンに移り住んだ。向こうの方がもう少し社会保障制度がよいのかもしれない。

ロシータは、若い頃映画女優顔負けの美女で、エイラの一番の友だちだった。二人は、しばしばわたしの家を訪ねてきた。彼女は百パーセントのジプシーの血筋で、十五歳の時から中世貴族ふうのロマ衣装を着ていた。この衣装は、いったん着始めたら、一生涯着ていなくてはならない掟である。

エイラの長姉イルセもまた、スウェーデンで暮らしている。イルセはフィンランド・ジプシーの中で、初めて高校（ルキオ）を卒業した勉学好きな女性だった。その系統を引き継いだのが、娘のユリアだった。

ユリアはさらに高等教育を受け、ロマ族文化の研究者になった。ある時、祖父のフェイヤに、「一週間だけロマ衣装を着てもよろしいでしょうか」と許可を求めてきた。再び一般服に戻るためには、一族の当主の許可が要るのである。

その一週間に、ユリアはロマ衣装を着て町を歩き、白人たちがどのようにジプシーを扱い、差別し、対応してくるか観察した。そして、レポートを発表した。

ユリアの論文を、わたしはいくつかインターネットで読ませてもらった。いずれも達者な英文で、活字になったものである。署名はジュリエット・グロンフォルスと記している。


ヘルシンキ港に降り立ったわたしは、半歩と歩かないうちに、もうわたしが到着したことをジプシー・エイラの地獄耳に達しているだろうと想像した。しかし、今回わたしは、エイラはもちろん、どのジプシーを訪ねる予定もない。他にやることがあり、忙しいのだ。それにあの大袈裟な歓迎ぶりは、わたしの苦手とするところである。バックパッカーの身分では、お返しなんかとても出来ない相談だ。

前回訪ねたときは、タリンの市場で買った安物のロシア製チョコレートを一箱持っていっただけだった。お笑いぐさである。それにM子がやってくる。そのこともエイラは先刻承知のはずだ。だから、噂話はするだろうけど、呼び出しは遠慮するにちがいない。わたしときたら、金輪際じぶんの方から電話しない。それがわたしのじぶんでも恥じている駄目な性格で、そのことも彼女は知っている。


目抜きのアレクサンテリ通りでゲイ&レズパレードのあとをくっついて歩き、街頭パフォーマンスの頭で逆立ちしている変なやつをしばらく眺めてから、約束の五時に息子のアパートを訪ねた。

立派な鉄筋の建物である。表札には息子夫婦の名前と姓が別々に並んでいる。部屋は広く、居間も含めて三室ある。家賃は七〇〇ユーロと聞いた。とても息子の収入では借りられないはずである。子育てに専念すると宣言してから、勤めを辞めた嫁のピーアの才覚であろうか。籍は入ってないので、表向きは母子家庭である。そこにボーイフレンドの息子が転がり込んだという建前らしい。しかし、夫婦は夫婦である。社会的にも認められ、何も不自由のないところが北欧フィンランドである。

ブザーを押すと、二重のドアが開き、息子とその背後に赤ん坊を抱いた嫁が立っていた。眼鏡の奥の息子の眼が潤んでいる。型通りに抱擁してくれて、「とても待っていました」という。この子は優しいのか冷たいのかよく分からない。それとも女房の尻に敷かれているだけか。それなら港に迎えに来てくれてもよかったのじゃないかと思ったが、不意にやってきた客の分際でそんなことはいえない。

ピーアは、「留守していてすみませんでした、ご承知の通りフィンランド人にとって夏の日光浴はとても重要なのです」と言い訳した。とくにこの子のためにはとつけ加え、光くんをわたしに押しつけた。

わたしのY染色体、こわれ易い小さな初孫の光くんは、瞬きしないまん丸い眼でまじまじと異邦人の祖父を凝視し、恐がりもしなければ笑いもこすりもしなかった。で、三世代の一家が揃ったというわけだ。

家族には、さらに二匹の去勢雌猫がいた。両方とも長毛でクッションのようだが、餌を欲しいとき以外は寄りつかないし、吠えもしない。茶色の方がアウリンコ（太陽）で、黒っぽいのがインキバーリ（生姜）という妙な名前である。

二匹とも捨てられかけていたのをピーアがもらい受けてきたのである。彼女は動物愛護の活動家でもあった。エイラのミンクコートをキャッチャーミットに例えれば、まず彼女は石の球を投げる最強のピッチャーであろう。この家には、皮革製品がいっさいない。革ジャンもなければ、皮ベルトも革靴も許されない。ついでに、羽毛や羊毛、シルク製品もない。それらを使用することは、人間の皮を加工したナチにも匹敵する恐るべき行為なのだと彼女は信じている。

息子がヘルシンキ大学社会人類学科の研究員に選ばれ、ともかく大学職員として最低の給料をもらえるようになったのはこの冬からである。それまでは、無給のインターンだった。

生活を支えるために、かれはNGOの総本部のようなところで週に二五時間、書籍や雑誌の編集員として働いていた。月収は九〇〇ユーロで、そのわずかな金のために週三、四日はつぶされ、どうにもならないサイクルにはまっていた。しかもフィンランドは土日が休日だし、講義や研究に当てられる時間は制約され、貧乏からも抜けだせず、最悪の状態だった。通勤通学の電車賃も払えず、自転車か、パンクしたときは修理もできずに徒歩で一時間以上かけて通っていた。

昨年訪ねたとき、さすがにわたしも見かねて、一つの提案をした。Ph・D取得の論文を仕上げるために、かれの研究フィールドの中東へ居を移し、そのための費用の一部をわたしが送金するというものだ。学位さえ持てば、どこか地方大学に講師の口でもあるかもしれない。フィンランドがだめなら、外国という手もある。大事なのは、その論文の中身である。それがかれの将来を決めるだろう。

覚悟を決めた息子は、担当の教授に会いにいった。そして、計画を話し、ヘルシンキ大学を離れると申しでた。その直後に、たくさんの希望者の中から息子が研究員に指名され、フルタイムの給料をもらえることになった。アルバイトのNGOはただちに辞めた。

教授から言い渡された直後、帰宅途中の自転車を走らせながら、息子は東京のわたしに携帯電話をかけてきた。かなり興奮していて、声が震えていた。

「もう、パパの援助は要りません」

そのことは、わたしにとっても幸運だった。今回の旅が実現できたのは、まったく教授のひと言のお陰であった。定収入のないわたしが派遣労働の日当から毎月送金するなんて、考えただけでもぞっとする。

NGO総本部は市内中心部の古い建物にあり、テロを恐れてか表札も出してない秘密めかした場所であった。内部は書類や電子機器で埋まり、雑然としている。

各団体の事務所が衝立で仕切ったコーナーにあり、その中に全国ビーガン協会の机もあった。ビーガン（ベガニ）というのは、完全菜食主義者の意味である。ふつうのベジタリアンよりも、もっと厳しいのである。嫁のピーアは子供が生まれるまで、長年この協会の会長職にあった。息子との出会いもここであり、いわば職場結婚であった。

フィンランドは、隣のスウェーデンと並んで女性の権利が強い世界トップの国である。このことはランキング百位に近い日本人には、とうてい理解できないのである。何がどう強いのか、女性とはいったい何者なのか、残念ながら列島育ちのわたし自身にもよく分からないことである。この国の大統領は女性である。日本の首相が女性になるのはいつのことか、われわれ日本列島人には想像も出来ないことだろう。

そんなフィンランド女性の中でも、嫁のピーアは最強の一人であった。その上、全国ビーガン協会の会長であった。彼女は幼児からピアノと声楽を習い、この国の音楽家としては最高の教育機関で学んだという。アメリカにも一年間留学し、英語力は完璧である。インテリである。彼女と同じ家に暮らすのは、ミズ・ロッドハム＝クリントンと一緒にいるような感じである。

ピーアはビーガンであるから肉や魚はもちろん、牛乳、バター、チーズ、ヨーグルトを食べない。卵、蜂蜜も食べない。それらを含んでいるチョコレートもケーキも、どんな食品も食べない。動物が自らの労力で作りだしたものを人間が搾取してはならないと考えているのである。

本人が食べないのは勝手である。しかし、赤ん坊にも植物性食品しか食べさせないのは、いかがなものか。脳の発達に影響はなかろうかと祖父としては思うのだが、それが証拠に一歳になっても言葉を覚えないし、はいはいしか出来ない。

「そんなことはありません、あなたの遅れたステレオタイプの脳が思い込んでいるだけ、あたしは母乳をたっぷりあげています」

確かに、生後一年経っても、ピーアの大きな乳房は活動しているようだ。植物性食品だけでも充分な乳を生産する、でもその乳の中に動物性蛋白質はないのじゃなかろうか、とは声に出していえない。

ピーアは、なかなかの美女である。北欧型の、グラマーである。その彼女が赤ん坊の頭より大きな、まっ白いおっぱいを取りだして授乳するのは壮観な眺めである。義理のおやじに遠慮することはない。母が子供に授乳するのである。変な思いで見られるとすれば、見るやつが変態である。

それでも時々、きっと睨まれる。ニコル・キッドマンが怒ったときの鋭い目つきにそっくりである。あわてふためく前に怖れをなして、背筋が寒くなってくる。義理のおやじでけっこうです、遠慮は要りません。

到着したその夜は、近所のピザ屋から二種のピザを取り寄せて夕食にした。特注で完全に植物性のものと、ベーコン入りのわたしと息子のものである。

昨年訪問したときは、夜になっても食事が出なかった。遅くなって仕事から帰ってきた息子が何か作ってくれた。腹が減ってしょうがないので、それからはじぶんでスーパーに行き、買い物して自炊した。嫁は子育てが二四時間の仕事だし、食い物もわれわれと異なる。

そのことで一度だけ苦言を呈したことがあった。

主婦は亭主の、（およびわたしの）夕食ぐらい用意しなくては、と終わりまで言い切らないうちに、「主婦（コティ・ロウバ）とは何事よ、女は家庭の奴隷ではありません」、ニコル・キッドマンの眼で一喝された。その通りだと思ったが、三日間口をきかなかった。今は嫁と義父は仲がよい、しかし日本ふうのサービスは望むべくもない。

息子と二人で猫の散歩に出た。「太陽」と「生姜」の首に伸び縮みする紐をつけ、新鮮な外気を吸わせ、運動させるのである。この毎夕の日課は、わたしたちの喫煙の時間でもある。夫婦間でどれだけの確執があったか知らないが、息子は煙草を吸うのである。酒を飲むのである。肉を食べ、ポテトチップスをばりばり嚙《かじ》るのである。全フィンランド、全北欧の道徳を敵にまわしてたじろがないのである。偉いやっちゃなと思う。さすがわが息子、この根性は見上げたものであると思う。

貧乏と強情は、わたしの遺伝子である。息子はまぎれもなく、わたしの正統な二つのＤＮＡの継承者であった。

しかし、それ以外、わたしと息子の似ている点はない。わたしは過激で空手、剣道、ボクシング、Ｋワンなどの格闘技が大好きだが、息子はおとなしくて、声も優しく、平和主義者だ。高校の卒論はガンジーの非暴力主義だったし、義務の兵役では「銃を持たず、人を殺さない部隊」というのに志願した。部隊では、オーストラリアに住んでいる姉から贈られた、アボリジニの民族楽器ディジェリドゥを吹いて人気を博したそうだ。

かれは中学時代からロックバンドをやっており、ボーカル、パーカッション、ギターを演奏する。一度クラシックのピーアをボーカリストに迎えてＣＤを作ったが、さっぱり売れなかったそうだ。

夕刻、猫に紐をつけて歩いていると、他にも猫を散歩させているひとに出会う。みんな伸び縮みする細い紐をつけている。犬はもちろん、ウサギに首輪と紐をつけているひともいる。なんやら種類の分からない小動物のペットに引っ張られながら歩いていくひとがいる。アヒルのような大きな鳥を散歩させているひともいる。フィンランドは、伸び縮みする紐つきの動物愛護の国であった。

週明けの月曜日にヘルシンキ大学を訪ねた。息子のプリンターは故障しており、モスクワの書類を作成するにはかれの職場に行く必要があったからだ。市の中心部にある大聖堂の急峻な石の階段で待ち合わせた。そこまで市電の片道で二ユーロだったが、コンビニで一日の回数券を六ユーロで購入した。バスや地下鉄を含め、何度でも使えたので割安だったからだ。しかし、毎日六ユーロの交通費がかかるということだ。スーパーで買い物すると、あっという間に一〇〇ユーロ紙幣が消えてしまう。バックパッカーとしては気が狂いそうだが、ここは頭を切り換えなくてはならない。旅行しているのではなく、市民生活に入ったわけである。こういう状態を予想して、わたしの行程はケチケチ旅行に徹していたのである。

息子は例によって自転車通学であった。かれは一枚のクレジットカード以外、一ユーロの現金も持ち合わせていない。予定が一年延びたが、来春からいよいよエジプトのカイロへヘルシンキ大学研究員の資格のまま移り住む計画である。当然のこととして、嫁と赤ん坊が一緒である。北欧の男女は離れて生活したら、それまでだ。いつも手を握り合っていなければならない。おまけに、二匹の猫も連れていくとピーアは主張している。この際、資金作りのためにかれは一ユーロも使えない。

研究室は、大聖堂から道路を隔てた向かいの建物の中にあった。分厚い壁に囲まれた内庭に入ると、突然町の喧騒が消えた。僧院のような静けさであった。

清潔な小部屋の内部をいくつかの衝立で仕切ってボックスにしていた。窓際に面したコーナーが息子のデスクで、その上に支給された新しいデスクトップが置かれていた。

息子はメールを検索し、窓外の緑を眺めながらワープロであっという間に返事を送った。凄い速さであった。大学にくっついているより他に、どうやって飯を食っていってよいかわからないという情けない息子だが、このくらい速くタイプ出来るなら、インドのバンガロールあたりのIT企業に良い給料で就職できるかもしれないと思った。あちらでは、一分間に何文字打てるかが合否を決めると聞いたことがある。

わたし宛にくるかれの英文メールには、時々綴りにあやまちがあった。およそ読み返すなぞしないのだろうけれど、わたしは秘かにかれの英語力を疑っていた。会話にもフィンランド訛りがあり、おまけにどもりがちでつっかえる。オーストラリアへ移住したおしゃべりな娘の英語力とは、えらい違いである。

しかしかれは、大学と大学院を英国で過ごしていた。専攻したアラビア語とフランス語は堪能である。英語そのものは、高校以降学んでいない。その疑いをいってみると、「ヘルシンキ大学では、留学生が多いため講義も発表も英語でやっており、何も問題はありませんでした」という返事だ。わたしの心配とは、レベルが違うということか。

大学院の卒業式には、わたしもロンドンまで行った。ソアーズ（School of Oriental and African Studies）という名のカレッジである。社会人類学の開祖Ｂ・Ｋ・マリノウスキーが開設に関わったといわれるその道の名門校であった。

その時、学校の内部を息子に案内してもらった。外観は古風な石造りだが、内部は木造で、ぎしぎしいう狭い廊下、小さな教室、安っぽい木製の机や椅子、黒板、まるで戦前の木造小学校というおもむきだった。

これが天下のソアーズであろうか、この貧弱な教室から社会人類学の精鋭が世界へ巣立っていくのであろうか。いや、そうではなく、世界の秀才が集まってくるからソアーズなのだろうと思われた。秀才は学校を選ばず、いや建物を選ばずである。

息子が秀才の一人であるかといえば、いやそうではなかった。中部フィンランドの田舎高校ですら、かれの上に何人もの優秀な生徒がいた。そのなかでも一番の秀才に、昨年あるカフェで会わせてもらった。ユッカという名の背の高い金髪青年で、かれは英国のキングス・カレッジを卒業していた。数あるカレッジの中でもキングス・カレッジといえば、最高の難関である。並大抵の頭では、近づくことも恐れ多い。

そのユッカに、今仕事は何をしているのですかと聞いてみた。

秀才は、顔を真っ赤にしてうろたえた。

「仕事がないんです」、小さな声で答えた。フィンランドでは、高学歴の者ほど就職が難しいのだそうである。

息子は英国のデボン州にある地方大学で学んだが、それは当時フィンランドが加入したばかりのEUが、新規加盟国の貧乏学生のために奨学金を支給したからである。

それからは、息子の毎日は小口の奨学金をかき集めることに費やされた。面倒な毎年更新の申請書を何枚も書き、それを証拠づける書類をたくさん添付しなければならなかった。一口だけで英国の生活をまかなえるような奨学金はない。その作業は学校の勉強よりも時間を食い、大変な労働だったようだ。しかも、学業の成績を上げておかないと、資格条件からはずされる。奨学金獲得のために勉強し、なおかつ学校に通ったようなものである。それでも大学にくっついていさえすれば、なんとか飯が食えるということを覚えたようだ。

ヘルシンキに戻って、NGO総本部のバイトにありついたのもかれが学生だったからだろう。社会は、未来がはっきりしない学生に対して、将来何かの役に立ってくれるかもしれないと妄想するものなのである。そこが付け目である。プロの学生という言葉がある。生き延びるために学生は、永遠に卒業してはならないのかもしれない。

ソアーズの大学院を卒業する三ヶ月前に、息子の奨学金はすべて期限を終えてしまった。かれの最悪の時期である。ロンドン郊外の民家の屋根裏部屋から、家賃未払いで追いだされてしまった。わたしのわずかな緊急送金も、ポンドの国ではほとんど役に立たなかった。

わたしがロンドンのユースホステルに着いたとき、ホームレスの息子はブルネイ人の友人のアパートにいた。ともかく卒業式は、借用のガウンと四角い帽子を被って無事に済ませた。

更に勉学を続けるためには、フィンランドへ戻るほかなかった。ヨーロッパの貧乏学生は、だいたいこんなものである。息子一人が例外というわけではない。親の資金で大学へ通う学生は、むしろ例外で、ふつう独力で頑張っているのである。

メールに添付されたモスクワの妻と娘のパスポートをプリントしてから、二人で遅い昼食に出かけた。アレクサンテリ通りの小さなピザ屋。ドリンクつきで五ユーロ。ここよりも安い食堂はヘルシンキじゅう探しても他にない。しかし、息子は一ユーロの現金も持たないので、わたしのおごりになった。

帰りがけに、大学図書館で一冊の本を借りてもらった。一九七二年にS・ヴァインシュタインが書いた『南シベリアのノマド』というトゥバ族の研究書の英訳本である。この本を読んだおかげで、わたしは帰国への道を、シベリア経由と決めたのであった。トナカイと駱駝と馬が共存する土地、ツンドラと砂漠と草原の不可思議な国トゥバへ行ってみよう。

それはたぶん、モスクワに寄って妻子と再会するための口実であったのかもしれない。

翌日の火曜日の朝、わたしはロシア大使館の前の行列に並んでいた。列の中にアメリカ人がいた。その男にホテル予約のバウチャーなしでも、入国ビザが取れるのかと聞いてみた。どうして取れないのか、と男は反問した。ビザさえあれば、じぶんで安宿を見つけることができるはずだ。自由旅行が可能かもしれない。ただ、日本はロシアと第二次大戦後の平和条約も結んでいない。欧米人とは条件が異なるのかなとも思った。

九時の開門から、結局三時間かかった。娘の海外渡航許可申請書と添付書類に不備はなく、所定のサインとスタンプを押してもらった。

大使館の近くに、一軒の旅行代理店があった。ロシア・ビザ取得代行と看板に記してあった。試しにパスポートを示して、聞いてみた。女事務員は、「日本国籍人なら六〇ユーロ前後で取得できますよ」と答えた。費用は日によって変わり、取得できるかどうかは国籍によっても違うのだそうである。それにしてもわざわざリガやヴィリニュスへ行く必要はない。しかも、もっと安く取得できる。鉄道はモスクワまで直通である。この新しい情報も、帰路の南まわりを考え直すきっかけとなった。

その足でヘルシンキ鉄道駅の脇にある中央郵便局へ行った。一日でも早く着くようにと、書類を速達便でモスクワへ送った。旅の間じゅう気にかかっていた用事を済ませ、ほっとした。みずからに課した義務と責任からの解放。自由とは、物質的な制約から逃れることなんかではなく、まったくの気分的なものであろうか。悟道に達した僧侶のような気分。ふと気がつくと、今日は素晴らしい天気であった。青い空から夏の陽光がさんさんと降りそそぎ、ひんやりとした北欧の涼しい風が吹き渡っていた。

幸せの風は
気づいたときに
吹き過ぎている
でも　どうぞ
おかまいなく

夕方五時に国立博物館前で、仕事帰りの息子と待ち合わせた。毎週火曜日の五時から閉館の七時までに限り、入館料は無料だった。

地下の展示室でフィンランド・ナイフのプーッコ展をやっていた。かつて極北ラップランドの森の中で暮らしたとき、一本のプーッコ・ナイフがわたしの命を支えた。

トナカイの毛皮を剥ぎ、凍った肉を削り、魚をさばき、ジャガイモをつぶし、白樺の皮を剥いで火を焚き、パンを割り、コーヒーをかき混ぜ、木製のコップや箸、釣り竿までプーッコで作った。森の生活では、一本のプーッコが他の何よりも大切だった。鋭い爪を持たない人間は、凍結湖の氷を破って落ちたとき、プーッコなしには這い上がることができない。あれらの日々の後、わたしは伝統のフィンランド・ナイフに特別の関心を持った。

バックパッカーの旅は、まるでジプシーのように人間社会を歩きまわるのだが、元々は人跡まれな曠野を放浪するところからきている。そこでは蝸牛のように住居や、生活のすべてを背負って歩かねばならない。先述のように、わたしのバックパッカーとしてのノウハウ、その基礎はラップランドの経験から覚えたものである。そして、その教師は極北の大自然と、その地に先住する少数民サーメ族であった。

ラップランドの展示室には、民族衣装を着た等身大のサーメ人形や剥製のトナカイが陳列してあった。山岳サーメ、森林サーメ、漁労サーメ、地域と生業によってそれぞれ衣装が異なる。

正面の目立つところに大型のテレビスクリーンが置かれ、真冬のトナカイ狩り（ポロエロトゥス）の場面をビデオで映していた。スノーモビルが走りまわり、投げ縄が飛ぶ。民族衣装の男女がトナカイに飛びかかり、押さえつけ、格闘していた。

紺地に赤縞の衣装から見ると、わたしが冬を越したロシア国境に近い森林サーメのコルッタ族のようである。

画面に初老の親方が現れ、ラップのトナカイ狩りについて、解説を始めた。その顔を、どこかで見た覚えがある。コルッタ族ならば、当時の子供はいざ知らず、だれとでも会ったことがあるはずであった。しかし、何十年も前のことである。

思いだした。テウボだ。テウボ・フォファノフに間違いない。なんとまあ、立派に成長したことだろう。一人前のポロミエス（トナカイを狩る人）どころか、コルッタの一族を代表する親方になっている。

一九六九年の冬、わたしはコルッタ族の精鋭に加わり、トナカイ狩りに参加した。太陽の昇らない北極圏の厳冬期、スノーモビルは使われず、荷役用のトナカイを率いて雪深い森や凍結湖上を行進した。

フォファノフ家の長男テウボは当時十五歳、最年少のポロミエスとして初めての参加だった。わたしたちはオーロラの妖しい光の下で、零下四〇度に近い夜を過ごし、苦楽を共にした。

あの頃の紅顔の少年テウボをわたしは忘れない。テウボもまた、わたしのことをけっして忘れるはずがないと思う。

かれの両親マッティとウリアナには、とても世話になった。何度も泊めてもらい、食べさせてもらった。風の便りに、その二人は亡くなったと聞いた。とくに母親ウリアナは、癌だったという。

工業社会から遠い、空気の清浄なラップランドだが、ソビエト時代の核実験地ノバヤゼムリャ島や、原発事故のチェルノブィリから気流に乗って死の灰が大量に落ちたという。放射能はトナカイが食べる苔や湖の魚に浸透し、ラップ族の体内に蓄積された。自然豊かな風景を見る限り信じられないことだが、極北の少数民族には癌で死ぬ人が多いと聞いた。

朝、浴室からピーアの歌声が聞こえてくる。ビブラートをきかせたソプラノだ。赤ん坊の光くんに童謡を歌っているのである。さすがに音程もリズムも完璧である。

まもなく裸の光くんが這いでてくる。猫を追いかけて、わたしの部屋にやってくる。寝室として与えられたのは、息子の書斎兼物置の部屋だ。

孫は、もうわたしを珍しがりもしない。猫をいじめるのに夢中で、祖父の存在には気がつかないみたいだ。

ピーアがバスタオルを体に巻きつけたまま、赤ん坊を捕まえにくる。髪が濡れている。時々彼女はすっぽんぽんの裸で家の中を走り抜けたりする。

そんなときわたしは、じぶんがこの家の家族として認められたのだなと感じた。

ピーアの実家は同じヘルシンキにある。彼女は三人姉妹の長女で、両親は引退後の優雅な年金生活者だ。父親は大きな船の船長だった。横浜と神戸に行ったことがあるといった。だいぶ以前のことらしい。

一度夕食に招かれた。どんな家族からピーアのような娘が育ったのか興味があった。しかし、妹たちも親もふつうの人だった。

妹の一人はスペイン留学し、その地で知り合った学生ダビッドと婚約した。その夜は、ダビッドとかれの両親も招かれていた。スペイン語とフィンランド語と英語で夕食会は進行した。ピーア一人が、ベジタリアンの特別食だった。

食後、ピーアがピアノを弾き、わたしがヴァイオリン演奏した。

親戚付き合いというものを、わたしは日本ではほとんどしない。しかし、フィンランドではそうもいかなかった。わたしの到着を聞いて、離婚した妻の一番下の妹アイラがベンツに乗って迎えに来た。彼女も離婚していたが、今はヘルシンキ郊外に新しいボーイフレンドのセッポと、亭主といった方が正確だが、一緒に暮らしていた。

義妹アイラは自宅のパソコンで健康食品だか化粧品だかを売る仕事をしていた。このインターネットの商売はうまくいき、営業成績優秀で卸元の会社から表彰され、カナリア諸島のリゾートへ招待されたそうだ。

セッポは、ヘルシンキとストックホルムを行き来する大型フェリー船のパーサーである。外見は顔つきも体型もロシアのメドヴェージェフ大統領そっくりの小柄な男だが、じつはたいしたアスリートであった。マイアミで催された重量挙げ六〇キロ級世界選手権のシニアクラスで銅メダルを得ていた。

世界三位とは凄いというと、その時の金メダルは日本人だったよ、ということだった。

型通り、サウナと食事でもてなされた。セッポの職業柄、酒は豊富で、あらゆる種類が揃っていた。

かつて家族と暮らした町――イーサルミ

あまりにも孤独なので
だれとも会う気がしないのです
幸せを知らないひとが
幸せを　求めないように

義弟のアルトも車でわたしを迎えに来た。迎えに来なければ、マコトは金輪際じぶんの家を訪ねてくれないだろうからという。二〇年ぶりの、再会であった。髪と口髭に白いものが混じり、それがとても品よく似合っていた。かれはヘルシンキから一〇〇キロほど北の町ラハティに住み、金銀細工専門校の主任教師をやっていた。

アーティストとしてもかれの作品は評価され、金銀細工のコンペで国際審判員に選ばれていた。その仕事で、ヨーロッパやアメリカ、そして韓国へも行ったことがあるという。次は日本の静岡に招待されているのだが、このところ体調が悪くて、どうなることやらと顔をしかめた。どうも、癌の疑いがあるらしい。

アルトは中学から高校時代にかけて、独立できないでいたわたしたち夫婦といっしょに、両親の実家で暮らしていた。当時流行のボブ・ディランを真似して、ギターをかき鳴らし、かれの声帯には無理なしゃがれ声で歌っていたものだ。

ベトナム戦争反対の平和主義者で、あの頃北欧じゅうの若者が参加したノルウェーのアルタ川ダム建設反対デモにも駆けつけた。そんなかれと、いつも失業ちゅうのわたしはよく遊んだ。夏になると、毎朝霧烟る湖水にボートを出して、魚を釣ったものだ。

アルトの家を訪ねるにつけ、わたしは息子のヴァイオリンを持っていった。その足で、イーサルミへ行くつもりだった。

「母さんが待ってますよ」

アルトも、そういった。昔住んだイーサルミには、八〇歳になる義母カトリが住んでいた。娘と離婚しても、マコトがあたしの息子であることには変わりないのよ。義母は、何度もそういった。たとえじぶんの息子と娘が忘れていても、わたしの誕生日とクリスマスにはカトリからカードが送られてきた。二〇年間も、欠かさずにである。

ヘルシンキまで来て、義母カトリを訪ねないわけにはいかない。しかもだれかが電話して、わたしがいることを知られているのである。

それともう一つ、イーサルミに寄ったら、訪ねたい人たちがいた。昔の音楽仲間、民族音楽のペリマンニ楽師である。でもそれは、絶対にということではない。もし会えたらでいいのだ。だから、事前に連絡はしない。ただ、もし会えたときは、楽器なしでは済まされない。そこで、ヴァイオリンを携えてきたというわけである。

アルトの家では、奥さんのパイビが懐かしがって抱きしめてくれた。幸いこの夫婦は、離婚せずに昔のままだ。さっそくサウナ風呂、そしてフィンランド式の素朴な夕食で歓待してくれた。ただしこの清潔で健康的な家庭では、アルコールと煙草はご法度であった。

翌日、アルトに送られ、ラハティ駅から列車に乗った。イーサルミまでの汽車賃は、老人割引で半額だった。

ヘルシンキから五〇〇キロ北に位置する人口二万二千の小都市イーサルミは、わたしが少なくとも一六年間住民票を置いていた町である。二つの大きな湖に挟まれ、南から北へ白樺と赤松の森を断ち割って細長く延びた町、中央を国道五号線の旧道が貫いている。フィンランド人妻と暮らし、二人の子供を育てた町。この町のことなら、裏の裏まで知っている。

列車は夕刻五時に着いた。夏の空は、いつまでも明るい。住宅街の裏道をゆっくり歩いた。どの細い道にも路地にも、思い出があった。そして、思いは離婚、家族や友人たちとの別離という苦い思い出に重なった。

義母カトリは、わたしの到着を待ちかねていた。駅からの距離を測って、なかなかやって来ないわたしを心配していた。

彼女は老いて、少し縮んで見えた。わたしの手を握りしめ、「あちこち故障だけれど、まだ生きてるのよ」といった。

夕食の準備は、すでに出来ていた。どれもわたしの好きなものばかりだ。マッシュポテトに肉汁、ベーコン入りのハム、東部カリヤラふうライスパイ、ライ麦の黒パンと大麦の白パン、黒スグリのジュース、生姜味のビスケットにコーヒー。すべて彼女の手製の料理は、特別の味であった。お袋の味というものだろうか。義母が元気でいる限り、わたしとイーサルミの縁は切れないないと思えた。いつでも勝手な時に来て泊まり、お腹が空いたと平気でいえるのは、彼女しかいない。

結局、義父の死後一人で住むカトリの大きな家に三日間滞在した。その間に、わたしの到着を聞いて、親戚の者たちが何人も会いに来た。長男のアイモはＢＭＷでわたしを連れ去り、二〇キロ離れた森の中の自宅でサウナと食事の接待をしてくれた。別れ際、嫁のアルヤが泣きだし、びっくりさせられた。夫婦の結婚前からの知り合いだった。

二〇〇キロ北の町オウルから、三女のヘレナが家族をボルボに乗せてやって来た。亭主ハンヌは大学院出の建築設計士で、娘の一人はメダル稼ぎの社交ダンス・アスリートになっていた。かれらに町のレストランでもてなしを受けた。

離婚した元妻まで、わたしの顔を見にきた。まるで友人に会うように如才なく、にこやかにである。むしろ懐かしそうな彼女の表情を見て、そんなはずはないと思う。そうあってはならないと思った。

別れた夫や恋びとは生涯の友人になるというこの北欧流儀が、わたしは苦手である。去年会ったときは、離婚の原因となった男を連れてきて、わたしと握手させた。友だちにさせたかったようだ。合理主義社会の大人というものは、そういうものだろうか。たしかにわたしたちの離婚は、家裁判事の前で互いの了解ごととして成立した。女性の権利意識の高いこの国で、夫のわたしはしばしば家庭を留守にして旅を重ねた。離婚の直接の理由はともかく、そこにいたった原因はわたしにもあった。しかしながらあの家庭崩壊で、当時八歳と十三歳の二人の子供がどんなに哀しい思いをし、傷ついたか計りしれない。わたしもフィンランドを思いだすのが辛くて、筆を断った。

それらのことを思うと、わたしはこの社会で永遠に大人になれなかった男でかまわないと今でも思う。

元妻は元夫の友人を軽く抱擁し、コーヒーを一杯飲んで機嫌よく帰っていった。

民族音楽師ペリマンニのタトゥ・テンフネンに会えたのは三日目の、最後の日だった。タトゥの家は義母の家のすぐ裏にあったが、近所付き合いをしない一風変わった男である。顔が会っても、挨拶しないのだ。だいたいペリマンニ楽師というのは、変わったひとが多い。頭の中でいつも音楽が鳴り響いているせいか、社会的な適応力に欠けるのである。

電話をかけると、「今いるよ」とひと言返事した。それが、いらっしゃい、待っていますよという意味だ。イーサルミに来てるのかとも、久しぶりだなともいわない。そんなタトゥの不器用さが、わたしには好もしく感じられる。根はとてつもなく親切で、やさしい男だ。

タトゥの妻エーワがドアを開けてくれた。タトゥ本人は居間にいて、もうヴァイオリンを握っていた。わたしも慌ててケースを開き、楽器を取りだした。すぐに、演奏が始まった。それは歓迎のマーチから始まって、懐かしい再会のワルツに続いた。曲が無口なタトゥの気持を代弁していた。

　曲名については、もう覚えていなかった。しかし、旋律を聴くと指が覚えていて、合わせることができた。わたしが先導して弾くと、タトゥがついてきた。かれは楽譜が読めないけれど、耳が素晴らしく良い。エーワの話では、最近耳が遠くなっているというのだが、音楽は別なのだろうか。耳だけで覚えたペリマンニ音楽を、かれはなんと八〇年もやっている。

　大男のタトゥはヴァイオリンを肩に当てないで、二の腕に留まらせて弾いている。本来のペリマンニ楽師のスタイルだ。わたしも椅子に腰かけたまま、楽器をひざの上に載せて弾いた。以前、名人といわれたレッサのラッシから習った奏法である。

　ひとしきり演奏したあと、エーワがコーヒーをいれてくれた。

　タトゥが、わたしたちの音楽仲間について、話してくれた。

　わたしが参加していたイーサルミの音楽バンドは崩壊していた。ヴァイオリン弾きのリーダーだったインキネンとアコーディオンのオットーは、共に心臓を悪くして死んでいた。唯一女性ヴァイオリン弾きのヘッリおばさんも亡くなった。

　自動車教習所の教師マルッティは、若い嫁と再婚してからグループを抜けた。嫁が新興宗教の信者で、かれに教会以外で演奏することを禁じたからだ。

　タンゴ弾きとしては抜群の鉄道員ペイッコは、その繊細な性格が禍してかアルコール依存症になり、人前に出てこなくなった。

　大統領に乞われて独奏したこともあるフィンランドきってのヴァイオリン弾きレッサのラッシも、ついに数年前に亡くなってしまった。かれは往年の名人コンスタ・ユルハ以来の、メスタリ

（名人の意）の称号を授与された男だった。

みんな昔からの伝統を受け継いだ本物のペリマンニ楽師たちだった。時代は変わったのである。ひとつの時代が、われわれを取り残したまま、終わったのである。

バンドのリーダーだった音楽教師マリネンだけが、生き残って活動していた。かれも若い嫁と再婚し、その頃から古い仲間に近づかなくなっていた。そして、タトゥが皮肉を込めていう「楽譜読み」の若者たち、音楽学校出の奏者を編成し、新しいペリマンニ・バンドを率いて、カウスチネンの民族音楽祭に出演している最中だった。

マリネンは、長年のペリマンニ音楽に貢献した者に授与されるオーテルマンニという称号を協会から受けた。これもたいした名誉である。わたしは電話で、直接この話をマリネンから聞いた。

コーヒーのあと、またしばらく弾きあった。曲に合わせて、エーワが歌った。老齢にしては、澄んだきれいな声だった。彼女は若い頃、ペリマンニ音楽の歌い手でもあった。

いつまでも暮れない白夜だったが、遅い時間になって雨が降り始めた。気温は一気に下がった。音のない霧雨。冷たい、北欧の、夏の雨。

次の日の朝、イーサルミの鉄道駅まで、足の悪い義母カトリがどうしてもといい、送ってくれた。この町に再び訪れる機会があるのかどうか、義母もわたしも老齢である、再び会えるのかどうか。母さんの目に涙があった。

去るときは

いつも　雨
こころの中に
別れのときは
いつも　雨
想い出のほほを濡らして

孫の誕生日当日の夜、ヘルシンキに戻った。

しかし、満一歳の赤ん坊には、この日が何の日だか分からない。特別なケーキをもらえるわけでもなく、まして母親がビーガンでは、生クリームなんてもってのほかである。

親たちの誕生日祝い、珍しくピーアが夕食を作ってくれた。各種の穀物を練り合わせて、固い豆腐と野菜、レンズ豆といっしょに植物油で炒めた料理。それには、インド系のたくさんのスパイスが入っていた。一種のピラフだがお味はなかなかのもの、肉や脂が入っていないのが不思議に思われたほどだった。

食後に彼女は豆乳と豆乳から作ったアイスクリーム、そしてハーブ・ティーをデザートにしていた。

わたしと息子の方は、孫の誕生祝いを理由にしてウィスキーのボトルを開け、タリン土産のサラミ・ソーセージと焼き肉味ポテトチップスの大袋をつまみに祝杯をあげた。

息子の古いノートパソコンを借り、何日かぶりにメールを調べてみた。密入国容疑で逮捕されるという事件に巻き込まれたトビリシのFさんからは、長いこと便りがなかった。その後のかれの様子が気になって、あの時暴行を受けて身ぐるみ剥がれた池田青年にメールを送っていた。その返事が来ていた。

池田くんはローマから発信してきた。手元に残った一枚のクレジットカードが、かれの旅を救ったと書いている。九月からロンドン大学の授業が始まる。

かれの情報では、Fさんはどうやら裁判を終え、保釈金と同額の罰金を払って釈放されたらしい。今どこにいるのやら、グルジアを出奔して、たぶんキルギスのビシュケクへ向かって放浪している様子だ。

M子との旅——再び、タリン、リガ

M子を出迎えにヴァンターの国際空港へ行った。

久しぶりの彼女は、相変わらずの花やかさで、周囲の人びとの注目を浴びていた。ケンゾーふうの派手な衣装にベトナム花モン族のベスト、パリ製シルクのショールを首に巻き、逆立てた髪はバリ島のヘンナ染めで真っ赤に燃えている。その髪にもピンクのスカーフを巻いて、ドルチェ・ガバナの真っ黒いサングラスをかけている。どう見てもただ者でなく、芸能人かファッションモデルか、ジプシーも顔負けのスタイルである。

こんな日本女性を外国で見るのは、なんとなく気恥ずかしくもあり、誇らしくもあった。そう思うわたしは、作業用のカーゴパンツに汚いアノラックという、対照的な労務者スタイルである。

友人のだれしもがいう不似合いな二人であったが、似合わない者同士は得てして馬が合うのである。しかも、M子はわたしの大事なパートナーであった。

籍の入っていないピーアが息子の嫁であり、サンクトペテルブルクのトゥバ族女性がFさんの嫁であるならば、M子はもっとわたしの嫁であろう。それだけ、付きあいも長い。

わたしにとって彼女が同じ民族の女であるということは、実は特別の価値のあることなのだ。言葉が通じる。何も説明しなくとも、気持ちがわかる。頼りになる老後の杖でもある。その上この美しい同胞は、その体のどこに触れてもわたしを叱ったりしない。そんな女性が他にいるものか。

そこで、待ちびとのみんながやっているように抱擁してキスでもしたいと思った。しかし、彼女にそんな気配はなかった。そういうところだけ、嫁は古風な日本女性であった。

M子はいつものようにタクシーを拾いたがったが、わたしもまたいつものようにそれを断り、バスに乗った。都心までの二〇キロの道を快適なリムジンバスがたったの五・二〇ユーロで運んでくれるのに、なんでタクシーが必要なものか。わたしの経済的テリトリーの範囲内では経費をわたしが支払い、彼女の希望のテリトリーでは彼女が支払う。それが何度もいっしょに旅を重ねた、二人のあうんの呼吸であった。

バス停からアパートまで徒歩十分の距離であったが、下車したとたんに彼女はタクシーを呼んで欲しいといった。疲れているのは分かるが、歩いていける近さなのになんで車が要るものか、車輪付きの大きなスーツケースを引いてわたしは歩きだした。不満げに、それでも彼女は黙ってついてきた。わたしの性格を彼女はよく知っていた。そして、わたしもシティガールの彼女の性格を分かっていた。

息子夫婦はテイクアウトの中華料理を用意して、M子を歓迎してくれた。息子は高校生の頃日本に来ており、M子とは旧知の間柄である。ピーアと彼女がうまくそりが合うか気になっていたが、まったく問題なかった。

M子は、フェミニズム全盛の時代に、その洗礼を受けて育っていた。果敢な学生運動の闘士でもあった。そのあたりでピーアの思想と重なりあう部分があったらしい。話が弾み、先輩として一目置かれたようだ。

結局息子のアパートに二泊して、わたしたちはエストニアへ向かった。ヘルシンキ観光はあとまわし、行ったのは郊外の蚤の市だけである。そこへは家族全員で行った。乳母車に赤ん坊を乗せたピーアは、市電が無料だった。

蚤の市は大きなドームの中にあり、あらゆる生活雑貨、中古や新品の安物、衣類、電気器具、家具、食器、骨董や絵画、アクセサリーなどが売られている。商人にはロシア人も多かった。ジプシーが仕入れに来て、買いあさっていた。

孫を含めて息子たち一家の、すべての衣類と道具はこの蚤の市から掘りだされたものだそうである。かれらは毎週末、ここに来ていた。

M子はシティガールの例に漏れず、辺境とか冒険が大好きだった。そこで、わたしが昔探索したラップランドへぜひ行きたいと希望していた。しかし、彼女の格好をちらっと見ただけで、これは駄目だと思った。蚊の大群に袋叩きにあうのが落ちだろうと思われた。やつらはジーンズの布を貫き通すのである。わたし自身も装備がなかった。

そこで、タリンとリガへ、琥珀の町へと彼女をいざなおうと思ったのだ。息子のアパートに二人でいつまでも滞在するのは窮屈だし、ユーロの都市ヘルシンキでホテル住まいするのは費用がかかりすぎる。

先日と同じ大型フェリーのロセラ号に乗船した。

M子とする二人旅は、わたし独りの旅とはまるで違う。風景も街も、この船すらも異なった経験になる。

まず荷物をロッカーに預けることから始まる。ふつうわたしは預けない。サロンの片隅で、リュックサックを足もとに置き、その場所から離れることができない。

今回は身軽になって、甲板のオープンカフェでカクテルを手に、生バンドの演奏を聴いている。水平線と青い空、白波と風、音楽、船内にいたのでは見えない風景を見、知ることのなかった雰囲気を感じている。傍らにリラックスした優雅なM子。回りにも同じようなカップルが並んでいる。いつも遠くから眺めていた人たちの中にいるじぶん。休暇を楽しむ騒々しい観光客の一人がじぶんなのだ。不思議な感覚であった。M子はいつもわたしを不思議の世界に連れていってくれる。しかしどこかに覚めているじぶんがいて、疑わしげに、あるいは皮肉っぽい眼でじぶんを眺めている。身分不相応じゃないのか、この世界は。

タリンの宿については、言い争いがあった。

わたしは以前に泊まったことのある安いゲストハウスを主張し、彼女は歴史のある立派なホテルにしたかった。結局、ゲストハウスに二泊、ホテルに二泊と分けることで話は決まった。

旧市街の中心部に近いゲストハウスは、外観は三階建ての古い建物だが内装は新しくしてあり、一年前にオープンしたものだった。隣りに店を構えた土産物屋と裏がつながっており、働いているのはロシアのきれいな娘たちだった。表には出てこないが、わたしはこのホステルと店の経営者がロシア人で、それもマフィアではないかと疑っていた。

出来たばかりなのでまだ旅行者には知られてなく、いつも空いている様子だ。そこが、気に入っていた。

案内されたのは三階の屋根裏部屋だったが、広々していて窓からの眺めも良かった。たぶんドミトリーとして使うときは、六人か八人部屋になるのだろうと思えた。

城壁に囲まれた旧市街の中心部ラエコヤ広場まで、宿から三百メートルたらずの距離だった。石畳の狭い道が続き、両側に民芸品や骨董、衣装、織物や陶器を売る店の飾り窓が並んでいた。M子は、どの店にも入りたがった。買い物とその値段交渉するのを彼女は楽しんでいた。「そんなことが、東京での生活で溜めこんできたストレス解消になるのです」

じぶんの買い物にはまったく関心のないわたしは、一人ではけっして店を覗かない習慣だが、好奇心がないわけではなく、彼女のお供でいろいろな店に入り、珍しい品々を手にとって見るのが大好きだった。そこにはわたしのテリトリーにない、見知らない世界があった。タリンの案内役はわたしではなく、ガイドブック片手のM子であった。

彼女はわたしを高級レストランに連れていってくれた。『オールド・ハンザ』とか『エストニアの小屋』とかいう名の、中世の飯を食わせる店であった。わたしがタリンを訪れたのは通算で四回目だったが、タリンについて見事に、何も知らない。バックパッカーが見る景色は、ふつうの旅行者の見るものとまったく違うのである。そういう意味で、M子に案内されたタリンは、初めて見る街であった。

暗いキャンドルライトの下で、わたしの老眼はメニューを読むことができない。たとえ読めても、料理がどんなものか見当もつかない。すべてM子におまかせである。

「どう、おいしい？」

運ばれてきた料理をがつがつ食べるわたしに彼女は訊ねる。「うん、とてもおいしい」とわたしは答えるのだが、じつはよく分からない。高級料理は味が複雑すぎて、美味いのか不味《まず》いのかいうことができない。比較する食べ物を味わったことがないので、決めることができないのである。味覚の基準を持たない、味音痴である。

第二次大戦後のひもじい時代に育ったわたしは、食事とは質ではなく量であった。おいしいとは、空腹を満たして腹いっぱいになるという意味だった。味覚については、みずから封じてしまった。味なんかどうでもいい、量だ。バックパッカーの食事もその線上にある。

リガも同様であった。宿は旧市街の中のこぢんまりした中級ホテルにした。それでも六〇ラッツ（約一万三千円）もする。この町でわたしが知っているのはユースホステルだけなので、さすがにそこへは優雅なM子を連れていけない。

ランプの光が暖かそうなカフェの窓の、内側に座っているじぶんに奇妙な感銘を受けた。外の道路からじぶんたちを凝視しているもう一人のじぶんの眼を感じた。幸せそうなカップル、それがじぶんたちなんて信じられない。

汗まみれでバルカン半島から中部ヨーロッパを駆け抜けてきたじぶん、あの腹を減らした男はいったい何者だったのだろうか。

バスターミナルを抜けて、ツェッペリンの格納庫市場へM子を案内した。わたしがこよなく愛する立ち食い食堂の激安サリャンカスープの味を試してもらいたかったからだ。味は値段を問わない。

バス停前の両替所には、到着したばかりらしい日本列島人の団体客が列をなしていた。中年の女性が圧倒的に多い。

「どうして日本円が両替出来ないの、円しか持っていないわよ」と声を荒げて怒鳴っているおばさんがいた。まるでそれは、ラトビアという後進国のせいだといわんばかりだ。わたしが立て替えますとガイドが慰めている。

円が通用しない国なんていくらでもある。このおばさんは、日本という国についてなにか勘違いをしているように思われた。自信と誇りの元になっている数字上の個人所得から老後の資金、保険、子供の教育費を差し引いたら、たいした収入ではないだろう。それらを払えるのも、休みなしにノルマを課されている一部の陰惨な大企業雇用者ばかりだ。そんな亭主に彼女は扶養されているのだろう。

わたしの周辺といえば死屍累々、食うや食わずの列島人ばかりであった。けっして充分とはいえない福祉制度の北欧と比べても、お話にならないのが日本という社会だ。経済的に貧しいばかりか、精神的にも貧しい。そこで、手前味噌だが、がつがつした社会を離れて自由を求める誇り高いバックパッカー誕生ということになるのだ。われわれは手持ちの小銭こそ少ないが、けっして貧しくはない。自由という大金を懐に持っているからだ。

食べるのに金はかからないにしても、体面を保つのに金のかかる社会とは縁切りである。それも実質的でない、くだらない体面。自由と解放は、ザックを背負って歩きだせば開けてくる。見えないものも、見えてくる。

飢えと寒さを知らないで、本当のジプシーにはなれないといわれる。旅は、唯一の、そして最高の教育機関だとも。

息子一家との別れ——再び、ヘルシンキ

ヘルシンキに戻った。

宿は息子が予約していてくれた。鉄道駅裏の由緒のある古い建物で、人形劇場の二階にあった。一泊九二ユーロだったが、これより安いホテルをこの町で探すのは難しい。

その夜は息子一家と合流して、ベジタリアン料理が食べられるネパール・レストランで会食した。めったに外食しないピーアにとっては、大ご馳走だったようだ。

食事のあと、ピーアと赤ん坊はもちろん来なかったけれど、わたしたちは都心のクラブへ繰りだした。小さな店で、ジャズバンドが生演奏をしていた。以前息子は、このクラブへ日本のノーベリストのヒロユキ・イツキを案内したことがあると言った。そのヘルシンキ訪問記を、わたしは週刊誌で読んだことがあった。

北欧を旅した先駆者、作家五木寛之氏や写真家白川義員氏らの活動がなかったならば、第三世

代の息子自身の今日の存在もありえなかったのではないかとわたしは思った。開拓者のかれらも、当時はバックパッカーの若者だったにちがいない。

翌日の朝、わたしはロシア大使館近くの旅行代理店へ行き、ロシア滞在のビザ申請をした。M子の休暇はあと数日しかなく、彼女を見送ったらすぐに出発するつもりでいた。

M子はわたしのロシア行きについて、何もいわなかった。モスクワに寄り、妻と会うことは分かっているはずだが、そのことにも触れなかった。彼女の矜持であったのかもしれない。

わたしは、陸路に固執した今回の旅を完結するためにシベリア鉄道でウラジオストックへ向かう、途中でトゥバ共和国へ寄るといったまでだ。

毎日忙しく彼女のヘルシンキ観光に付きあった。港からフェリーでフィンランド城の島へ行き、また動物園のある島へ渡った。

動物園では、期待していた狼はいなくて、それらは内陸の狼専用の飼育場に集められていると聞いた。狼は繊細すぎて、一般の動物園では飼えないのだそうである。その代わりに、ゴリラとオランウータンがいた。北欧で見るこれらの人間の親戚たちは、あまりにも絶望している様子で、肩をがっくり落とし、観客の方を振り返りもしなかった。

港から都心へ続くエスプラナードの遊歩公園には帝政ロシア時代から店を開いている『カッペリ』という名のレストランがあり、店の前がオープンカフェになっていた。そのカフェの目の前に野外ステージが組まれ、夏の間じゅう音楽バンドが演奏していた。

コーヒーを飲みながら眺めていると、前に見たロックバンドが登場し、またしても赤シャツ、スキンヘッドのベースギターがわたしの方を睨みつけてきた。かれの背後には中年のドラムスがいて、これがまたやたらと騒々しい。M子をうながして、わたしたちは早々に店を出た。

市内では博物館、美術館、現代美術館、シベリウス記念碑公園、飼い犬を放し飼いできるウンチだらけの島などを見学し、その間に慌ただしく買い物をした。

最後は、アルヴァル・アールト設計のフィンランディア・タロであった。かくて、日本列島からやってきた台風は過ぎ去り、最愛のパートナーM子は竜巻と共に帰っていった。

わたしも、その風に乗ってひと吹きで帰国する手もあったのだが、そうはしないでまた空港バスに乗り、五・二〇ユーロを使って息子のアパートに居を移した。

Fさんからメールが来ていた。ウズベキスタンの古都サマルカンドからだった。

「サンクトペテルブルクの嫁とようやく連絡がとれて、今トゥバの親戚の住所を調べてもらっているところです。じぶんはもう金がなくて、いったん帰国します。オノデラさんとあちらで合流できればよかったのですけど」と記していた。

翌日、わたしは市内最大の書店へ行き、ロシアのガイドブックを買った。その分厚い英語の本は高かったけれど、トゥバへ行くためにはどうしても必要だった。

帰り道、わたしは一軒のホテルの前を通りかかった。ホテル・カンプ、五つ星の最高級ホテルである。最低の部屋でも四〇〇ユーロ以上払わなければ泊まれない。

その前に大勢の人だかりがしていた。理由は分からなかったが、人びとはだれかの到着を待っている様子だ。制服のガードマンが何人も立って人払いをしている。どこかの国の大統領でもやってくるのだろうかと思った。

まもなく窓を黒いシールで目隠しした大型リムジーンが数台のお供の車と共にやってきた。降り立ったのは、なんとミック・ジャガーとキース・リチャーズだった。キースは、表玄関からすっと中に入ってしまった。しかしミックは、待ち構えた群衆に両手を開いてにっこり笑い、サービスたっぷりの挨拶をした。ローリング・ストーンズのヘルシンキ公演があると、その時知った。

息子にその話をすると、「明日の夜、ある小さなビヤホールで内輪の前夜祭のような催しをやるけど、行きたいですか」と訊かれた。無料だというので、もちろん行くと答えた。

夕刻、仕事帰りの息子とビヤホール前で待ち合わせた。

そんなに大きくない店で、二階にステージがあった。ビールを舐めていると、演奏が始まった。今回の公演に選ばれて参加するフィンランド人プレーヤーとの合同演奏という触れ込みだったが、ミックやキースは来ていなかった。

ローリング・ストーンズ側からは三人が出演した。サックスのティム・リース、黒人ボーカリストのバーナード・ファウラー、トロンボーンのマイケル・デイビスだった。ティム・リースが仕切っていて、司会をやった。

フィンランド側は、なんと赤シャツ、スキンヘッドのベースギターがいた。その背後に中年の髭ドラマー。あの二人はエスプラナード公園で見たと息子にいうと、友だちですと答えた。

髭ドラマーは、シベリウス音楽院のジャズ科の教授ユッキスだという。赤シャツはティモ・ヒルボネンという名でイーサルミ出身だ。

ステージの左端でリードギターを弾いているのがティモ・カマライネンで、やはりイーサルミ出身のミュージシャンだという。

二人のティモと息子は、中高校時代に組んでいたロックバンド『ショベラーズ』の音楽仲間だった。当時、仲間に凄腕のギター弾きがいると息子から聞いていたのは、リードギターのティモの方だ。

かれの演奏は物凄かった。爪弾くその速さ、意表を突く即興のフレーズ、天才だなと思えた。ティム・リースに呼び出され、中央マイクを挟み二人だけで特別演奏をしたほどだ。

わたしはこの息子より二歳若いという天才を見るのは初めてだった。すると息子は、「ほら、ヘリー・ルートの忘れ形見ですよ」といった。驚いた。

ヘリー・ルートは元妻の女子高時代の同級生で、友だちだった。彼女の実家に招かれて訪ねたこともある。その家はイーサルミ郊外の長閑な田園にあり、広い農場と何頭かの牛を飼っていた。

ヘリーは学校一の秀才だったので、その後医者になり、市立病院で働くようになった。元妻も病院の事務室に勤めたので、ヘリーとは会う機会が多かった。

彼女の様子がおかしくなったのは、結婚してからだった。アルコールと睡眠剤の飲み過ぎで、繊細な神経が壊れ始めていた。仕事上でも診療ミスを起こし、悪い評判が立った。

ヘリー・ルートが若くして死んだとき、それは自殺だとわたしは思った。結婚が上手くいかなかったのではないだろうか。

曲目は「ブラウン・シュガー」から始まり、「ホンキー・トンク・ウーマン」、「ストリート・ファイティング・マン」と進み、最後はアイ・キャント・ゲット・ノー「サティスファクション」の大合唱で終わった。

演奏後、ミュージシャンたちはステージを降りてきた。わたしの隣りにティム・リースが立ってビールを飲んでいたが、だれも握手を求めたり、サインを欲しがったりする者はいなかった。客のほとんどは、プレーヤーか音楽関係のジャーナリストだったようだ。

二人のティモがわたしたちのところにやってきた。

スキンヘッドの大男は、腰をかがめてわたしの手を握った。

「エスプラナード公園であなたを見かけました。すぐに気がつきました。女のひとといっしょだったでしょう」

睨まれたと思ったのは、やはり偶然ではなかったのだ。

「おれのこと、覚えていませんか。当時、まだ六歳だったですけど」

四半世紀も前の子供のことなぞ、どうして覚えていられよう。

「あの頃、マコトは子供たちの間で、英雄でした。尊敬していました。忘れっこないですよ」

スキンヘッドはいった。

息子が吹きだした、そして説明してくれた。

あの頃、息子とスキンヘッドは同じ保育園に預けられていた。当時万年失業中のわたしが幼い息子の送り迎えや世話をしていた。父子の情が未だに続いているとすれば、あの頃にはぐくまれたものだろう。

保育園では、子供たちの間で忍者遊びが流行っていた。

息子は、「ぼくのパパは忍者の達人で、壁や天井を逆さまに駆け歩くことができる、凄いんだぞ！」と自慢したそうなのである。その話を子供たちは信じて疑わなかった。

フィンランドはわたしの第二の故郷である。この土地に刻みつけたわたしの痕跡は、じぶんで考えているよりももっと深いものだったかもしれないと思われた。

ビザ申請から八日目に、息子の携帯電話に旅行代理店から連絡があった。ロシアの滞在ビザ三〇日間が許可されたというのである。

受け取りに行った。査証代六三ユーロだったが、ヨーロッパ側からだと宿泊や交通のバウチャーなしにこんなにも簡単に入国できるものかと、あらためて驚いた。

この時わたしは知らなかったが、二ヶ月後には入出国法が変わって、欧米を含めあらゆる旅行者は自国のロシア大使館を通じてしかビザ申請が出来なくなったのだ。わたしは最後の機会をモノにした、幸運な自由旅行者の一人だったのである。

プーチンが権力を握ってから、ロシアのナショナリズムが高まっているのは聞いていた。ソビエト崩壊直後の、かなり暴力的とも思える西側の資本進出に対して、プーチンはこれもかなり暴力的な対抗策を取った。それが外国企業排除、ついでに外国人旅行者にまで波及してきたのである。まして外貨をほとんど落とさないバックパッカーなぞはお呼びでなかろう。バックパッカーが旅をできない国、それはもう自由の国とはいえないだろう。

ヘルシンキ中央鉄道駅に行き、窓口でモスクワまでの乗車寝台券を買った。夕方発って、翌日の朝に着く。七七ユーロだった。旅行代理店の手数料を倹約した料金だが、それでも高い。所持金がどんどん減っていく。しかし、あと一つの国だけだ。全力投球である。

モスクワの妻に到着予定をメールで送った。

妻からは、すぐに返事が来た。休暇を終え、仕事に戻ったと書いてきた。そして、「モスクワ郊外のある場所で催されている国際会議の面倒を見ていて、泊まり込みで忙しくしています。月曜日の夜に自宅へ戻るチャンスがあるので、その時間に電話をください」と記していた。

わたしは、妻と娘が確実に在宅していると思われた日曜日に予定を組んで切符を購入したので、あてが外れた。でも彼女は、会うことを断ったりしなかった。娘の誕生以来十五年ぶりに突然訪問するのである、拒絶されても不思議はない。それとも離婚の話になるのかなと思った。それをじぶんの方から断る理由も立場もありはしない。いつかはその件について話し合いしなければならないのだからと思い、覚悟した。

出発の日、息子が駅まで送ってくれた。遅れてピーアが乳母車に孫の光くんを乗せてやってきた。

息子は、「父さんがいなくなると淋しい」といった。

幼い時に両親が離婚し、独力で長い外国での孤独な学生生活に耐えた。そんな息子が可哀想に思えた。かれの表情のどこかに淋しそうな影が張りついている。その影は、生涯かれの後ろ姿から消えないだろう。

ピーアに、「きみたち離婚なんかするんじゃないよ」といった。

「大丈夫よ、あたし、かれを愛しているもの」と彼女は答えた。

愛ってなんだろうとわたしは一瞬考えた。男女の間で、愛はいつか終わる。一生愛しつづけていられるなんて、信じられない。愛が終わったとき、それでは離婚するのだろうか。

それとも愛と恋とは、違うものなのだろうか。恋はやがて燃え尽きるが、愛は存続するものなのだろうか。

恋とは、愛とは、いったいなんなのだろうか。

孫のやわらかい肌に頬ずりして、わたしは去った。

フィンランドを去った。

Ⅵ　ロシア、シベリア鉄道

男を手玉に取るなんて　簡単なこと
ちょっといい顔してやり
十分間もおとなしくして
触りたいだけ触らせてあげれば
あとは　言いなりよ

十五年間の別れと再会——モスクワ

列車はモスクワのレニングラード駅に、日曜日の早朝八時二五分の定刻に着いた。重い気分だった。この町に、なんの関心もなかった。妻子と会う約束以外、なんの用事もない。それも明日の夜の数時間という指定であった。そのように妻のメールには、事務的に記されていた。歓迎されているようなムードは、文章のどこにもなかった。

わたしは通りがかりの旅びとで、招かれてもいない家へちょっと寄るだけである。そんな気分だった。

モスクワのことは、なんでも知っていた。市内や近郊の観光すべき所はすべて見ていた。地下鉄や市バスの乗り方や、商店での買い物の仕方まで教わっていた。娘が生まれる十五年よりも前に、若かった妻が案内してくれたのだ。

妻はわたしよりも二二歳年下である。美人の多いモスクワでも、彼女は際だってきれいに見えた。あの頃、わたしたちは愛しあっていた。ソビエト時代の末期から新生ロシアへ移行する頃だった。民主化を叫ぶエリツィンの集会やデモにわたしたちはついて歩いたものである。未知の希望みたいなものに突き動かされていた。暗い駅構内の大理石の床を歩いていると、夢か幻のように記憶によみがえってきた。懐かしくてではなく、暗くて重い影のようにである。

しかし、すべては十五年以上前の、過ぎ去った昔のことだ。


シベリア方面への基点になるヤロスラブ駅は、レニングラード駅の隣りにあった。まず米ドルを三〇〇ドル両替した。一ドルが二五ルーブルだった。

次に鉄道時刻表を売店で探したが、どこにも置いてなかった。案内所にもなかった。壁の電光掲示板を眺めていると、アバカン行き二二時五五分発というのが現れた。窓口のロシア人の列に並んでみた。

早口のロシア語はほとんど理解できなかったが、思い切ってアバカンまでの切符を欲しいといってみた。

なんとも簡単に、翌々日の乗車券を発行してくれた。パスポートを見せろとも、受け入れ確認書はあるかともいわれなかった。イン・ツーリストのような旅行社を経由しなくとも自由に切符が買えるのだと分かった。

しかし両替したばかりの三〇〇ドル分はほぼ消え、また両替しなければならなかった。退路を確保してから宿さがしにかかった。モスクワには、わたしのようなバックパッカーの泊まれるホステルは数軒しかない。時間は充分にあった。リュックサックを背負ったまま、ゆっくり小一時間かけて歩いた。途中休みながら、久しぶりの町の風景を眺めた。

道路はよく整備され、通る人びとの服装も落ちついた清潔なもので、十五年前の記憶とは違って見えた。わたしの知っている荒々しいモスクワは、もうなかった。短期間に急速な経済復興を遂げたのだろう。

訪ねたホステルは、閉鎖されていた。建物の入り口に掲示があり、移転先が記されていた。その住所をたどって、地下鉄駅を探し、文化公園駅で下車した。切符は、割安の五回有効券を七五ルーブルで買った。

ズボフスキー通りを西へ一〇分ほど歩いた。

途中で双眼鏡を取りだし、前方の道路標識を確かめた。何もかもがぼやけて見える老人の眼には、双眼鏡が必携品である。

突然建物の陰から警備員の服装をした男が現れ、「おまえ写真を撮ったろう」と言いがかりをつけてきた。カメラと間違えたのだ。

「写真を撮って何が悪い、文句があるのか」思わず、かっとなっていい返した。警備員はわたしの剣幕にたじろいで、引き下がった。

ソビエト時代じゃあるまいしとわたしは思った。しかし、この国はどこかおかしいのではないかとその時感じた。時代が元にもどっているのか、あるいはそのまま引き継いでいるのか、用心した方がいいようだと思った。

この警備員にホステルの住所をいい、行く道を訊いてみた。教えてくれたのは、実にいい加減な方向だった。もちろん、わたしは最初からかれのいうことを信用していない。ひょっとすると、かれは単なる外国人嫌いだっただけなのかもしれない。

ホステルを探すのに、手間どった。ビルに看板などはなく、側面の小さな鉄製ドアの、呼び鈴の脇の手のひらサイズの紙片に表示されているだけだった。

受付にはだれもいなくて、一時間待たされた。

正午にチェックインした。受付嬢は、「空きのベッドが一つだけあります」といった。運がよかったようだ。この時間帯は旅行者がチェックアウトする直後で、一番泊まりやすいはずなのだ。それがこんなに混んでいるのは、モスクワに安いホテルがないからなのだろう。

十人部屋のドミトリーで、一泊九〇〇ルーブル（約四千円）だった。

モスクワの物価が高いのは噂になっていたが、これほどとは思わなかった。ヨーロッパのどこの国よりも宿泊費が高い。異常な現象と思われた。それとも外国人排斥ムードの一環かもしれない。

部屋には二段ベッドが五台置かれ、昼間だというのに裸の男が九人眠りこんでいた。隅の下段がわたしのベッドになった。案内してくれた女性は、「シーツが足りなくてごめんなさい」とあやまった。

窓のカーテンは降り、電灯も消されていた。

こんな大部屋がこのホステルには三室か四室あった。そして、そのどれもが満室の様子だ。

受付に戻って、係のブロンド娘に滞在登録について訊いた。このことは気にかかっていた。出国カードに宿泊先の認印が押されていないと、ロシアを出る時に問題にされる。それも内務省旅券査証課に公認された宿でないといけない。Ｆさんからの忠告もあった。ヨーロッパ側の国境ではさほど厳しくないが、東へ行くほど用心する必要があると。

娘は、「認可されている宿ですから、その心配はありません」といい、二日分のスタンプをくれた。

わたしはさらに、ロシア滞在三十日分のスタンプを押してもらえまいかと訊ねてみた。すると、「二〇〇ルーブル払えば七日間の認証印を押します、それ以上は無理だわ」と答えた。

二〇〇ルーブル払って、押してもらった。わずかな金で、安心が買えるのだ。旅先でなにが起こるか分からないバックパッカーの身である。これで一週間は野宿しても心配ない。

サロンでしばらく時間をつぶした。大勢の旅行者がだべっていた。欧米系の白人ばかりで、アジア人は一人もいない。とてもバックパッカーには思えない豊かそうな観光客たちである。モスクワのホテル代の異常な高さが、このドミトリーに一般旅行者を集めるのだろうか。

話を聞いていると、何人かはアジアへ行こうとしていた。シベリア鉄道でモンゴル経由、中国の北京へ抜けるコースである。ウラジオストクから日本列島へ渡ろうという声は聞こえてこない。

サロンには一台のテレビが置かれていた。

画面には高層アパートが映しだされ、表玄関の鍵を開けて入るときの注意を解説者が話していた。背後に見知らない男がいるかどうか確認しなさい、じぶんが入るとき、同時に入りこむかもしれない。

つぎにエレベーターの画像が現れ、けっして他人といっしょに乗りこまないようにと、モデルの強盗つきで危険をうながした。

チェチェン戦争を批判したノバヤ・ガゼータ紙の女性記者アンナ・ポリトコフスカヤが、モスクワの自宅アパートのエレベーター内で射殺された事件は世界を震撼させた。プーチンが変革させた豊かなロシアとは、その正体とはいったいなんだったのだろうかと。

二〇〇六年十月七日、プーチンの誕生日当日、大きな帽子で顔を隠した背の高い、ダークヘアの男が帰宅中のアンナ・ポリトコフスカヤの乗るエレベーターに入りこみ、拳銃で頭に二発、肩に一発撃ちこんだ。犯人もその背景も未だに闇の中だ。

時の権力を批判したり、抵抗したジャーナリスト、法律家、政治家、実業家の暗殺事件は枚挙にいとまもないほどだ。民間の殺人、強奪、レイプなどは数しれないといわれる。一見復興した平穏な国に見えるが、ここは危険な社会なのである。一げんの旅行者も油断は禁物、相当用心しないといけない。

午後三時という時間に、部屋の九人がいっせいに起きだした。どうやら同じグループらしい。かれらは裸にバスタオルを巻きつけ、各自歯ブラシを一本ずつ握り、列を成して別室のさして広くもないシャワー室へ殺到した。どの男も若く、揃いも揃って大層なイケメンであった。目が合うと、にっこり微笑み、挨拶してくる。愛想がよくて礼儀正しいが、やかましくてうっとうしい。

洗面の騒ぎが一段落すると、リーダー格の男がわたしの傍に来て、「大変お騒がせして申し訳ありませんでした」と丁重に詫びた。かれだけは英語が堪能である。

「じぶんたちはポルトガルのポルトー市から来たファドを演奏する音楽グループです。でも、モスクワには観光で来ておりまして公演はやりません」といった。

「仲間たちはこの夏、ロンドンやニューヨーク、アムステルダムやヘルシンキで各自の音楽活動をしておりまして、ここモスクワに集結したところです」

モスクワは休暇を楽しむために来ましたともう一度いった。

かれらの何人かは興味ぶかげにわたしを取り巻き、いっせいにうなずいた。なるほど男たちの着ているTシャツにはイギリス国旗がプリントされていたり、SUOMI、USAなどと大書されている。あんなシャツを好むのは、いかにも素人っぽい観光客であるなと思った。

リーダー格は名刺と一枚のCDをわたしに差しだした。

かれの名前はエドゥアルド・カルネイロで、音楽バンド名は『ポルトーの薬のファドグループ』と知った。

「この薬というのはなんですか」と問えば、「わたしたちの奏でるファドは魂の薬なのです」と答えた。それは、それは、大層なこと。

かれはすぐに『魂の薬』をわたしに歌ってきかせた。数人がベッドの下からギターを引っ張りだし、伴奏した。その声はイケメンにふさわしく、繊細で美しかった。でも、わたしのような苔むした老体の薬になったかどうかは疑わしい。

ファドといえばアマリア・ロドリゲスしか知らないわたしは、この音楽は暗く、貧しく、男女の営みの汗臭さくらいしか想像できなかったので、かれらの清潔な現代風ファドには面食らった。そして歌詞の内容は理解できないけれど、ラテン系のハンサムボーイたちはさぞかし女たちにモテるだろうなと思った。この薬は、一種の媚薬にちがいない。

わたしは大昔にポルトーを訪ねた際、甘口で高価なポルトーワインを飲んだことがあるといった。そこからかれらのお国自慢が始まった。コロンブスはポルトガル人だし、バスコ・ダ・ガマは印度航路を発見した。サッカー選手にはフィーゴやロナウドがおり、陸上競技ではたくさんの金メダルを取った。コロニアル時代のポルトガルは偉大だった。いつかまた、ポルトガルに栄光の日々が来るであろう。

同じような言葉を旅先でコーカサスのアルメニア人からも聞いた。テニスのアガシはアルメニア人だ。シャンソン歌手アズナブールもアルメニア人である。ヨーロッパのコーヒー店はアルメニア人が開拓したのだ。世界の富は、ユダヤ人がのさばるまで、アルメニア人のものだった。トルコの警官もいっていた。いつかオスマン・トルコの時代が戻ってくることを夢みています。

栄光の日の再来を願う民族は多い。しかしだれかが日の当たる場所にいる時、他のだれかは陰の部分に追いやられているものだ。そしてわたしのようなバックパッカーは、常に陰の部分を這いまわることになる。

なぜかナショナリズムが、わたしの旅する先々を見通しの暗い霧のようにおおっている。ロシアも例外ではない。二一世紀は、椅子の座り心地の悪い時代である。およそ人間は進歩しないし、変化すらしないように見える。歴史を学習するということがない。脳の記憶部門の欠落。繰り返しという、忌まわしい輪廻。

時代の突然変異のみが期待の未来ということか、それが丁と出るか半と出るか、このロシアのようにだれにも分からないけれど。

やがてかれら九人の陽気な、イケメンのミュージシャンたちは、隊伍を組んでモスクワの街へ出かけていった。天下は若者たちにとってのみ、いつも脳天気の晴天だ。でも、かれらも必ず老いていく。


食料品の買いだしに、街へでた。ついでに足を伸ばして、散歩した。地下鉄文化公園駅の脇を抜けて、モスクワ川の橋を越えるとゴーリキー公園にでた。

日曜日のことで、人出が多かった。何かの催し物をやっているようすだ。家族連れやカップルが綿菓子やアイスクリームを手に、北国の短い夏を楽しんでいた。

人混みの中に埋もれている記憶をたどった。あのベンチに座ったことがある。あの日は人気のない初冬の寒い午後だった。結婚する前の妻と寄り添って、体を温めあった。

当時、『百万本の薔薇』という曲が流行っていて、どこからか聞こえてきたものだ。恋びとに薔薇を届ける貧乏な絵描きの歌だ。レストランクラブでは、『鶏ダンス』をみんなが踊っていた。その尻を振る様子がおかしくて妻は笑い転げていた。

モスクワ川に沿ってクレムリン宮殿まで歩いた。赤の広場には、あの頃と変わらずワシリー聖堂の童話風の建物があった。ねぎ坊主の屋根、赤や青の華麗な壁、この教会の前でいく度妻と待ち合わせたことか。広場を横切って近づいてくる彼女の顔には満面の笑みがあった。ザイツェフのデザインした白黒模様のワンピースが風に揺れていた。

宮殿の裏をまわってアルバート街へ行った。

この通りはモスクワ一番の繁華街で、観光客が必ず見にくるところである。ファドの連中も、素晴らしい通りだったといっていた。

詩人オクジャワの像やプーシキンの住んだ家はそのままあったが、わたしの目には退屈な通りに映った。二〇年前と同じように、路上の似顔絵描きやマトリョーシカ人形売りはいるのだが、なぜか活気がない。ソビエト崩壊前後の時代、アルバート街にはたくさんのアーティストが集まっていた。商人としては素人だが、みんな生活をかけてじぶんの技術を売っていた。食べていくことの厳しさと自由への希望が混在し、詩人は叫び、画家は新しい作品を道路いっぱいに並べた。あの頃の熱っぽさは、もうない。道路は整備され、商店のウインドウは美しくなったが、野性的な何かが失われてしまった。過去の栄光を借りた、名前ばかりのアルバート通りになってしまった。何かが足りない。自由とか民主化とかへの、あの頃の熱い想いが消えてしまった。それらを市民は手にしたのではなく、手にする希望を捨てたかのように。モスクワは景気の良さとは裏腹に、退行もしくは退廃しているように見えた。

明日妻の家に電話するために、キオスクでテレフォンカードを買っておこうと思った。何軒か訊いてみたが、なぜかどこにも置いていない。郵便局を覗いてみると、様々な種類のカードを売っていた。どれを使っていいのか分からなくて局員に尋ねた。一〇〇ルーブルで、一枚のカードを渡してくれた。

食糧雑貨店に寄り、パン、ソーセージ、ヨーグルト、リンゴを買った。宿のサロンで湯を沸かし、インスタントコーヒーをいれ、食事を済ませた。この流儀なら、なんとかモスクワでも生きていけそうだ。

サロンには、昼間見かけた連中がまだいた。数人のフランスの若者たち、アメリカの女、英国の中年カップル、互いにロシア人についてのジョークを飛ばしながら楽しんでいる。だが、かれらは外出しようとはしない。

「いやあ、モスクワは疲れますな」とイギリス人がわたしに声をかける。わたしは、あいまいに頷き返す。

「物価は東京とどちらが高いですか」とフランス人が訊く。「モスクワでしょうな」と答える。

夜中の一時になって、ファドの九人組が帰ってきた。二時になると表ドアがロックされ、朝まで閉めだされるのが規則である。

メンバーの全員が、横になっているわたしにウインクしたり、手を振ったりして挨拶した。愛想のいい、奇妙な連中である。

またひとしきりシャワー室への騒ぎがあったあと、エドゥアルドが傍に来て、「ぼくたちちょっと練習をしたいのですが、ご迷惑ではないでしょうか」と丁重に訊ねた。

「いいえ、まったく気にしませんから、どうぞ」、腕時計を睨みながら答えた。

かれを含めてボーカルが三人、ギターや多弦のリュートのような楽器を六人がそれぞれのベッドで構え、演奏が始まった。静かで、透明な音色が流れる。なかなかよい。さすがプロである。観客は、わたし一人。これは豪華な、王侯のための様な演奏会であるなと思われた。モスクワの夜のドミトリーで、思いもかけず贅沢を味わった。それにしても、変なやつらだ。

朝八時に九人のパンツ男たちは起き上がった。

寝ぼけている仲間を、まるで怪我人のようにバスタオルでくるんでシャワー室へ運んでいく。みんなそれぞれ歯ブラシを一本握っているのがおかしい。幼稚園ではあるまいしと思う。

戻ってくると、いっせいに着がえだした。素肌に糊のきいた白ワイシャツ、黒ズボン、黒のベスト、黒ネクタイ、その上に燕尾服ふうの黒いハーフコート、全員お揃いの正装である。

いったいどうやったら、かれらの小さなカバンから、皺ひとつない衣装を取りだせるのか、まるで手品である。

「今日はコンサートでしょうか」と訊いてみると、「いいえモスクワでの公演は予定しておりません。本日は、クレムリン宮殿を表敬訪問いたします」とエドゥアルドが答えた。

わたしは知らないが、どうやらヨーロッパの有名な芸能人たちらしいので、それではロシア政府から招待されているのではないかと思った。

「いえ、観光です」

クレムリン宮殿は外国人観光客の目玉である。確かにその一部に隔離された政府要人の執務室はあるけれども、毎日短パンやTシャツ姿の観光客であふれかえっている。そんな所へ、九人揃いの黒服で行列に並ぼうとは、いったい何を考えているのだろう。

「表敬訪問です」、エドゥアルドは涼しい顔だ。

奇妙な連中は、一〇時きっかりに、隊伍を組んで出発した。

都心から南へかなりはずれた地下鉄チョプリスタン駅に、約束の午後九時前に降り立った。九時以降に電話して欲しいと妻のメールにあった。

この時間でも、モスクワの空は明るかった。帰宅途中の人びとの流れに混じって地下道をくぐり、東側の路上に出た。そこは商店街になっており、わたしの記憶にない風景だった。十五年前、ここは屋台やバラック小屋の小さなマーケットだったと思う。

チョプリスタンの東側には大きな森林公園といくつかの新興住宅団地があった。治安の良い、インテリゲンチャの多く住む文教地区であると聞かされていた。妻の実家は、公園に面した高層アパートの一軒にあった。

モスクワで、住民が家（ドーマ）というとき、それはアパートの部屋のことである。一戸建ちの家屋はソ連時代に廃止され、すべての市民はアパートに移り住んだ。

ただ、どの地域の、どんな条件の部屋に住めるかは、あの時代の社会的地位によったようだ。官公庁に勤める者の〈特権〉と呼ばれた。

義父ニコライは建設省の高官だったので、この地区に建てられたばかりの、広い２ＬＤＫに住むことができた。さらにソ連崩壊前の、かれの定年直前には郊外の別荘（ダーチャ）とラダの新車を手に入れていた。その頃、家族に運転免許を持っている者はいなくて、もっぱらわたしが別荘まで往復したものである。別荘の庭は菜園にしており、九〇年当時の全国的な食糧危機に自家栽培の作物で耐えていたのである。そのために農機具や収穫物の運搬が夏の間じゅう毎週必要だった。

妻もまた、じぶん名義のアパートを持っていた。祖母が亡くなったあとの家を相続したものだ。その家は都心部にあり、交通至便だったのでわたしは気にいっていた。しかし、環境が悪いという理由で、チョプリスタンの別な住宅団地のアパートと交換してしまった。

祖母の家の周辺には労働者階級の人びとが住み、夜道を酔っぱらいが徘かいし、教養のない不作法なひとが多いといっていた。彼女はインテリゲンチャの一員なので、肉体労働者をひどく嫌っていた。どんなに疲れていても路傍に座りこんだりしないひとだった。労働者みたいで、恥ずかしいというのが口癖だった。

移り住んだアパートも、わたしがモスクワに来なくなってから、結婚したばかりの唯一の弟夫婦に貸して、妻と娘は2LDKの実家に戻ってしまった。そこで実際上、わたしがモスクワに滞在できる家はなくなってしまった。

公衆電話から実家へ電話しようとして、ちょっとしたハプニングがあった。用意したテレフォンカードが機能しないのである。いくつも並んでいる電話機のどれも使えない。そして、コインも使えないタイプばかりだった。以前は、こんなことはなかった。カード式がなくとも、コインは使えた。急激なインフレと通貨の変化が、電話機にまで影響したのだろうか。

あの頃、コインに細い糸をつけているひとを何度も見かけた。公衆電話で話すだけ話して、最後にコインを回収するためである。

連絡がつかなければ、歩いていくほかはない。もちろん道は知っていた。しかし、あのアパートにはインターフォンがない。呼び鈴もない。鍵を持たなければ、部屋までたどりつくこともできない。

　夜の九時、キオスクは閉まっていた。どの店も、終わっていた。タイプの違うカードを買うことも、確かめることもできない。

　電話しなければ、待っているはずの妻と娘は、わたしが約束を破って会いに来なかったのだろうと考えるにちがいない。それは、心外だ。十五年ぶりの再会は、ひょっとすると最後の機会かもしれないというのに。慌てた。今夜しか、会える時間はないのだ。

　この危急を救ってくれたのは、通りがかりの学生だった。電話機と悪戦苦闘しているわたしに気づいて、話しかけてくれた。そして、「そのカードは公衆電話用ではありません」と教えてくれた。売りつけた郵便局員の、なんという不親切か。

　事情を話すと、学生は携帯電話を取りだし、わたしの言う番号へかけてくれた。そして、迎えが来るまで花屋のショウウインドウの前で待つようにといった。この親切はありがたかった。かれもまた、ロシア・インテリゲンチャの一員であろうかと思った。

　花屋は以前木造の仮小屋だった。その前で、幾たび娘時代の妻と待ち合わせたことか、待っている間に想い出がよみがえってきた。


　バス停の方から、一人の女性が近づいてきた。

　ショートカットの金髪、細い眼鏡、地味な愛想のない上着とズボン、化粧っ気のない顔。初めそれがだれだか分からなかった。一五年前の妻はダークブラウンの髪で、肩までかかるロングヘアだった。眼鏡もしていなかった。化粧しないで外出することもなかった。

妻に間違いなかった。彼女はどこかよそよそしい表情で、右手を差しだした。長く会っていないからといって、夫婦の間柄で握手かと思った。すると、すぐに彼女の顔はゆるみ、昔の笑顔が戻ってきた。握手することのおかしさを、妻も承知しているのだった。軽く抱擁して、並んで歩いた。

髪型が変わったことについて、わたしは何かいった。すると、「金髪のことでしょ、仕事上はこの方がいいのよ」と答えた。男たちは金髪を好むという意味らしかった。

「ヘアスタイルも服装もじぶんに似合わないのは分かっているのよ」といった。わざと髪を染め、短くし、地味な服を着ているというのである。仕事上で接する男たちに好意的に扱われ、しかも性的な興味を持たれないようにしているらしいのだ。何もかも承知で、やっていることなのです。

九〇年代初め、彼女は科学アカデミーで働いていた。しかし、上司の教授にセクハラを受けて退職した。その頃、給与のよかったいくつかの企業の秘書に応募した。ところが面接した経営者のいずれからも、セックスを条件に秘書として採用したいとはっきりいわれたのだそうである。職のない過酷な時代であった。

彼女を救ったのは、モスクワ大学で机を並べていた友人の女性であった。その友だちの父親が自動車の販売会社を立ち上げていたのである。彼女はそこに就職し、現在でも働いていた。会社は大きくなり、モスクワでも有数の規模になった。

結局、彼女を助けてくれたのは同じインテリゲンチャの仲間であって、力のない労働者でも新興の成り上がり者でもなかったということらしい。

妻は、広報と販売を兼務するマネージャーとして忙しい日々を過ごしていた。今は、近郊の街で外国人を含めた会議を開いており、その面倒を見ているのでモスクワにはいられないのですといった。

「あたし、ビジネスウーマンになりました」

その意味は、もう昔のような親や男たちから庇護された典型的なロシアのお嬢さんではなく、時代の変化に対応する新しい女性に変身したということらしかった。

実際、彼女は老いた両親と子供の生活費を稼ぐために、この十五年間を費やしたと語った。不思議なことに、彼女から男の気配がまったく感じられなかった。むしろ、色気のようなものを断ち切っているふうなのだ。それが、信じられない。彼女もヨーロッパの女である。夫と十五年間別れていて、男との付きあいがないなどありえないことだとわたしは思っていた。そして、そのことに何かいえる立場ではないと考えていた。離婚を切りだされたら、一も二もない。ひょっとして、大きなロシア男といっしょに現れるのではないかと思っていたくらいだ。

娘の海外旅行については、「書類が間に合わなかったので中止しました」と素っ気ない返事だった。あれほど苦労したのにと思ったが、遅れてしまったのはわたしの責任だろう。

バスに五分ほど乗り、それから歩いて森を背景にした住宅団地に着いた。同じような高層アパートが林立し、その一つが妻の実家である。やはり、建物の外にはインターフォンはおろか呼び鈴もない。

表玄関のドアを鍵で開け、エレベーター前のフロアに入った。一隅に郵便受けのボックス棚があるが、部屋番号だけで名前の表示はない。外部の者に対する用心は、相当なものだ。

エレベーターで一九階に上がる。部屋に続く通路に、わたしの知らなかったもう一つの鉄製ドアがあり、ここでも鍵が必要だった。家のドアにはレンズの覗き穴と呼び鈴があったが、名前の表示も部屋番号もない。

電話をかけずに来ても、どうにもならないことが分かる。この辺は治安の良いところと聞いていたが、これほどまでにセキュリティを厳重にしているのは、どういうことなのだろうか。モスクワは、危険な町なのだと思う。住民の家庭に入れたのは、特別の待遇だったのかもしれないと今にして思う。

妻がベルを押すと、内側からレンズ穴を塞ぐ眼があって、そしてドアが開いた。義母ゾーヤの硬い顔があった。

ゾーヤのこんな冷ややかな表情を見るのは初めてだった。いつもにこやかで、愛想の良いのがふだんの義母だった。

歓迎されていないな、と感じた。無理もない。家族を見捨てた男が、とつぜん現れたのだ。ロシアふうに両頰のキスをするどころか、抱擁もせず、握手すらなかった。

家には、他にだれもいなかった。

娘の名前をいうと、彼女は学校の夏期休暇中なので、友だちの家に泊まりにいっていると妻が説明した。その家は、とても遠いのですと、帰宅しない理由を言い訳した。

娘は、たぶん、父親に会うのを避けたのだろうと思った。老いた男が今ごろになって、成長した娘に会いに来るなんて許せないと思ったかもしれない。

わたしが娘を見たのは、生後六ヶ月の赤ん坊のときである。彼女がわたしを懐かしく覚えているはずもない。

十五歳という娘の年齢は、母親のいうことを聞かず、父親の男臭さを忌み嫌う思春期でもある。今回父親と会う機会を逃したら、次はないかもしれないというようなことを考える余裕はないのだろう。わたしの年齢を思えば、そうなる可能性は大きい。わたしにとっても、十五歳の娘を見るチャンスは二度とないだろう。

仕方がない。ほとんど知らない娘が会ってくれなくとも、わたしが傷ついたり、淋しく思うことはないだろう。男はじぶんの子宮を痛めて生んだわけではないのだから。しかし、残念だ。

アパートは幅広い廊下の奥に父母の寝室、中間に娘の小部屋とダイニング・キッチン、反対側に広いリビングルームから成っていた。

妻はわたしのアノラックを脱がせ、靴をスリッパに履きかえさせた。それからリビングルームの食卓へ導いた。そして、夕食の準備にかかった。ごく自然に、まるで夫のわたしが一日の勤めを終え自宅に帰ってきたかのようにである。

リビングルームは、十五年前と何も変わっていなかった。家具も、飾り棚に置かれた陶器の皿やグラス、本棚の百科事典やロシア古典文学全集も昔のままだ。

コーナーの大型テレビ、壁際に置かれた長いソファ、開くとベッドになるそのソファは娘時代の妻が使っていた。その頃、中間の小部屋にはモスクワ大学の学生だった弟ディマがいた。今は娘の個室になり、妻は以前のようにソファベッドで寝起きしているという。

裏窓からは公園の森とはるか遠くの街の灯りが見下ろせた。何も変わっていない。増えてもいなければ、減ってもいない。家具や風景ばかりか、手早く食卓を整える妻の姿も変わりない。

食事は質素なものだったけれど、ロシア料理の基本コースを忠実に守っていた。前菜のサラダ、サラミとチーズの皿、黒と白のパン、ラズベリージュースとワイン。メインディッシュはウィンナソーセージだった。デザートはチョコレートとコーヒー。食後は、どうやら義父のものらしいコニャックのアララトであった。

どんなに貧しい時代でも、夕食となればコースにのっとって食べるのが家族の習慣であった。インテリゲンチャの習慣といった方がよいかもしれない。内容は問われない、肉ステーキがソーセージであってもよいのだが、ともかく腹満ちればそれでよしとするバックパッカーの食事とは大違い、形式や格式が重んじられる。妻は、路上の屋台で立ったまま食べるなど、絶対にできない女性であった。

一度彼女を東京のディズニーランドへ案内したことがあった。その時、彼女の首に巻いていた真珠のネックレスが切れて、大粒の玉が地面に散乱した。祖母から譲り受けた大事なネックレスである。ところが彼女は、そのまま立ち去ろうとした。人前で地面に這いつくばり、真珠の玉をかき集めるなどというはしたない真似ができなかったのである。はしたない真似は、もちろんわたしが買ってでた。

ロシア・インテリゲンチャの女とは、わたしの知っているふつうのロシア人とはまったく違う種族のひとであるなと思われた。

日本滞在のあと妻は、日本文化はとても興味深いけれど、じぶんは現代日本人の生活習慣になじまないので、住むことはできないと思うとわたしに語った。たぶん彼女は誤解している、日本人のではなくて、わたしの貧しい生活習慣になじまなかったのだろうと思う。

　彼女は日本に住めない、そしてわたしはモスクワにいてどんな収入も得ることができない。日本で日当の肉体労働をして金を作っては、モスクワへ戻るという生活をしばらく続けた。そんな労働のある日、通勤途上のバイクがトラックに撥ねられ、全身打撲、右腕骨折という事故を起こした。ギブスをはめたままモスクワのアパートに帰った。娘が生まれて間もない頃だ。

　終日アパートの部屋に閉じこもっていた。ストレスがたまった。それから、街をほっつき歩くようになった。夜が更けて帰宅すると、産後の妻はいらついていた。互いに何かいうと、鶏のつつき合いのような辛辣な会話になった。ある日、妻が離婚話を口にした。前回の離婚で神経質になっていたわたしは、即座に承諾してモスクワを去った。離婚書類を送ったが、彼女からの返事はなかった。そんなわずかな行き違いが十五年間の別れになった。

　何年かして、「私たちの間には何も問題はなかったのではありませんか」と妻から和解の便りがあった。しかし、その時にはわたしのそばにM子がいた。絶望してほとんどホームレスになりかけていたわたしをM子が救ってくれていたのだ。

　食事は、文字通り音もなくすすめられた。けっして話をしなかったのではなく、物を食べる音をいっさい発しなかったからである。

　啜る音は、中でも最悪のマナーであった。食物は口を閉じてから、噛むのである。いったん口に入れたら、中に針が入っていても飲みこむものだと聞いたことがある。

　不思議に思われたのは、わたしを目の前にした彼女の態度であった。何げなく、さりげなく、微笑みながら、おだやかに娘のことや最近の出来事を語るのである。まるで、昨日の続きだ。そして、十五年前が昨日なのである。そこにわたしの私生活に及ぶような質問はいっさいない。わたしの不義理を責めたり、互いが傷つくような難しい話に立ち入ったりすることはまったくない。泣きも喚きもしない、じぶんをコントロールできる不動の女。

インテリゲンチャの女おそるべし、である。それは、伝来のマナーであろうか、矜持であろうか。


ロシア・インテリゲンチャは帝政ロシア時代の一九世紀に生まれたものである。西欧的自由主義を志向した知識階級の人たちのことで、農奴解放や抑圧された貧民のために活動した。この人たちの生活の糧は知識や文化、あるいは所持する農場や土地にあった。

一九一七年の社会主義革命後、私有地と財産は取り上げられ、とくにスターリン圧制下ではほとんどの知識人が慣れない肉体労働へ追いやられた。労働者と貧農出身の政治家が権力を握っていた時代である。恨み骨髄であっただろう。

しかしながら、かれらは七〇余年の共産党独裁下を生き延び、ついに蘇った。一九九一年十二月のソビエト社会主義共和国連邦の崩壊と新生ロシア連邦の誕生を、わたしはロシア・インテリゲンチャの復権だと思っている。かれら流の、かれらのための静かな革命だったと思う。けっしてすべての民衆のための民主化とは、考えていない。

当時わたしはモスクワにいたので、時代の流れを目の前で見ていた。この革命に携わった主な登場人物は、サハロフ博士、ゴルバチョフ、エリツィン、ポポフ、サプチャークなどであった。政治のトップにだれが躍り出るか、まだだれにも分からなかった。プーチンは次の世代で出番はない。

これらの全員はインテリゲンチャである。奇行で知られるエリツィンを除くと、他はモスクワ大学とサンクトペテルブルク大学（旧レニングラード大学）出身である。全ロシアの数ある大学の中で、この二つの大学だけがインテリゲンチャにとって重要な出身校であった。内部的には、二つの大学が勢力圏を争っていた。当時はモスクワ派が強かった。

最初に革命の狼煙《のろし》を上げたのは、年長のアンドレイ・サハロフ博士であった。かれはソ連の原爆と水爆を開発した天才理論物理学者である。二十六歳の若さで博士号を取り、一九七五年にはノーベル平和賞を授与されている。フルシチョフ時代から核実験禁止運動を始め、ユダヤ系のエレナ・ボンネル夫人と結婚してからは人権擁護・差別反対運動、アフガニスタン侵攻反対運動にも取り組み、その反政府活動のために職を失って流刑されていた。

政府内で活路を切り開いたのは、ゴルバチョフとエリツィンだった。ミハイル・ゴルバチョフが貧農出身のチェルネンコ書記長に代わって政権の座を占めると、ただちにサハロフ博士が流刑地からモスクワへ呼び戻された。

ペレストロイカ（建て直しの意）という言葉を初めて使ったのはサハロフ博士である。その言葉は、博士が生まれ故郷のモスクワに戻った一九八六年から、ゴルバチョフの旗印となった。

サハロフ博士の人気は、インテリゲンチャ内で群を抜いていた。新しい時代の指導者は博士以外にないと思われていた。私心のない人格、明晰な頭脳、民主化への情熱、信頼感、先を見通す能力、どれをとっても他に競争相手はいないといわれた。わたしの質問に、当時、サハロフ博士はレーニンを超える人物であると答えた知人がいた。

博士が新生ロシアの大統領になっていたら、確かに歴史は違うものになっていたかもしれない。プーチンの登場もなかっただろうと思う。少なくともチェチェン戦争は起きなかったにちがいない。

サハロフ博士は、一九八九年十二月、ソビエト連邦崩壊のちょうど二年前に心臓麻痺で亡くなった。残ったのは、先陣を争う同型の魚の群れだった。

モスクワ大学教授の活動家カヴリール・ポポフはモスクワ市長になった。ただこの人はたった一年間市長職を勤めただけで、じぶんは政治に向かないといい辞任して大学へ戻ってしまった。期待していた仲間は怒ったが、理解も示した。政治について興味を持ち、小話の種にはすれども、権力争いのようなことはインテリゲンチャのすることではないと思うのがふつうなのである。猿山のボス猿ではあるまいし、みっともない。

ポポフは、現在モスクワ国際大学の学長になっていると聞く。大変な時代を巧みに生き抜いたといえるかもしれない。

サンクトペテルブルク大学教授で弁護士のアナトリー・サプチャークはレニングラード急進改革派の代表格であった。かれも、ポポフと同じ時期にレニングラードの市長に選出された。そして、法学部教授時代の教え子にウラジミール・プーチンがいた。少し遅れて若いドミトリー・メドヴェージェフが入ってきた。

メドヴェージェフは、時代が違うとはいえ、インテリゲンチャの中の貴族といえた。かれの両親は二人とも大学教授だったからである。本人も博士号の取得者だ。

プーチンの父親は工場の機械技師だったが、祖父はレーニンとスターリンに仕えた料理人だった。貧しく育ったと本人がいうほど、恵まれない家系ではなかったと思う。

　サプチャークはかれの市長時代にプーチンを参事官に雇い、さらに副市長へ昇格させた。プーチンが政治へ向かう道を開けたのはサプチャークのお陰である。まもなくメドヴェージェフも参事官に雇い入れた。この二人は、大学と仕事上での先輩後輩の仲であった。

　エリツィンはモスクワ派インテリゲンチャの一員だったが、モスクワ大学出ではない。エカテリンブルクのウラル工科大学出身である。実家は昔からの独立農民で、集団農場の作業員ではない。父親は〈富農〉という罪で、刑務所に入れられた。

　ソ連邦最初で最後の大統領ミハイル・ゴルバチョフは、一時期インテリゲンチャの間で人気があった。西欧人も驚かされたあの洗練されたマナーをかれはどこで学んだのであろうか。かれは小村の集団農場コルホーズに追いやられた農民の子であった。しかも父親は第二次大戦で亡くなり、母子家庭で育っていた。

　わたしがモスクワにいた九〇年頃、すでにゴルバチョフ人気は失墜していた。だれしも食べるのに事欠いていたときに、やはりモスクワ大学出のライサ夫人の豪華なブランド衣装が毎日テレビ画面で跳ねまわったからである。夫人は大統領を差し置いてじぶんの意見を述べるので、あの厚かましいおしゃべりといわれ、インテリゲンチャばかりでなく一般からも嫌われた。夫婦の気取った態度が、さらに拍車をかけた。

　政府の内外で権力の掌握をゴルバチョフと競っていたエリツィンは、インテリゲンチャには珍しい豪放磊落な性格に思われていた。しかし実際には、民衆と時代の動向に敏感で繊細な神経を持っており、かれのパフォーマンスはことごとく成功していた。

共産党を脱退したのも改革派の中では一番早く、仲間内から喝采された。要職を罷免されたあとは、地下鉄に乗って通勤し、一般の店で買い物したりして、モスクワの街を歩きまわった。今までにそんな政府要人を見たことがなかった庶民は驚いた。もっともかれがそんなパフォーマンスを演じたのは、この時だけだったが。

九一年八月に起きた守旧派のクーデターは、エリツィン人気を決定的にした。その一ヶ月前にソ連邦内の一共和国ロシアの頭領になっていたエリツィンは徹底抗戦を宣言し、改革を望む民衆デモを指揮し、戦車の前に立ちはだかった。クーデターは失敗に終わった。その時のエリツィンの勇姿はテレビ画面を通じ内外に報じられ、かれは時代の寵児になった。

クーデターの目的はゴルバチョフを失脚させることだったが、結局エリツィンがその役を演じた。

エリツィンは一九九一年十二月二十一日のソビエト連邦消滅と共に、新生ロシア連邦の初代大統領に任命された。

その日、わたしはこのアパートのリビングルームでテレビを見ていた。この年のクリスマスと正月は、意外にも静かなものだった。元旦の番組は、チャイコフスキーの『白鳥の湖』だった。ただ、ロシア正教会の内部だけは祈りを捧げる人びとで賑わっていた。インテリゲンチャと切っても切れない関係にある正教会も復権したのである。

エリツィンが建設省次官だった頃、義父ニコライはかれの直属の部下だった。そこで新大統領の人となりを訊いてみた。

義父はうーむと唸ったきり、返事をためらった。どうやら大統領はかなりの迫力と圧力を与えるタイプの男だったようだ。うっかり批評するとあとが怖い、共産党独裁下に育った義父の印象だった。

義父はゴルバチョフともモスクワ大学で机を並べた同窓生だったが、その筋を活かして定年後をうまく立ちまわれる男ではなかった。家庭を大事にする、気の優しいパパにすぎなかった。わずかな年金を頼りに、娘の働きに依存している様子だった。

ニコライは、一年のほとんどの期間を別荘で暮らし、庭の野菜を育てていると義母ゾーヤはいい、最近の写真を見せてくれた。

青白い顔の弱々しい老人が鍬を手に立っていた。別荘の小屋はリニューアルされ立派になっていた。冬でも暮らせるように、暖房装置を付けたという。

その後、ボリス・エリツィンは新興財閥オルガルヒとの収賄関係が発覚し、ＦＳＢ（ロシア連邦保安庁）長官のウラジミール・プーチンに座を明け渡した。そして、プーチンの大統領権限で訴追を免れた。

プーチンは任期期限の二期目を終え、すでに要職に据えていた後輩のドミトリー・メドヴェージェフを第三代大統領に迎えた。

妻にプーチンの施政について訊いてみた。

「別に問題ないわ、経済が復興してよかったのじゃないかしら」

意外に単純で、クールな返事だった。プーチンもインテリゲンチャの一員なので問題はない、しかしインテリゲンチャは政治家なんて最初から信用していないという意味らしかった。人権とか報道の制限、チェチェン紛争のことは話題にもならなかった。

「そんなことはソ連時代から続いていることです、今に始まったことではありません」。グルジア国境に不穏な空気があるというと、「あら、そうだったの。あたしたちは夏休みに黒海沿岸の保養地ソチへ行きましたけど、何も感じませんでしたわ」

政府の報道管制は厳しく、テレビも含めて反政府系のマスメディアは、ゴルバチョフが大株主のノバヤ・ガゼータ紙しかない。野党の半分は消滅した。エリツィンが九四年十二月に始めた第一次チェチェン戦争以来、数十人のジャーナリストが殺された。

たぶん、妻の耳には、情報が届いていないのだろうと思われた。

食後のアルマニャック『アララト』は、口当たりのよい甘い酒だった。この高級酒を原産地のアルメニアでは飲む機会がなかった。

妻は、娘の写真を次々に出して見せた。成長過程をいくつものファイルにしている。幼児から少女へ、小学校の教室、発表会でピアノを弾く娘、別荘の菜園、黒海の夏休み、そして十五歳の誕生日。

娘はすっかり大人になっていた。その成長に立ち会えなかった父親は、じぶんと娘の絆を写真の中にさぐった。黒いロングヘア、コーカサス人のような顔、しなやかな肢体、胸のふくらみは若い女の姿だ。地図のない旅のように、わたしはこころの中で戸惑っていた。

男がじぶんの子を意識し、愛し始めるのは、その子と一緒に暮らし、成長過程のさまざまな経験を共にして得られた結果なのだろうと思う。あなたの子よといきなり差しだされても、途方に暮れるばかりだろう。しかし、写真の娘はどんな父親から見ても充分に魅力的だし、賢そうに思えた。

妻は壁に掛けられた額縁を示し、「あの子が音楽学校を首席で卒業した時の表彰状です」といった。そのことは、妻の最大の喜びと誇りであったらしい。

インテリゲンチャの娘は、普通校の他に音楽学校かバレー学校に通わせるのが習慣である。妻はバレーを習った。西欧風の優雅な身のこなしや作法はすべてバレー舞踊の教えの中にある。音楽は教養ばかりでなく、よい聴覚を育て、学校の成績を向上させると信じられている。音楽学校に通わせる費用のために、彼女はじぶんのアパートを売りましたといった。そこまでしても、教育は重要なのである。

「あと三年間高校へ通うと、娘はモスクワ大学を受験することになります。ソ連時代は授業料が要りませんでした。でも、現在ではとても高いのです。わたしにはもう売る物がありません」

妻はそういってから、何かいい過ぎたとでもいうように顔を赤らめた。わたしにも娘の教育費を分担する義務があるのは分かっていた。しかし、妻はそのことにひと言も言及しなかった。

わたしは腕時計を見た。十二時をまわっていた。宿の門限は午前二時である。閉めだされたら、危険な路上で夜を明かすことになる。もう、地下鉄は間にあわないかもしれない。高くつくけれどタクシーを呼んでもらうしかないだろう。

そのことを妻に話した。妻は、「娘の部屋が空いているから泊まっていきなさい」といった。そして、母親に告げた。

義母ゾーヤはわたしの方へは顔を向けず、妻を叱った。

「あなたっていう子は、いったいどうしたの、呆れたわ！」

義母はすぐに寝室へさがった。明日の朝早く、ニコライの待つ別荘に戻るのだそうである。ゾーヤが今日モスクワへ出てきたのは、十五年ぶりに風来坊のわたしがやってくるのを知ってだったが、それは妻が頼んだのか本人が心配して来たのか分からなかった。わたしが暴力でもふるうと思ったかもしれない。そんなことを訊くわけにはいかない。

妻はわたしに、煙草を吸いに外へ出ましょうと誘った。

高層アパートの谷間に小さな緑地がある。木々の下にいくつかのベンチがあり、その一つに寄り添って座った。手を握りあっていた。それからまるで初めてのように、あるいは昨日の続きのように軽いキスを重ねた。それは、ごく自然だった。

十五年間の空白、それはいったいなんだったのだろう。音信不通だった。電話で話すこともなかった。夫と妻という意味はなんなのだろうか。忘れかけた過去から突然現れた夫は、ただの、見知らない男と変わらないではないか。

それとも妻は十五年間貞操を守り、ひたすら夫の帰りを待ち続けていたのだろうか。そんな馬鹿な、と思う。彼女はまだ四〇代の女盛りである。長い年月、性の悩みを持っていなかったとは思えない。そのことについて、男たちについて、彼女は何も語らない。わたしの女性関係についても、何も訊かなかった。

そして鳩のようにおとなしく寄り添い、わたしのキスを受け、みずからもキスを返すのである。やさしく、やわらかく、けっして激しくもなく、年輪を経た夫婦のようにである。

もしわたしの生活について訊かれたら、M子のことを話すつもりでいた。事実上M子はわたしのパートナーなのだから、隠す理由はない。
しかし、そのことを口にすることは、妻とM子の二人の誇り高い女性を冒涜するような気がした。だれをも傷つけたくない気の弱いじぶん、傷つけないことでだれよりも傷つきたくない卑怯なじぶん。
外へ誘われた時、離婚の話が出ると思っていた。じぶんの方から切りだそうかとも考えてい
た。しかし、状況はそれ以前だった。離婚話する理由も雰囲気もない。彼女はわたしに身を預け
て、しずかに胸で呼吸していた。知り合ったばかりの頃の彼女とまったく変わらずにである。
妻はわたしよりも思慮深く、うわてだった。
彼女は平静を保ち、何も訊かず、何も語らず、何も訴えないことで、わたしの口を塞いだ。
思い返すと、わたしと彼女は恋びととして同棲したことはあっても、家庭生活と呼べるような
暮らしをしたことがない。
妻は恋びとであり、今もそうなのだろうか。互いをいたわりあうだけの、現実には存在しない
幻の女性、その姿は幻ゆえに消えることがない。
黙ったまま、長い時間二人で座っていた。暖かい夜だった。
妻は何も訊かず、何もいわない。
わたしもまた、何も訊かず、何もいわない。
今さら訊いて何になる、今さら知って何になる。互いを責めて、傷つけあって、口争いして何
になる。賢い女だと思った。
インテリゲンチャの女おそるべし、である。

娘のベッドで寝た。そのことで年頃の娘は、母親に文句をいうだろうなと思った。窓際の勉強机と書棚、机の上にはノートブック型のパソコンが置かれていた。女の子らしい飾りのない簡素な部屋だった。

あなたの肌の匂いで目を覚ますと
そこに　あなたはいない
キッチンから漂うコーヒーの香り

あなたのパジャマが椅子にかけてある
そこに　あなたはいない
浴室からシャワーの響き

あなたのいないベッドに眠るとき
そこに　あなたの温もりが
シーツの下に　記憶の手触り

ふと気がつくと、窓の外は明るかった。廊下の物音を聞いて、起きあがった。義母ゾーヤが両手に大きな鞄を提げて別荘へ帰るところだった。妻は部屋着姿のまま、キッチンでコーヒーを沸かしていた。

義母が去ったあと、朝の挨拶にしては少し濃厚な抱擁をした。妻は微笑んでいた。やわらかな真っ白い肌がまぶしく、彼女の体は太っても痩せてもいなかった。

以前、ロシアの女性は年をとると肥満体になるようだといったことがある。すると彼女は、「太るのは民族性ではありません。それは食事内容と自制心の問題です。それが証拠に、インテリゲンチャの女性は太りません」と答えたものだ。確かに、妻の肉体はそれを証明していた。

時間がなかった。彼女は仕事場へ急いでいた。朝食を終えると、わたしたちはすぐに家をでた。

都心に近い地下鉄駅までバスで行った。そこから彼女は他のバスに乗り換え、国際会議を催している郊外のホテルへ向かう。

改札口まで見送ってくれた。

最後に彼女は、「お会いできてとても嬉しかった、ほんとよ」といった。頬が紅潮し、涙ぐんでいた。

複雑な気持ちで、改札口をくぐり抜けた。

駅のエスカレーターは、奈落の底へわたしを運んでいった。

ロシア人も変わってしまった――シベリア鉄道

そこにはなんにもないのです

風と　岩と　氷と

生命の名残といえば　枯れてこびりついた苔ぐらい
それも岩の下　雪の下に隠されて
そこにはなんにもないのです
ない　ない　ない　ない　ないのです

あの日　見たものは　影
ヒトの眼が捉えた残像
実体のない　幻
それを愚かなヒトは懐かしみ
恋とか愛とか　血とか痛みとか
意識の中身は真空
なにもないのです

さよならと言えば
昨日があったかのよう
過去があったかのよう
誤魔化しても　駄目

死の先には　先も後もない

時間がないのです
わたしやあなたがいないのです

今の　この瞬間ですら
瞬間すらないのです
生命の時空がないのです
風のような　気配のような
大きな意識すらないと思われるのです
ない　ない　ないのです
そこにはなんにもないのです

夕刻に激しい雨が降り、雷鳴がとどろいた。小止みになるのを待ってヤロスラバリ駅へ向かった。

プラットホームは暗く、乗車を待つ客でごった返していた。荷物を両手に抱えきれないほど持った田舎ふうの女たちと、特大のリュックサックにシャベルとテントを載せたロシア人のハイカーが目立った。

ハカシア共和国の首都アバカン行きの列車が重々しく入場してきた。車掌に切符を見せて、二等寝台車のコンパートメントに入った。四人部屋だった。わたしのバースは下段である。向かいに中年の母親とその上の段に息子がいた。わたしの上には短いシャツからへそを覗かせた若い娘、彼女は不機嫌そうにむっとしていた。だれも挨拶せず、口をきこうともしなかった。

この顔ぶれで三日間乗っているのかと思うと、うんざりだった。女が同室だと何かとやりにくい。ロシア流の流儀で、何事につけ女性優先にしなければならないからだ。日本列島人には苦手なことである。

わたしはシベリア横断鉄道に十数回も乗ったことがある。ほとんどはブレジネフ時代の七〇年代から八〇年代にかけてだった。その頃の二等寝台車と今回の列車とでは、様子がまるで違っていた。

客同士はすぐに仲よくなり、おしゃべりし、食べ物を分け合った。男たちは強いウオッカを持ち込み、瓶がまわし飲みされ、さながら団体客のパーティのようだった。

ロシアも、ロシア人も変わってしまったのだろうかと思う。圧制下の庶民は仲がよかった。底抜けに陽気なロシア人がいた。実は今回もそんなロシア人に会えるのを期待していたのである。あの頃のシベリア鉄道が懐かしく思われた。

妻と別れたあと、一日じゅう気分が重かった。電灯を消された車室の闇に横たわり、列車の轟音と揺れに耐えて朝を待った。アイポッドのイヤフォンで耳を塞ぎ、モーツアルトのレクイエムを聴いた。自業自得という文字が目に浮かんだ。

ようやく車窓が明るくなり、トイレに立った。トイレの前には、いつもだれかが待っていた。空いたかと思うと、ドアがロックされていた。停車駅が近づくと、車掌が来て早々と錠を下ろしてしまうのである。

四時間おきくらいに列車は停車した。屋根のないホームには物売りが店を広げていて、茹でたジャガイモや野菜の酢漬け、カップヌードルとビール、トウモロコシやアイスクリームを売っていた。乗客はばらばらと飛びだし、買いあさった。

わたしはモスクワの食料雑貨店で買いこんだ黒パンとソーセージをナイフで削って食べていた。それがなくなるまで何食も同じ物を食べた。車両には湯沸かしのサモワールがあったので、インスタントコーヒーかティーバッグで飲み物をつくった。

列車には食堂車があったけれど、そこは値段が高いのでだれも行こうとはしなかった。

ペルミ駅で上段ベッドの無愛想なお姉さんが下車した。代わりに子連れの太ったおばさんが入ってきた。子供は五歳とあとで知ったが、とても大きな男の子だった。上段ベッドは下段に比べてサイズが小さいので、二人で寝るのは無理だと思えた。夜中に転げ落ちでもしたら大変だ。

結局、わたしが申し出て、上段へ移った。おばさんは子供の祖母だったが、わたしに手を合わせて感謝した。ノボシビルスクまで行くといった。一昼夜の我慢であった。

ただひたすら眠っているしかなかった。列車はモスクワ時間で走っていたので、時差のせいか時間の感覚がなくなった。夜中かと思うと、もう空は白みかけた。

フィンランドで元に戻りかけた体重は、また減り始めたようだ。手首が細くなり、腕時計がぐるぐるまわるようになった。立ち上がると一瞬目まいがしたが、体は軽く敏捷になった。ま、痩せて死ぬことはあるまい。

クラスノヤルスクの手前、アチンスクあたりで列車は本線をはずれ、南下しはじめた。車窓の風景は美しくなり、草原の黄色と杉林の黒の中に白樺の白が目立った。右手から強い西日を浴び、風景は輝きを増した。

大河を見た。シベリアを西と東に分ける全長四一〇〇キロのエニセイ河だった。

ホーメイの歌声——トゥバ共和国・キジル

終着駅アバカンにはモスクワ時間の午前二時に着いた。時差四時間、朝の六時だった。列車の中で何回昼と夜を過ごしたのか分からなくなっていた。モスクワから七五時間の旅だった。駅前広場にはタクシーが群れていた。運転手たちはトゥバ共和国の首都キジルへ行く客を探して声高に叫んでいた。乗り合いの料金は、一人一〇〇〇ルーブルという。客が揃うと、タクシーは慌ただしく排気ガスをたな引かせて走り去った。

わたしは広場の片隅のバスターミナルへ行き、五〇〇ルーブルの切符を買った。後で後悔することになったが、おんぼろバスはキジルまで十一時間かかった。

アバカンはハカシア共和国の首都だが、見たところ整備された道路に四角い建物の並ぶ、面白くもなんともない中規模の新興都市に思えた。

バスは七時に出発した。途中二つの共和国を分けるサヤン山脈の狭間を通った。下生えのない急峻な斜面に形の良いシベリアトウヒがまばらに立ち、谷間の細い川や湿地が陽光を受けてきらきら輝いていた。スイスのアルプスを彷彿させる眺望であった。

ウラル山脈の南、大エニセイ河の源流域、西のアルタイ山系につながるサヤンの台地に長いことわたしは憧れていた。サヤンはキリスト誕生以前の大昔、多くの民族の揺籃の地であった。その中に、金髪碧い眼の一族がいた。その後かれらは二つのグループに分かれて移動し、漂泊し、ついに安住の地フィンランドとハンガリーにたどりついた。

原フィン・ウゴル言語族の歴史を描いた一冊の古い本を読んだことがあった。その本には、一部の者はシベリアを東に移動し、海に遮られた最東端に達しアイヌと呼ばれるようになったとも記されていた。記載されていたことが事実かどうか、わたしには知りようもない。

サヤン山系の真っ直中、正確にはクラスノヤルスク地区に属するのだが、〈エルガキ〉という地名のところでバスはしばらく停車した。乗客の半分は、ここで降りた。全員が大型ザックを背負ったハイカーだった。ここがトレッキングやキャンピングの基点になるのであろう。近くに静かな湖があり、丘の斜面を森が這い上がっていた。辺境の雰囲気はなく、公園のような眺めだった。

トゥバ共和国の首都キジルに着いたのは、午後六時ごろだった。

日が傾き始めていたので、宿泊場所を急いで探さなければならないと思った。外国人旅行者には滞在登録の規定があるので、どうしても宿を取らなければならない。

町はかなり大きく、わたしが本から想像していた素朴な村のような面影はなかった。道路は碁盤状に整備され、立派な建物が並んでいた。行き交う人びとはモンゴルかキルギス人のような顔立ちをしていた。ガイドブックによればこの町に安宿はなく、バックパッカーが泊まれるドミトリー付きのホテルは二軒あるのみであった。

例によって、町で一番安いホテルを最初に訪ねた。しかし、ベッドに空きはなく、部屋も満室だと断られた。

ただちに道を引き返して、もう一軒のホテルへ行った。そこも満室だといわれた。フロントの受付嬢があちこちに電話をかけて空き部屋を探してくれた。「もうドミトリーなどとは言いません、どんな部屋でもけっこうです」とわたしは訴えた。

「町じゅうのホテルは塞がっています。明後日から、年に一度のナーディム祭りが始まるのです」と彼女は教えてくれた。

バスでのんびりやって来たのが悔やまれた。祭りがあるとは知らなかった。困惑しているわたしの顔を見て、受付嬢はさらに探してくれた。

「町から離れていますが、一軒空いているホテルが見つかりました」

選択の余地はない。ホテルマンに助けられて、一台の小型バスに乗せられた。三〇分ほど走り、車掌にいわれて下車した目の前に鉄筋コンクリートの立派なホテルがそびえ立っていた。そこは不定期便の離着陸する空港の近くだった。

結局、このホテルに一週間滞在することになった。一番安い部屋を頼んだせいか、個室はトイレ付きだったが風呂とシャワーはなかった。ともあれ時間は夜九時、滑り込みセーフだった。


翌朝目が覚めると頭痛がした。夜汽車で風邪を引いたのかもしれない。咳がでた。体は疲労困憊していたが、限られた日数なので気を取り直して町へ行った。パスポートは滞在登録のためにホテルから警察へ届けられるとか、返してもらえなかった。数日間預かるという。それでは銀行で両替もできない。幸い手持ちのルーブルがかなり残っていたので、取りあえずは間に合う。モスクワと様子が違うのは、国境に近いせいだろうか。

キジルの町全体は広域だが、商店や公共建築物のある中心部は歩いてまわれる程度の狭いところである。トナカイや馬は影も見えず、たくさんの車が行き交い、アバカンと変わらない新興都市であった。祭りが始まるというが、どこにもそんな気配はない。

インターネット・カフェを探したが見つからず、最後に郵便局へ行った。そこに時間貸しのパソコンが置いてあった。ヘルシンキ以来のメール検索であった。

Fさんから便りが来ていた。キルギスのビシュケクからだ。疋田さんのゲストハウスではなく、もっと安い宿に泊まっていた。かれは泊まり歩いたあちこちの宿にじぶんの蔵書を置いてあり、それを回収していたらしい。陸路で中国の天津か青島に行き、船で帰郷する予定とある。かれは長崎の出身だった。

メールにはある電話番号が記されており、嫁の親戚の家なので連絡をとれば大歓迎されますよと書いてある。いったい何年前の大昔にFさんはトゥバを訪れたのだろうか。キジルの町を見る限り、今時外国人というだけで大歓迎するような素朴なひとがいるとは思えない。案内されたら、ガイド料を払わなければなるまい。接待を受けるのなら、それなりの土産物を用意しなければならないだろう。それに肝心なことは、トゥバ族の嫁はわたしの嫁じゃない。

Fさんというひとは底抜けに愉快で正直者だが、バックパッカーにありがちな世間知らずで、少しひとが好すぎるのではなかろうか。それともわたしの方がけちくさいひねくれ者だろうか。

背後からロシア語で声をかけられた。振り返ってみると、一人の女性が立っていた。

「やっぱり日本人だわ、お懐かしい」と彼女は日本語でいった。

紫外線焼けでまっ黒な顔、髪を後ろでポニーテールにして縛っている。地味な服装、どう見ても現地人だ。

「サユリ（仮名）と申します」と自己紹介した。東京出身、二十代後半の娘である。何度目かの訪問のあと、民族音楽を本格的に勉強しようとキジルへ来て一年になる。この一年間、日本列島人には会う機会がなかった。

民族楽器、口琴、とくにホーメイと呼ばれる独特の喉歌を学んでいるそうだ。そのホーメイの歌声が彼女をこの土地に引き寄せた。

サユリの説明によると、ホーメイはふつうの声帯を使わず、仮声帯という部分を振動させて高音から超低音、倍音を複雑にミックスさせて発声する歌唱法なのだそうである。

仮声帯なんて聞いたこともない器官を酷使して喉頭癌にならなければよいがと、わたしは勝手に心配した。

彼女の案内で市内の陸上競技場へ行った。そこではナーディム祭りの目玉の一つ、現地語で『フレッシュ』という相撲の予選会をやっていた。肉づきの良いトゥバ族の男たちが二人ずつ一組で組んずほぐれつ、グラウンドのあちこちで転げまわっていた。

土俵はないけれども、地面に叩きつけられた方が負けである。力士たちの衣装や闘いぶりはモンゴル相撲にそっくりに見えたが、それは異なる競技であるとサユリは説明した。

喉歌ホーメイもモンゴルのホーミーとは違うし、馬もモンゴル馬ではないし、衣装も踊りもトゥバ族独自の文化のものであると、これは現地人からの受け売りらしい。

サユリはロシア語ばかりでなく、トゥバ語も自由に話せた。彼女の音楽仲間が七、八人集まっていた。ホーミーの有名歌手やダンサーを紹介してくれて握手した。いずれもトゥバ国立劇場のメンバーだった。

この時、思いがけない話を聞いた。

プーチンが今日、空港に着くというのである。

共和国政府の幹部は大忙しであったらしい。劇場の団員六〇名ほどに指令があって、空港に歓迎の陣を張る予定だった。ところが、プーチン本人からの要望で急きょ取り止めになった。結局団員の二人だけが空港に呼ばれ、待機していた他の者は空振りだった。

プーチンが来訪するという噂は、たちまち町中に広がった。だれもがプーチンはナーディム祭りを見物にやって来るのだと思った。きっと初日か、一番盛り上がる中日には市民の前に現れ祝辞を述べるであろうと囁きあった。

ところが祭りの間じゅう、市民の期待に反してついにかれは姿を見せなかった。空港でヘリコプターに乗り換え、キジルから二〇〇キロも離れたモンゴル国境沿いのテレ・ホル湖へ行ってしまったのである。劇場の団員三〇名ほどが後を追いかけ、国一番の権力者の休暇を楽しませたそうだ。

その夜のテレビ報道で、湖畔のユルタ天幕の中で珍しくにこやかな笑顔のプーチンを見た。プーチンの到着や動きについて、事前になんの公示も報道もなく秘密裏に行われたのだが、市民はすべて知っていた。その噂の伝わり方についてサユリが一つのエピソードを語ってくれた。

以前日本列島から団体の観光客が来た。その中の一人が夜中に現地の娘をホテルに連れこんだ。翌朝、町のすべてのひとが知っていて噂していた。

「キジルって、そんな田舎町なの」

毎日サユリと会った。彼女は親切にも町じゅうを案内してくれて、友だちたちを紹介してくれた。まるで、デートのようだった。このことは人びとの噂になったようだ。老人と孫娘のようには見てくれず、深い仲の男女と疑われ、仲間からもひやかされたようだ。

キジルの町の北側に水量豊かなエニセイ河の支流が流れている。その川岸に石造の細長い記念碑がぽつんとわびしげに立っている。一九世紀のある風変わりな英国人地理学者が、この地点をアジアの中心と計算したらしい。ユーラシア大陸のへそという意味らしかった。

記念碑のすぐ近くにシャーマン協会の古びた木造家屋が建っていた。入り口の木戸を叩いてみたが、だれも応答しなかった。シャーマンは世界中を飛びまわっていて、たぶんお仕事が忙しかったのだろう。

フィンランドのあるロックコンサートにトゥバのシャーマンが登場し、奇声を発して踊りまくったので観衆はびっくりしたと息子から聞いたことがあった。

ホーメイとシャーマンは、トゥバ共和国の二大産業であるらしい。

そのホーメイの実演を間近で見る機会があった。サユリに連れていかれた国立劇場の舞台で、サユリ自身の歌うホーメイだった。

その日は本番前のリハーサルで、彼女は有名歌手の一人が出演できなくなったので大抜擢されたのだ。「それはとても名誉なことです」と彼女はいった。女性がホーメイを歌うことには抵抗があり、まして外国人が歌うのは前代未聞の出来事だった。

サユリは、最初に日本のわらべ唄をやさしく、やわらかく歌った。それから一挙に切り替えてホーメイに入った。その声は地鳴りのような、突風のような、力強い倍音の響きを伴って場内を揺るがした。とても女性の声とは思えない、恐ろしい喉歌だった。

リハーサルのあと、劇場からほど近いトゥバ族文化センターの食堂で、サユリと遅いペリメニの昼食を取った。他のテーブルに彼女の知り合いが何人かいた。かれらに取り巻かれて一人の外国人が座っていた。ダークスーツにネクタイ、差し出された名刺からかれはトルコ文化局の役人であることを知った。

かれは、チュルク語系民族を訪ねて友好を深めているのですといった。「他意はありません、文化交流です」

どうだか、オスマントルコの再来を念頭に置いたトルコナショナリズムのお先棒担ぎではなかろうかと思われた。かれから郊外へ車で行くのでご一緒しませんかと誘われた。しかし口先だけで、その約束の時間にわたしにもサユリにも連絡はなかった。

わたしはキジルの町から出たくてたまらなかった。しかし体調はますます悪くなり、咳が止まらず、下痢気味で、発熱しているようだった。それでも無理をして毎日町へ出かけ、フレッシュの決勝トーナメントを観戦し、劇場の本番にも辛うじて出席した。

パスポートは警察からようやく戻ってきたが、すでに滞在予定の半分は過ぎてしまっていた。エニセイ河をボートで下り、サヤン山系へ分け入るとトナカイを飼っているトゥバ族に会えると聞いたが、そのコースは食糧持参の上往復の船賃も高く、警察への届けも必要だといわれ断念するほかなかった。日数もない、体力もない、滞在登録に有効な宿泊先の宛もない、無念だった。

トナカイについてはじぶんも知識があり、今までに見てきたサーメ族、ネネツ族、エベンキ族などのトナカイ飼育の方法、その繋ぎ方、走らせ方、橇の形状、トナカイそのものの体型などをトゥバ族のものと比較してみたかった。

夜更けにフロントのボーイが七階の部屋までわたしを呼びに来た。サユリからの緊急電話だった。

「今月ちゅうの列車の切符が全部売り切れたと聞きました。本線のクラスノヤルスクから先の切符も入手が難しいといわれました。明日の朝八時に鉄道案内所の前でお待ちしています」

彼女の情報が正しければ、深刻な状況である。わたしはウラジオストクの船便を把握していなかった。週に何便あるのか、それは何曜日なのか、船賃はいくらなのか、何も知らなかった。ビザが有効なうちに急がねばならない。

ネットで日本の船会社のホームページを探しだしたが、富山県側の出航スケジュールしか分からなかった。しかも、プーチンが来訪して以来、トゥバのインターネットはつながらなくなっていた。ネットがつながらない間は、かれが滞在しているということなのだろう。

翌朝、時間前に市内の鉄道案内所へ行った。事務所がオープンした時には客の列ができていたが、わたしとサユリは一番乗りだった。彼女がトゥバ語で交渉してくれた。

「四日後の土曜日に、アバカン発三等寝台車の最上段に一つ空きがあります」と窓口でいわれた。幸運だった。その列車はバイカル湖畔のイルクーツク止まりで、そこから別の列車の二等寝台に乗り換えウラジオストクまで行けると分かった。選択の余地はなく、ただちに切符を購入した。

朝食を一緒に食堂で済ませたあと、いったんサユリと別れた。

メインストリートをマイクロバスが次々に西の方へ走っていくのを見かけた。どの車も客を満載していた。フロントガラスに文字板が置かれ、ナーディムと読めた。その一台に乗った。

バスは町を出て、草原に入った。地平線まで樹木一本もないステップである。やがて遠くの地平線上に大勢の人影が見えた。

ユルタが建ち、馬の群れと駱駝がいた。ナーディム祭りの本会場であった。

特設ステージが設けられ、民族衣装の娘たちが赤や紫の薄物を風にひるがえして踊っていた。楽隊が弦をかき鳴らし、年増女が声を張り上げて歌った。

はるか彼方の丘のスロープから、馬の列が駆け込んできた。長距離のホースレースだった。乗り手は体重の軽い十代の少年たちだ。とんがり帽子が傾いていた。馬はびっしょり汗をかき、興奮して目を剥き今にも倒れそうだった。

出発の前夜、遅い時間になってサユリがホテルを訪ねてきた。ロビーに出迎えたわたしをフロントの女が疑わしげな眼で睨んでいた。大胆な娘だなとわたしも思った。

部屋で二人きりになると、彼女は色々な話をした。

「昨夜は男友だちが六人もアパートに来て、そのまま泊まりこんだのよ。そのうちの二人が大喧嘩して病院に行く騒ぎ、ほとんど眠れませんでした」、彼女なりの青春をやっているのだろうと思った。

「日本のかれとは、あたしがこうして離れているから、もうお別れ。トゥバのかれも、モスクワへ仕事を探しにいったまま帰らないので、もうさよならです」という。彼女は目下、孤独で自由な女。

離れてしまったら、女はそれで終わりと思うのであろうか。モスクワの妻は、いったいどういう女だったのだろうか。女にはそんなに様々な違いがあるのだろうか。人間はみんな同じように見えるけれど、それぞれまったく相容れない個人の集合体なのだろうか。われわれを繋ぎとめている絆とは、いったい何なのだろうか。

甘い蜜が
セックスの快感が
無理な組み合わせのために
用意された

女は一人ひとり違う。指紋のように肉体も感じ方も、考えていることも違う。男と女では、さらに決定的に違う。共存することが不可能なくらいに、遠く隔たって対立していると思う。モスクワの妻は、わたしとの関係について、「これだけ国や政治、社会システムや文化、言語や慣習が異なるのだから仕方がないのです」といった。あれ以来妻からメールは来なかった。わたしも出さない。忘れてしまえば、ないも同じ。絆を保つ、知恵だろうか。

しかし、異なるのは環境や育ち方ばかりではなかった。民族が異なれば、肉体が異なるのである。顔や肌の色、質感、骨格、乳房や腰、手足の形も異なるが、決定的には男も女も性器そのものが違う。

その大きな違いを乗り越える絆とは何だろう。異民族の男女の絆とは、共存しうる平和とは何か。国際平和とは、可能なことだろうか。異民族の女と二度結婚した男は、暗い思いに囚われるのである。

個に徹することを至上のこととして生きてきたバックパッカーのわたしには、分からないことだらけだ。七〇歳近い老人になっても、女のことは分からない。人間のことは、さっぱり分からない。一人ひとりがあまりにも違いすぎて、理解を超えるということしか分からない。

たぶん　理解することではなく
許すことだ
そして　許されることだ

サユリが口琴ホムスを奏でてくれた。いつも持ち歩いているという手のひらに載るサイズの小さな楽器である。ピン、ピンとはじける音の粒が幾重にも行列をなして、部屋の窓辺に飛んでいった。

彼女を送ってホテルを出た。バスはもう終わっており、彼女は「慣れているので歩いて帰ります」といった。

暗い裏道を抜け、大通りに出たところで別れた。

別れ際にそっと肩を抱いて、子供に対してするように額にキスをした。サユリは、「そうなの」

と意味不明の言葉をつぶやいた。

わたしとサユリは、老人と若い娘の関係ではなく、男と女であったのかもしれないとふと思った。

しかし、もしわたしが二十代の若い男であったら、七〇歳の女性をどう感じるだろうか。女という生々しい生き物の生理が、どうしても理解できない。

列車内の宴会――ウラジオストク

アバカン発の列車は、終着駅イルクーツクまで二泊三日の行程である。車内は大きな荷物を持ちこんだ男や女でごった返していた。

三等開放寝台車、一応六人ベッドのコンパートメントに分かれているのだが、通路に面した仕切りはない。その通路を挟んだ窓際にも三段ベッドがある。

列車が動きだすとすぐに宴会が始まった。男たちはビールを飲み、女たちはいっせいに食べはじめた。わたしにも一・五リットル入りのビール瓶がまわってくる。女からはピロシキだの、カルトーシュカ（じゃがいも）をすすめられる。

ひょろっと背の高い男はサーシャという名で二八歳だ。女がナターシャで、かれの女房である。ナターシャは小顔で可愛い顔をしていたが、その顔を重量感たっぷりの肉体が支えている。

わたしがじぶんの年齢を告げると、乗客全員が注目した。ええーっとでかい声をあげるやつもいる。相客には年配のひともいたが、どうやらわたしが最年長らしかった。すこしわたしへの扱いと態度が丁寧になったような気がする。

ビールが終わるとウオッカ、それも飲み干すと停車駅で新しいボトルを仕入れてくる。そして、全員まわし飲み。女たちの方は食べ続け、ナターシャだけではなく、カバンから弁当の次は揚げた肉、ソーセージ、ビスケット、それが終わると黒パン、ハム、チキン、カプスタの酢漬け、イワシのオイル漬けなどを取りだし延々と食べつづけた。そして、取りだすたびに車室の全員に配った。

騒々しいが、和気あいあいだった。ブレジネフ時代のシベリア鉄道と同じ旅の風景である。ここに原ロシア人の素朴な姿があるなと思えた。

二泊三日の間、眠る時間を除き、男たちは飲み続け、女たちは食べ続けた。

イルクーツクには、モスクワ時間の午前一時に着いた。時差はプラス五時間なので、朝ということか。空はようやく白みかけていた。乗り換えの待ち時間が三時間ほどあった。

車中でよく眠ったせいか、あるいはアルコールのせいかもしれなかったが病気は回復していた。しかし、ひざに力が入らず、足もとがふらついた。

駅前広場を一周してみた。

シベリア横断鉄道に乗るたびにイルクーツクに寄った。懐かしい町だった。白と青に塗り分けられた木造駅舎には見覚えがあったが、広場を取り巻く他の建物は見たことのないものだった。新しい店のショウウインドウには衣類や食品が形よくディスプレーされていた。わたしの知っているイルクーツクは、もう過去のものだった。

鉄道に沿って水量豊かなアンガラ川が流れ、町を二つに分けていた。川は透明度で有名な、巨大なバイカル湖から流れでていた。

バイカル湖の北西に低い山脈があり、そのあたりが大レナ河の源流になっていた。そのレナ河を船で河口まで旅したことがあった。ヤクート人のサハ共和国を縦断し、北極海のラプテフ海に注ぐ全長四四〇〇キロの大河であった。

その旅は日本のあるテレビ局の企画だった。個人のバックパッカーが行ける秘境も辺境も現代ではない。地球は国境と政治で仕切られ、財力と交渉力なしにはどこへも行けないのが現実だ。通訳とガイド付きの贅沢な旅をさせてもらった。最高のホテルとレストランで夜を過ごし、珍しい風景を見せてもらった。河口のチクシという町からはヘリコプターでエベンキ族のトナカイ放牧地を訪ねた。

その時、中流域の無人の河畔で一組の若者たちがキャンプしているのに出会った。科学アカデミーから来た古生物学調査隊のグループだった。妻は、隊員の一人だった。

イルクーツク駅の暗い待合室で物思いにふけっていると、列車到着のアナウンスがあった。

旅の最後の町ウラジオストク行きであった。

二等寝台車の四人部屋に入った。相客はビジネスマンふうの男たちばかりで、冷ややかな雰囲気だった。だれも互いに挨拶せず、口をきかないばかりか目を合わせようともしなかった。

わたしは上段ベッドだったが、下段には髪を七三に分けた、押しの強そうな太った背広の男がいた。かれは窓際の小さな食卓に飲み物のボトルやグラスと雑誌や新聞を置き、片づけようともしなかった。

その机は車室のだれもが使う権利を持っていたが、かれは譲る気配を見せなかった。無神経というより、意識的に占有している厚かましさだった。

上段から見ると、男の読んでいる雑誌と新聞は中古車売買の専門紙誌だった。ウラジオストクへ日本から輸入される中古車のバイヤーと思われた。他の客も、同じ職業らしかった。車内販売のワゴンを押してきた金髪娘に耳打ちして、高価な外国ウイスキーを買ったりしていた。男たちが大事そうに持ち込んだ鎖つきのアタッシュケースには、現ナマがぎっしり詰まっていそうだった。

かれらは、世の中なんでも金次第という名の水族館を回遊する鮫たちであると思われた。

ウラジオストクに着くまでの七三時間、わたしは上段ベッドで過ごした。キジルで買っておいたハムとライ麦パンをベッドで食べた。ハムは室温に蒸れて臭くなっていた。

上段から車窓の風景は見えなかったが、たとえ見えたとしても同じだった。毎日、毎時間背の高さが一様な白樺林のタイガの繰り返しだったからである。

列車はシベリア横断鉄道極東の終着駅ウラジオストクの少し手前からアムール湾に沿って走った。海、水平線、内陸の風景は一変して、すがすがしいものになった。真っ青な空の下、ビーチには水着の男女が大勢日光浴していた。

モスクワから単純計算で約九三〇〇キロ、時差七時間、海の向こうは日本列島だ。ついにやって来たなという実感が、昼夜の感覚を失ってぼうっとした脳を目覚めさせた。

列車運行時間の午前五時、ちょうど現地時間の正午にウラジオストク駅に着いた。

気温は三〇度に近い。駅舎の中でしばらく呼吸を整えた。石の壁と床から冷気を吸い取った。二〇世紀初頭に建てられた駅舎にはすでに歴史の香がしみており、重々しく美しい。

ウラジオストクを訪ねたのは初めてだった。わたしがシベリア鉄道を利用してヨーロッパと日本を往復していた頃は、横浜から二泊三日の船便でナホトカという小さな海港に着いた。ウラジオストクはソ連海軍の軍港だったので、外国人旅行者は近づくことが禁止されていた。自由に入れるようになったのは、ソ連崩壊後の一九九二年からである。

駅前はバスや車、その乗降客でごった返していた。その先のなだらかな坂道に沿って建物が並び、町並みは丘の頂きの方へと続いていた。

駅舎の裏の方は内海の金角湾に面しており、複雑に広がった線路を跨いで陸橋が港のモダンなビルへと通じていた。ビルの壁面に『海の駅』の文字が見えた。客船ターミナルである。

一刻も早く、日本への船便を確かめようと思った。

それはターミナルビルの三階にあるオフィスで確認できた。富山県の伏木港へ週一便の船が出航しており、次は来週の月曜日ですといわれた。今日も入れて、まだ五日間の余裕があったが、もしその船を逃すとわたしの滞在ビザ期限が切れるところだった。

伏木まで二泊三日、料金は三六〇米ドルと港湾税四〇〇ルーブルの乗船時払い。手持ちの金は底をついてきた。しかし、ともかく予約した。逃げ場はない。最後の気力をふり絞ってという思いだった。

のどかで退屈な日々が過ぎた。

その日は半島の丘を越え、アムール湾側へ行った。

切り立った崖の上から見おろすと、ビキニの女たちが勝手方向に肢体を広げ、ブラをはずしてうつ伏せに寝ていた。そのほとんど全裸の肉体は、強烈な太陽の光を浴び、火を噴いているように赤い。北国の官能的な、短い夏。
砂浜で海と抱き合う強烈な夕日を見た。

乳房を拾い集めながら
サングラスの男が渚を歩いていく
とがった波間に　ふかの背びれ

藻草の辺りで　ひざを折る海
球状のたそがれは　白く泡立ち
過ぎた夏の肌に　汗

耳は静かな裸体を聴いている
きみの胸は　水平線に盛り上がり
その手は　闇の内股へ降りていく

ある朝、ホテルの窓から眺めると、大きな貨客船が港に着岸しているのが見えた。急いで岸壁に行ってみた。やはり日本へ向かうルーシー号だった。船腹のゲートから次々に日本製の乗用車が降ろされていた。

翌日十二時にホテルをチェックアウトした。

乗船時間は夕方だったので、ゆっくりウラジオストクの町を歩き、それから港のターミナルビルへ行った。

ビルの海側は広いテラスになっており、展望台を兼ねていた。景色を眺めに来た人たちに混じって、時間をつぶした。

ふと、建物の日陰にリュックサックにもたれて目をつぶっている青年を見かけた。バックパッカーの旅行者だろうかと思い近づいてみると、日本列島人の若者だった。

若者はうつむいたままで元気がなかった。相当疲れている様子だ。

声をかけるとびっくりした表情で立ち上がり、「じぶんの名は船戸といいます、北海道から来ました」と静かな声で丁重に自己紹介した。

落ち着いた礼儀正しい青年に思えた。話しぶりから賢そうにも見えた。しかしかれは、一八歳の若者にすぎなかった。今回が海外旅行の初体験だ。

船戸くんはバイク旅行者だった。日本国内ではたくさんの経験を積んでいた。そして、日本から一番近い大陸の国ロシアへ五〇CCの小型バイクと、テントや寝袋を用意してやってきた。そのバイクでモスクワまで走るつもりだった。それが前の船便で着き、この船便で帰国する一週間の旅になってしまった。

ビザは三ヶ月間のビジネスビザを取っており、予想された長期の旅に問題はなかった。決定的だったのは、やはり滞在登録システムの足かせだった。野宿してはならないといわれた。何をするにも言葉が分からないので、日本領事館へ相談に行った。一時間六〇〇ルーブルもする通訳を紹介してくれた。通訳は旅行代理店で高いホテルを見つけてくれた。わたしの部屋料金の倍額もする部屋である。それでもかれは、この一週間ウラジオストク周辺の半径二〇〇キロをバイクで走りまわった。そして、金も気力もつきた。

わたしの旅について、訊かれた。

四〇年間の苦い旅経験を持つ老人は、初旅の少年になんと説明してよいものか言葉に窮した。でも結局、かれとわたしの旅は、たいして変わりないものだ。迷い迷って、わたしの場合少し時間がかかりすぎただけである。特別な旅なんてない。運がよければ、あるいは悪ければ、旅の途中で何人かの異性と出会うだけである。

汽車とバスに乗って
ぐるっと一周してきました
ただ　それだけです
ありきたりな人生を
旅しました

日本到着——富山県伏木港

ルーシー号は夜一〇時過ぎに出航した。

暗闇の中にウラジオストクの灯が縮んでいった。それは点となり、やがてロシアは消えた。波頭のざわめきが急に耳を打った。

船客は少なく、他に日本列島人はいなかった。船戸くんとわたしは伏木港に着くまでの二泊三日の間、ほとんどの時間をいっしょに過ごした。しかし、若者は失意の様子でうつむいたまま無口だった。わたしも話すことが何もなかった。黙ったままデッキやサロンに長いこと二人で座っていた。

地図上のユーラシアという平面を一周した。じぶんの人生の縦の時間を終えたわけでも、変えられたわけでもない。何もしなかった、何もできなかった。

日が昇り、沈んだ。夜の闇のあとで、まるで昨日がなかったかのように、日が昇り、明日が始まる。場所を変えても、時から逃れるすべはない。何かに憧れ、あるいは何かから逃れ、自由という楽園にたどりつこうとしても、もとより幻想であることは自明だ。

時間の旅から逃れられる人生というものはない。旅は、神のいない信仰心に似ている。過去を取り繕うことはできない。告白しても、悔やんでも、無駄だ。短い夜の闇が救いだ。闇の中の休息。どうかほんのしばらくわたしを放っておいてください。わたしを、見つめないでください。それはいつも旅のあとにやってくる至福の時間である。孤独と無為の時間。

有は無に等しい。無の底で、これよりも奈落に落ちることはあるまいと思える安心感。旅に疲れ、虚脱したところに充実感があった。落魄と喪失感がこころよい。

喪失感があった。いったい何を失ったというのであろうか。旅に何を期待して、裏切られたのであろうか。この感覚は帰国を前にして毎回感じる馴染みのものでもあった。

一方、喪失感は心を落ち着かせた。もう何も期待しない、何もない。希望はない。希望のないところに絶望もない。そんな感じなのである。

たぶん、ひとは死ぬ前に落魄と喪失感に身をゆだね、安らかに眠るのであろう。欲得もない、時間もない、未来がない、失意と落胆がこころよい。疲れるのである。旅することにも生きることにも疲れるのである。だがしかし、呼吸が止まるまで、人生は終わらないし旅も終わらない。

この時、一八歳の船戸くんもわたしと同じ喪失感に沈んでいたのではなかろうかと思う。感じ方に年齢は関係ない。旅に大小はないものだ。黙って、二人で、うつむいたまま、一日中向かい合って、座っていた。

三日目の朝、新鮮な風を求めて、船首に立った。

三六〇度水平線まで海、日本海もけっこう広い。

かもめの飛んでいく方向に島影が現れた。

最初に赤白に塗り分けられた煙突が数本、それから横一線に並ぶ灰色の民家の屋根が見えた。伏木の町だ。

船は着岸をためらうように時間をかけてゆっくり進んだ。

水夫たちが甲板に出てきて働き始めた。

太い鉄鎖を引きずる音、錨の爪が日本を捉えた。

二〇〇七年八月二九日（水）、旅立ちの日からちょうど五ヶ月が過ぎた。

船内で船戸くんと別れた。かれは貨物室に預けたバイクを受けとり、そのまま故郷の札幌へ旅を続ける。

わたしとの出会いのせいかどうか、かれは少し元気になった。

「またバイトで金を貯めて出直します、今度はアメリカ大陸へ渡り、南米まで走りたいです」といった。

いったん旅を始めた者には、それで終わりということがない。旅は永遠に続き、完結とか成功という言葉がないのだ。

ひとは、旅を終えて死ぬのではない。死を迎えて、旅を終えるのである。


下船した。地面が揺れてふらついた。

静かな伏木の通りを抜けて鉄道駅へ歩いた。人気のない、子供や犬猫の姿すら見かけない昼下がりの田舎町だった。ただひたすら真夏の太陽がじりじり照りつけた。額に汗が滲んだ。

急に目が眩み、一瞬奇妙な幻覚にとらわれた。じぶんがどこにいるのか分からない。雪の上を歩いているようで、足もとがおぼつかない。まわりを見渡したが、見たこともない無人の超現実都市にいる。

しかし、脳がここは日本だとじぶんにいい聞かせた。日本、日本、知らない国日本、見たこともない国日本。だれもいない国日本。

駅員は懇切丁寧に東京への行き方を教えてくれた。「二度乗り換えで、急行への乗り換え時間は十二分です、でも同じプラットホームの反対側から発車しますから大丈夫間に合いますよ、東京まで五時間、夕方には着きますから」

なぜこんなに詳しく教えてくれるのだろうかと不思議だった。それに一語一句鮮明に理解できる、そのことがもっと不思議だった。日本語だからさと脳がわたしにいう。そうだったのか、と思う。

電車が来て、車両のボックスシートに座った。他に乗客はいなかった。まもなく車掌が入ってきた。車掌は丁寧にドアを閉めると、わたししかいない車両の通路に立って深々とお辞儀をした。それから口上を述べた。

「乗客の皆さまお忙しいところを大変恐縮ですが、お乗り越しの方はお申し出くださるようお願い申し上げます」

検札というわけでもなかった。車掌はもう一度最敬礼して通り過ぎていった。

車内販売の娘がワゴンを押して入ってきた。彼女もまた深々と頭を下げ、口上を述べた。そして、最敬礼して過ぎていった。

わたしの頭はまた狂い始めた。あのひとたちは何者だろう。わたしには目もくれず、だれもいない車両の空間に挨拶した。

脳が教えてくれた。ここは、日本だ。礼儀正しいひとたちの住む文化国家である。そして、おまえの国だ。かれらはおまえと同じ民族の同胞であると。

列車は見知らない国の風景を抜け、初めて訪ねる不思議な都市東京へ走った。

記憶が、老いた旅びとの脳を揺り起こした。

第二次大戦後の焼け跡の東京が目に浮かんだ。学童疎開から帰った六歳の男の子の目に映る東京は、見覚えのないガレキの曠野だった。見たこともない故郷、永遠にたどりつけなかった故郷、そこへ帰るしかなかった廃墟の故郷。

わたしはどこへ行ったのでもなく、故郷へ向かってユーラシア大陸を一周したようだ。永遠にたどりつけない故郷日本へ向かって。帰りたくとも、帰ることのできない日本を探し求めて旅をした。

心に家を持たない男には、出かけることも帰宅することもできない。そこにM子がいなければ、わたしに帰国という言葉もなかっただろう。帰るところがなければ、旅という言葉もない。

そして、わたしは帰ってきた。

どこへ？

終着点は、出発点だった。

あとがき

バックパッカーにとって、唯一の家財道具は背中に負ったリュックサックである。そのザックに大量の食材を詰め込んで、この冬のある朝Fさんが東京のわが家を訪れた。キリスト髭に鳥打ち帽、背の高い屈強なFさんとは、グルジアの首都トビリシの民宿でしばらくいっしょに暮らした。

ザックの中から毛をむしった鶏、トマト、茄子、ピーマン、キャベツ、茸、人参、大蒜、現地の調味料が現れた。かれはそれらの食材を炒め、焼き、煮込み、シナ鍋いっぱいのグルジア料理チャホフビリのシチューを作ってご馳走してくれた。一本の赤ワインで、お互いの無事を祝い乾杯した。

翌日、かれは再び、中央アジア、コーカサスへ向けて出発した。中国へフェリーで渡り、陸路、わたしの旅と同じコースをたどった。それきり、Fさんの消息は途絶えた。

メールを発信しても、返事はなかった。どこで何をしているのか、杳として行方は知れない。インターネットの届かない辺境へ行ったにちがいないと思えた。

紛争の絶えないユーラシア大陸中央部は、旅行者にとっても危険な地帯である。そんな不穏な土地の何がFさんを引きつけ、呼び寄せるのであろうか。草原や砂漠、羊や馬、雪を被った急峻な山嶺、カラフルな民族衣装の女たち、熱暑の夏と酷寒の冬、日本にいては見られない風景と人たちがいた。しかし、旅とは、眺めるだけのものではないだろう。生身のバックパッカーには、旅自体が日々の生活のすべてだ。

一九六七年からザックを背負って北極圏ラップランドを放浪した。ヨーロッパをヒッチハイクした。ストックホルムで皿洗いし、フィンランドの森に木を植えた。ジプシーと付きあい、世話になった。民族音楽の仲間に加わり、ヴァイオリン弾きになった。その間に二度外国女性と結婚し、子供を育てた。長いバックパッカー人生のそんな過去の記憶が今回のユーラシア紀行の背後にあり、しだいにじぶんのあまり自慢にもならない、縦の時間への旅となった。

旅について、その苦労や楽しさを友人たちに語っても、ふつうだれでもじぶんの行ったことのない土地や他人の出来事に関心をもたないものである。それぞれの人生に無関係であり、興味も示さない。人びとの一番の関心事は、どうやって時間を作り、旅をまかなう資金をどこで得たのかということであるらしい。わたしはいつも曖昧な返事をしていた。徹底した貧乏旅行でとか、親の財産があるのでとか、株の配当でとかいい加減な説明をした。友人はぼうっとした目でうらやましげに、あるいは妬ましげに、庶民とは縁遠い高等遊民の嬉しげな顔を眺めたものだ。

しかしながら、わたしの旅に、人生に、特別な恵まれた背景は何もなかった。経てきた国内外での職歴の一部を挙げれば、

新聞配達、エキストラ、林業、牛飼い、DP屋、カメラマン助手、ガイド、ガイドブックライター、庭師、ディスコマネージャー、コーディネーター、荷担ぎ、皿洗い、ヴァイオリン弾き、保険外交員、ビン屋、運転手、業界紙記者、警備員、牧草刈り、ジャガイモ掘り、講師、ルポライター、ヒモ…。

ニート、不登校、引きこもり、沈没、うつ、離婚、人並みなことも経験した。
これらが、人生のリュックサックに詰め込まれ、背負い歩いた旅の実態というものだ。それでも、旅には、とりわけバックパッカーの生き方には、他に換えがたい魅力とプライドがあるものである。

二〇〇九年六月

小野寺　誠

小野寺 誠（おのでら・まこと）一九三九年三月東京・杉並生まれ。日本大学芸術学部演劇科中退後、中央大学文学部日本文学科卒業。一九六七～七六年、北極圏ラップランドを放浪し、ラップ族と行動をともにする。一九七五年、ラップランドをテーマに第一回トリエンナーレ国際写真展第一位受賞（スイス）。一九七七～八〇年、ジプシー民族社会で暮らす。一九八一～八五年　フィンランド民族音楽のペリマンニ楽師として活動。著書に『ポエムS65』（詩集）、『求む天国』（浪曼）、『極北の青い闇から』『ジプシー生活誌』（NHK出版）、『イサ・パッパと2匹の小悪魔』（文化出版局）、『白夜の国のヴァイオリン弾き』（新潮社、講談社文庫）、『あの夏、フィンランドで』（NHK出版）『辺境へ、世界の果てへ』（青弓社）など。

ユーラシア漂泊

2009年7月20日　第1刷発行

著者　　小野寺 誠

発行者　辻一三

発行所　株式会社青灯社

東京都新宿区新宿1－4－13
郵便番号160－0022
電話03－5368－6923（編集）
　　03－5368－6550（販売）
URL http://www.seitosha-p.co.jp
振替　00120－8－260856

印刷・製本　株式会社シナノ

ISBN978-4-86228-032-9 C0026

小社ロゴは、田中恭吉「ろうそく」（和歌山県立近代美術館所蔵）をもとに、菊地信義氏が作成